四川省中职名校长
办学治校 优秀案例

（上）

张蕴启◎主编

四川大学出版社
SICHUAN UNIVERSITY PRESS

图书在版编目（CIP）数据

四川省中职名校长办学治校优秀案例．上册 / 张蕴
启主编． -- 成都：四川大学出版社，2024. 8. -- ISBN
978-7-5690-7225-9

Ⅰ．G718.3

中国国家版本馆 CIP 数据核字第 2024FU0801 号

书　　名：四川省中职名校长办学治校优秀案例（上册）
Sichuan Sheng Zhong-zhi Mingxiaozhang Banxue Zhixiao
Youxiu Anli（Shangce）
主　　编：张蕴启

选题策划：梁　胜
责任编辑：陈　纯
责任校对：孙滨蓉
装帧设计：裴菊红
责任印制：王　炜

出版发行：四川大学出版社有限责任公司
　　　　　地址：成都市一环路南一段 24 号（610065）
　　　　　电话：（028）85408311（发行部）、85400276（总编室）
　　　　　电子邮箱：scupress@vip.163.com
　　　　　网址：https://press.scu.edu.cn
印前制作：四川胜翔数码印务设计有限公司
印刷装订：成都金阳印务有限责任公司

成品尺寸：185 mm×260 mm
印　　张：16.25
字　　数：335 千字

版　　次：2024 年 8 月 第 1 版
印　　次：2024 年 8 月 第 1 次印刷
定　　价：96.00 元

本社图书如有印装质量问题，请联系发行部调换

扫码获取数字资源

四川大学出版社
微信公众号

四川省中职名校长办学治校优秀案例
编 委 会

写在四川大地上的职业教育瑰丽诗章

在486000平方公里的"天府之国"四川，活跃着这么一群人，几十年如一日地辛勤耕耘着教育的土壤，探索着产教融合、校企合作办学治校之路，实践着立德树人培养匠人之道。他们从不同的方向沿阶而上，出发时满天星辰，宿营时信念坚定。也许这是难以攀援的崎岖之路，也许偶尔会心宇迷茫，但这也是万人接踵的坦途，有方向总该风雨兼程，有路总该迈动矫健的双脚，哪怕只留下额头间的热汗漉漉……以学生为中心，办人民满意的职业学校，是他们共同的信念。信念放射出坚毅的信号，这十八位书记、校长从不同的方向，从不同的小路，坚定出发！

产教融合，校企合作，工学结合，在这十八所学校不是震天响的喊口号，而是效率和行动。他们高举着产教融合的旗帜，昂首阔步在校企合作之路，收获于工学结合之行。毋庸置疑，这十八所学校在校长（书记）的领导下，办学治校各有宏图，各有千秋，各有方略，这正是他们独到的成长和发展之道，职业教育的宏图伟略，不可能也绝不能千篇一律没有特色。

中等职业教育是中国职业教育的坚强柱石，没有这个柱石作为坚实基础，就不会有现代职业教育体系的宏大和伟岸。我们要向他们学习，要向他们致敬，他们是四川职业教育的脊梁，也是中国职业教育的骄傲。这本文集展现的内容，既有他们多年实践的丰硕成果，也有他们在四川省校长培训基地三年辛勤学习调研的深刻思考，他们不仅仅是职业教育的实干家，同时也是理论家和宣传家。

党的二十大报告指出，统筹职业教育、高等教育、继续教育协同创新。推进职普融通，产教融合，科教融汇优化职业教育类型定位。如何在坚定办学方向、找准办学定位、创新办学模式中切实增强适应性，找到现代职业教育领域改革发展的新的出发点和落脚点，落实立德树人的根本任务，破解未来生存与发展的困局，是职教人的奋斗目标，现在，他们正向着更高的目标，向着美好的明天，再次踏上新的征程，续写新的篇章！

目 录
CONTENTS

勤积跬步铭初心　砥砺奋进履使命

——甘孜藏族自治州职业学校校长吴大成办学治校纪实

　　吴大成三十余年职业生涯，一直行走在甘孜教育之路上。二十年勤耕不辍，悉心培育宛如幼苗的学子成长；十年励精图治，建设起"甘孜职校"这所充满生机的人才摇篮。他（图1）把教书育人的梦想书写于康巴大地，用青春和汗水诠释了职业教育的广阔蓝图，他翻开了职校"脱贫致富、教育先行"的新篇章。

图1　吴大成校长

甘孜职教梦，脱贫助推人

　　吴大成，藏族，中共党员。曾任甘孜州康南高级民族中学党支部书记、校长，2012年调任甘孜州职业技术学校党委书记、校长。从教三十余年，吴大成获得全国职业教育先进个人、四川省中小学名校长、四川省中职卓越校长工作室领衔人（图2）、

图2　校长荣誉

甘孜州康巴名校长等荣誉8项；主持、主研省级课题2个、州级课题2个，指导校级课题3个；主持编写畜禽生产技术专业、旅游服务与管理专业等校本教材7本；发表论文10余篇；承担、主讲中小学校长、教师培训讲座20余次。

自担任甘孜州职业技术学校党委书记、校长以来，吴大成带领全校师生凝智聚力，砥砺奋进，笃学不息，仅用十年时间就将一所新建的学校发展成为四川省"双示范"学校。

办学有传承，砥砺履使命

近年来，国家对职业教育高度重视，职业教育事业欣欣向荣，蓬勃发展。具有中国特色的职业技术教育体系逐步建立，优质的职业学校如雨后春笋茁壮成长，为国家培养多样化人才，传承技术技能，促进就业创业，为全面建设社会主义现代化国家提供有力的人才和技能支撑，在新型工业化、劳动力转移与再就业等方面起到了不可替代的作用。

图3　甘孜藏族自治州职业技术学校正校门

甘孜藏族自治州职业技术学校（图3、图4）创办于2009年，隶属于甘孜藏族自治州教育局，是甘孜藏族自治州第一所集中等学历教育、职业技能培训、教师发展培训为一体的综合性中等职业技术学校。

图4　甘孜藏族自治州职业技术学校运动场

学校于2012年迎来吴大成校长，他以广阔的视野、励精图治的求实精神，践行"管理塑校、特色立校、质量兴校、技能强校"的办学理念，紧扣"实干"二字，大胆探索，敢为人先，致力于推进学校治理体系和治理能力现代化，推动学校高质量发展。学校于2010年启动校区建设，2011年开始临时办学，2012年整体搬迁，在吴大成校长的带领下，用十年时间华丽蜕变为四川省"双示范"学校，2022年立项成为四川省"三名工程"建设学校。

学校十年艰苦奋斗，十年跨越式发展，十年实现了翻天覆地的变化。

九层巍峨台，起于勤垒土

甘孜藏族自治州成立于20世纪50年代初，在党的民族政策光辉照耀下，国家给予政策、资金上的倾斜扶持，教育事业得到了蓬勃发展，先后建成甘孜、巴塘、康定3所师范校以及州农牧校、财贸校、工业校等一批中职学校。21世纪初，国家招生实施"并轨"政策，3次对中职教育进行重组整合之后，上述单位或撤或并，全州仅剩1所卫生学校。

甘孜藏族自治州面积为15.3万平方公里，人口逾百万，在这广袤的大地上，欣欣向荣的百业急需中职技术人才，然而仅仅只有一所一般规模的卫生学校，需求和供给悬殊极大，专业技能人才的源头走向量少质弱的低谷，形势严峻，引起了省州党委、政府和州教育局的高度重视，依据四川省现代职教体系规划和中央涉藏地区工作会议精神，州委州府制定决策，下定决心兴办职业技术学校。于是，甘孜藏族自治州职业技术学校乘国家大兴职业教育的东风，应运而生。

2009年5月上旬，州政府、州教育局等有关领导一行，肩负省、州使命，来到红色名城泸定县泸桥镇大坝村，实地考察选址，拉开了筹建职业技术学校的帷幕。位于大渡河东岸拥有数百亩平整土地的大坝村，前有绿水，后有青山，气候宜人，甘孜藏族自治州职业技术学校的校址拍板定案，经过一系列筹措，学校于2011年1月8日破

图5 决策选址

图6 大坝校址原貌

图7 开工典礼

土奠基开工（图5、图6、图7）。

在省州领导的倾力关心指导下，泸定县委、县人民政府积极配合全力支持，从各方抽调了许多专业技术人才担任工程工作人员。"天下大事，必作于细"，从领导到基层干部，从工程师到建筑工人，全都秉持不辞辛苦、执着专注、夙兴夜寐的工匠精神劳作在这片荒野大坝上。

校园建设工作突飞猛进，成效显著。2011年以来，兴建了教学大楼、银杏大道、樱花大道、文化墙、科技创新体验馆、美德馆、传统文化技艺馆、现代化体育场地、技艺广场、休闲长廊、实训大楼、教师周转房、学生宿舍等。占地面积近百亩，总投资达1.7亿余元，总建筑面积达到66700余平方米，皆为优质工程。如此速度之快、规模之大、投资之多、效果之明显的学校建设，在甘孜藏族自治州教育史上是史无前例的（图8）。

图8 校园新貌

2011 年 9 月，畜牧兽医、作物生产、学前教育三个专业的 230 名学员怀揣梦想，走进在泸定县二中暂借的教学点入学。

2012 年，学生宿舍、教学楼、学生食堂、教师周转房竣工并投入使用，学校整体搬迁至大坝村办学。

学校在上级领导和有关部门的坚强领导、有力指导下，在吴大成校长的带领下，努力探索和实践，不断丰富办学模式，建设了一所"干群满意、社会认可、质量提升、形象优良"的一流中职学校。2011 年建校之初，学校仅开设 3 个专业，招收学生 230 余人，教职工 38 人。至 2016 年，已增加至 12 个专业（图 9），在校学生 2800 余人，教职工达 200 余人。2018 年，学校鉴往知来，自加压力，积极申报四川省示范中等职业学校和示范（特色）专业建设，顺利成为四川省第一批唯一一所"双示范"建设学校。

图 9　丰富的专业课程

三年建设，职校人披星戴月、凝智聚力、团结一致，以时不我待的拼搏精神攻坚克难，最终在两次验收过程中以 A 等好成绩获得专家、领导的认可。2021 年，站在新的起点，学校瞄准西部一流、全国优质的中职学校标准，积极申报四川省"三名工程"项目，2022 年，获得四川省教育厅立项，学校将以四川省"三名工程"建设为契机，知难而进，顽强拼搏，进一步筑牢基础，提升专业高度，挖掘办学深度，向着更高目标奋进，再创民族职业教育辉煌。

誉望所归，任重道远

近年来，在州委、州政府的关怀下，在州教育工委、州教育局和体育局的指导下，在吴大成等校领导的带领下，经全校师生的共同努力，学校先后获得了"全国民族团结进步模范集体""全国体育示范学校""首批全国职业院校数字校园建设实验学校""四川省教育工作先进集体""四川省五四红旗团委""甘孜州康巴名学校""甘孜州校风示范学校"等殊荣20余项。师生参加国家、省、州组织的教学能力、微课、艺术等各级各类比赛获奖达300余项（图10）。

图10 甘孜藏族自治州职业技术学校荣誉墙

学校圆满完成"双示"项目建设任务，《面向涉藏地区培养中职"四得"畜牧人才的创新与实践》获2021年四川省职业教育教学成果特等奖。2022年，学校被立项为四川省"三名工程"建设项目……一份份殊荣，展示着学校的成长，凝结着吴大成校长的心血，也激励着全校师生一路向前。

求索创佳境，谱写新蓝图

1. 党建引领有方向

学校高举中国特色社会主义旗帜，坚持社会主义办学方向，把党对学校工作的全面领导贯穿于办学治校、教书育人全过程。不断加强师德师风建设，全面从严治党，努力营造风清气正的政治和教育生态。

2018年，吴大成校长提出将党支部建到专业学部，将党建和专业工作发展同部署、同落实、同考评。并提出实施"党员三联系"（党员、校领导联系学部；党员联系班级；党员联系寝室）、"双带头人"培育工作、"党建带团建"等党建品牌工作，扎实开好党员"三会一课"，引导广大教师不断增强"四个意识"、坚定"四个自信"、做到"两个维护"，充分发挥基层党组织的战斗堡垒作用。如今，"党员三联系"工作已成为学校党建工作的亮点，使师生关系更加融洽；"双带头人培育工作"也成为学校党建工作品牌，为打造政治觉悟高、业务能力强的教师队伍探索出了一条可行途径（图11）。

2. 办学模式有拓展

学校办学之初，专业少，模式单一。吴大成校长"长善救失、开拓创新"，摆正学校定位，思考拓展模式，结合民族特色，谋求扬长避短。在长达两年的规划与布局中，吴大成校长审时度势，结合甘孜实际，积极对接有关部门、相关高校和行业，丰富办学模式。

至2014年，学校已形成五年制办学为主，三年制办学为辅，与定向培养相结合的办学模式。2018年以来，学校紧随国家职业教育步伐，进一步丰富办学模式，与德格县联合试点唐卡专业学徒制，与成

图11 党建活动

都皇城老妈开展订单培养，与陶行知研究学会联合开展双元双向国企订单班培养；积极承担四川省农业厅脱贫项目，连续三年开展一年制农牧民工农村实用技能培训任务；

借助东西部对口支援的东风，积极与山东省畜牧兽医学院、广东省旅游学校、广东省轻工职业学院、广东省外语艺术职业学院、浙江金华职业学院开展"3+2"和"2+1+2"联合办学模式，至此学校形成了"3+2"、对口单招、高考、"2+1+2"、普职融通、订单培养等办学模式，初步畅通了中高职教育"立交桥"，实现了毕业学生"不就业就升学，不升学就就业"的办学目标，尤其是与广东省、浙江省开展的"2+1+2"办学模式得到了各方面的高度肯定和赞扬（图12）。

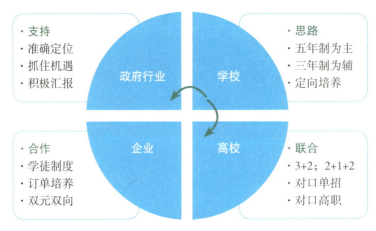

图12　办学模式思维导图

3. 队伍建设有举措

学校所在地是西部高原待发展地区之一，交通不便，信息不灵，地理位置较偏远，因此学校办学最初师资紧缺。"国将兴，必贵师而重傅"，一个相对落后的贫困地区想要发展教育，教师是不可或缺的核心因素。为了解决师资紧缺这一难题，吴大成校长积极向上级人事部门和教育行政部门汇报和争取，通过考调、考核招聘等方式壮大教师队伍，至2014年，学校教职工由最初的38人飞速增长至156人。近年来，学校根据发展规模及专业设置，继续壮大教师队伍，现已有教师180余人（图13）。

图13　教职工食堂十年变化

教师有了，如何培养这些新教师又是一个大问题。结合教育部门对职业学校教师有关要求和学校实际，吴大成校长确立了坚持"师德高尚、技能为先、结构合理、专兼结合"的建设思路，通过"内培外引"等措施，全面打造"双师型＋藏汉双语型＋企业服务型"的"三型"教师队伍。一是制定完善了四项工程实施方案、教师培养方案、专业带头人（骨干）教师遴选管理办法、专业带头人（骨干）教师管理考核办法、兼职教师管理办法、科研课题管理办法、名师工作室制度、师德师风建设方案、教师企业锻炼制度、教师培训制度等 10 余个教师培养制度，从机制上保障教师培养。二是借助"培训进修、技能竞赛、校企合作、教育科研"四平台，采取"线上＋线下、走出去＋请进来"的方式灵活开展教师培训；组织教师个人和团队参加各级各类技能竞赛，以赛促学，以赛促教；利用职教联盟、校企合作资源，采取"集中选派＋灵活安排"的方式落实教师企业实践工作；出台配套政策，加力推进学校教研课改工作。通过一系列措施，教师素养不断提升，其中 19 人获取研究生学历；教师参加各级各类教学能力大赛获奖累计 225 人次；2020 年全国职业院校教师教学能力比赛国家级一等奖1 人、二等奖 4 人，省级一等奖 12 人、二等奖 16 人、三等奖 28 人；2021 年至 2022年有 20 余人获省级名次。教师参加企业实践累计 2730 人；科研课题研究立项在研、结题 30 余项；公开发表论文 300 余篇。现有正高级教师 6 人，高级讲师 50 人，讲师70 人，双师型教师 56 人，国家级优秀教师 2 人，四川省优秀教师 6 人，四川省首届"四有"好老师 1 人，四川省特级教师 3 人，四川省中小学名校长 1 人。经过短短几年时间，学校老师综合素养不断提高，教学能力大幅提升，为学校健康、快速、高质量发展提供了重要保障。

4. 立德树人有实效

学校坚持德育为先、技能为重的人才培养目标，坚持立德树人根本任务，全面贯彻落实党的教育方针，广泛开展社会主义核心价值观教育，共同铸牢中华民族共同体意识，把立德树人根本任务贯穿落实到"制度管人、活动育人、文化塑人"的全过程，以德笃行，以技立志，创新德育模式，提升育人实效。

一是注重德育队伍建设，狠抓德育常规管理工作。学校成立了以学生处牵头，各学部、团委德育干事以及班主任为主要成员的德育教育队伍。先后制定了《甘孜州职业技术学校学生德育手册》《甘孜州职业技术学校学生违纪处分管理办法》《甘孜州职业技术学校卫生评比制度》《甘孜州职业技术学校学生操行考核制度》等规章制度，培养学生的守纪意识，规范学生的行为习惯。

二是创新形成"1234"德育教育模式。学校通过多年的德育教育实践，创新开展了"1234"德育教育模式，旨在通过开展"1234"德育教育模式把学生培养成"德智体美劳"全面发展的合格的中职学生，把德育教育规范模式化，形成制度体系。其具体做法是：建好一支经验丰富的队伍；守住升旗仪式和校园文化两大阵地，弘扬正能量；搭建家校平台、师生平台、互助平台，让老师、家长、学生之间建立良好的关系；开展"体验教育""主题教育""在线教育""典型教育"四个层面的教育。

三是示范引领，德育创新。按照新时代学校德育工作目标，学校除了每年开展"三好学生""优秀学生干部""优秀团员""优秀班集体""优秀班主任"等常规德育评选表彰外，学校还创新开展"德育之星"评选活动，评选通过班级推荐、资格审核、竞选演讲、才艺展示、网络投票、现场票选六个环节，每年评选10名"德育之星"，并组织德育之星与优秀党员共赴延安、天安门、人民英雄纪念碑、井冈山、渣滓洞、泸定桥等省内外红色教育基地学习体验，返校后举行红色教育体验分享。让师生、家长和社会人员都参与到活动中，既解决了教育中"刻板说教"的问题，又凝聚、扩大了学校德育教育的社会影响，更对在校学生起到了激励鞭策作用，"比学赶超先进"蔚然成风。此活动开展以来，在社会上引起了热烈反响，《甘孜教育》《泸定之声》对活动进行了连续报道，2019年学校《德育之星评选案例》获得四川省教育科学研究院、四川省教育学会"立德树人"优秀实践创新案例评选一等奖。

图14　学校组织选手参加演讲比赛获奖

四是拓展社团，丰富育人载体。学校顺应时代要求，丰富学生课余生活，安排专业教师指导锦绣画苑、足迹文学社、影视小屋、校园电视台等27个学生社团，影视小屋创作了《半幅唐卡》《大渡河畔的格桑花》等反映藏民族优秀文化的微电影作品；应邀参加了中央电视台《合唱先锋》节目录制和康巴卫视藏汉双语大赛，开展了"甘孜儿女心向党"、关爱留守儿童、纪念红军飞夺泸定桥87周年庆典、环贡嘎山国际山地越野赛、甘孜藏族自治州第三届运动会、甘孜藏族自治州建州70周年等社会公益实践和志愿者服务。这些活动进一步丰富了学校德育活动载体，使学生的道德品质、就业观念、社会认知都得到了明显转变，文明、守纪、乐学意识明显增强。

5. 校园文化有格局

为继承传统文化和丰富学生课余生活，拓宽学生视野，学校因地制宜，挖掘、遴

图 15　校园文化艺术节

选甘孜地区民族文化、生态旅游、野生动植物等，倾力打造集文化、艺术、教育、实训、观赏于一体的德艺园。让学生在观览中领略康巴文化作为中华民族多元文化重要组成部分的魅力与风采，进一步增进对家乡的了解和热爱，从而激发起学生立志成才、建设家乡的学习热情，培养他们强烈的民族自尊心和自豪感（图15）。

在校园文化建设方面，学校秉承"每一寸土地都有管理的痕迹，每一处角落都有育人的功能"理念。加之吴大成校长坚持"校园文化建设既体现时代特征与校园特色，又体现教育性、感染性"的原则，按照"视线所到、足迹所至均能感受到文化教育与文化熏陶"的要求，突出"民族文化＋职业教育"的"藏汉双语"办学特色，充分挖掘、研究和利用甘孜藏族自治州民族文化的教育资源，投入大量资金，对整个校园文化进行科学分类、合理布局。一是整个校园建筑布局、建设时既有现代建筑的鲜明特征，又饱含民族建筑元素符号，相得益彰；二是文化石、文化墙、文化标牌合理设置、摆放，双语呈现，潜移默化激励师生奋发向上；三是规划、建设了以甘孜藏族自治州民族歌、舞、器展示为主题的男生宿舍文化艺术馆，以甘孜藏族自治州人文景观、自然资源展示为主题的女生宿舍生态馆，以现代科技、军事、航天技术展示为主题的实训大楼科技体验馆，以甘孜藏族自治州农牧生产、民族工艺、非遗文化、风景名胜、民居风情、藏医药发展展示为主题的传统文化技能馆，以爱国主义、民族团结、文明礼仪、廉政文化、名人警句展示为主题的教学楼美德馆，以民族工艺制作展示为主题的技艺广场等文化教育区，主题鲜明，内容丰富，气势恢宏；四是以教室为主阵地的班级文化既充满青春气息，又彰显鲜明专业特色，营造了团结、活泼、友爱、进取的良好学习氛围；五是运动场、生活区、休闲广场等周围的宣传橱窗、文化走廊、LED

展示屏等文化教育载体，错落有致，寓教于乐，"润物细无声"。特色鲜明的校园文化环境时时处处引导、教育、激励师生快乐成长、奋发图强，为提升学校德育工作水平起到了积极的推动作用（图16）。

图 16　藏医文化走廊

6. 服务社会有示范

"百年大计，教育为本"。吴大成校长强调学校教育必须为党育人、为国育才、服务社会。学校充分发挥甘孜州职业教育中心、教师发展中心功能，以行业、企业、群众的需求为驱动力，根据社会定向、转岗、农村剩余劳动力转移、技术指导、技能测试、职业技能鉴定、精准扶贫、结对帮扶等的需要，以区域经济的发展、社会以及企业的人才需求为导向，紧密结合精准扶贫和乡村振兴战略，面向州内各行各业开展技术咨询与培训、教师岗前培训、控辍保学、对口精准扶贫等服务项目，服务当地，促进区域经济发展。一是以学校专业人才资源、教学资源及场地优势为依托，利用校内外实训基地、合作企业，开展专业技术培训服务，促进职业技能培训、技能鉴定、对口扶贫培训、农村实用人才培养等工作再上新台阶，为产业发展提供更多优质专业人才。二是开展共建共创和社会服务工作全覆盖。党员教师、骨干教师经常深入共建村，结对农户，积极开展强农惠农政策宣传，帮助贫困户整合优势资源，进行产业规划，同时开展农村实用人才培养、防辍保学、驻村干部培养等，进行全方位的、覆盖性的精准扶贫，振兴乡村。三是定期开展"四送"（送政策、送文艺、送技术、送图书）进村活动，每年惠及群众 2100 余人，丰富当地群众文化生活，提升生活品质。四是积极参与四川省中小学艺术节、四川省少数民族运动会、康巴卫视藏历春晚、建州 70 周年庆祝大会、康巴艺术节等大型文艺活动，参与演出累计 4000 人次以上，圆满完成各项演出任务，为地区举办各类大型演出贡献学校力量（图17、图18）。

图17　职校师生赴京参加文艺演出

图18　职校师生参加省民运会开幕式演出

7. 产教融合有深度

产教融合、校企合作是职业教育发展之魂，也是职业教育最突出的办学优势。办学之初，吴大成校长深感学校对产教融合发展领会不深，实践不多，于是带领全校师生摸着石头过河，逐步尝试与高校、企业等合作，由校企间单一合作模式转向深度产教融合模式，为学校实现高质量发展提供了重要保障。

一是深入开展校校合作，与高校开展联合办学模式，目前已经与省内四川民族学院、眉山职业技术学院等高校及省外广东旅游学校、山东畜牧兽医学院、浙江金华职

图 19　校企地合作现场签约

业学院等开展贯通培养模式。

　　二是开展校企地合作，学校与企业、地方政府等开展合作培养模式。与甘孜藏族自治州人力资源社会保障局、白玉县等政府单位开展订单培养模式，与四川雅砻酒店管理有限公司、成都大鼎世纪酒店有限公司、成都市皇城老妈酒店管理有限公司联合开展校企合作模式及订单培养模式（图19）。

　　三是尝试学徒制培养模式。学校与德格县教育局利用双方资源优势，组建了德格县噶玛嘎孜唐卡画派艺术人才班（简称"德格县唐卡绘画班"），由德格县人民政府聘请知名的德格县多瀑沟噶玛嘎孜文化旅游发展有限公司噶玛嘎孜画派艺人担任授课教师，在传统与现代结合的学徒制中实现模式创新、培训创新、成果创新。

　　四是积极加入职教联盟。充分利用川藏铁路建设之契机，立足川藏铁路建设，谋划校企合作。学校加入了川藏铁路产教融合创新发展联盟，并成为联盟副理事单位，积极参与并承担联盟举办的各项会议，促进川藏铁路产教融合发展教育链、人才链、产业链、创新链有机衔接。学校还与四川同创柳工机械有限公司联合开展工程机械操作培训，培养服务本区域的人才，助力脱贫攻坚。

不负教书育人初心

从一纸规划到大坝村选址，从第一锹奠基到校舍井然，从租房办学到现代化校园，从临时办学点230人到今天的3600余人，与日俱进的变化，见证了甘孜职业教育的迅猛发展，诠释了甘孜职教人的开拓奋进。学校步入了高质量发展的"快车道"，有力助推了地方经济社会发展，赢得了社会各界及学生家长的一致认可和高度赞扬。

学生家长杨学珍说："我们选择这个学校是因为学校口碑好，老师关心学生，教学质量不输州外同类型学校，把孩子放在这里读书我们放心。学校的管理也很有方法，不是一味地框在规矩内，而是给了孩子更多的发展空间，比如校企合作、产教合作等，如果孩子有升学的想法，他们还有合作的大专院校，能够让孩子们有更好的上升空间，把孩子放在这里读书我们很安心。"

来自九龙县的宋安宁现在就读于州职校学前教育专业，她的理想是可以参加学校"3+2"联合培养模式，在中职的基础上继续深入学习，以便毕业后能回到家乡从事学前教育工作。自2019年8月入学以来，她在努力学习的同时，还积极参加学校组织的各类比赛活动并多次获奖，先后被评为"德育之星""三好学生"等，并多次获得国家奖学金和学校一等奖学金，收获满满。宋安宁说："在州职校，我的生活丰富多彩，学校的教育注重理论，也注重实践，学校每天会给我们很多的课余时间，让我们可以去发展自己的特长，老师们以身作则，兢兢业业，会用真心去感化学生、引导学生，能成为这里的学生，自己很幸运。"

图20　大坝村向学校赠送锦旗

现任山东鲁抗药业舍里有限公司华北区经理的孙宝逸，是州职校 2013 级畜牧兽医专业学生。他说："今天的成就，离不开州职校的培养，为报答家乡和母校，准备利用现有优势与甘孜州一些县和企业合作。"

如今，来自甘孜职校的各届毕业生已经遍布各行各业，服务于甘孜藏族自治州、四川省乃至全国的新时代社会主义建设。

积微成著，推而广之

纵观学校十二年来的变迁，从 2010 年 1 月州职校在泸定县大坝村启动并建设，到 2011 年 9 月，在泸定沈村租房办学；从 2012 年 9 月整体搬迁至大坝教育园区，到如今的硕果累累。可谓风雨兼程，困难与机遇并存，由此可以总结出许多经验和教训。

第一，学校成立之初的目标导向和格局是核心。吴大成校长参与职校建设的十年，也是学校迅猛发展的十年。在吴大成校长的影响下，州职校一成立就围绕"为谁培养人、培养什么人、怎样培养人"谋篇布局，立足甘孜，培养"靠得住、用得上、沉得下、干得好"的能适应本土跨越发展和长治久安的基层急需的应用型技能型人才。正因目标明确，目光长远，全校师生才有奋斗方向，并为之不断前行。

第二，建校过程的探索与改革是关键。面对州内对职业教育的迫切需求，最初选择哪种模式进行办学，成了州职校面临的挑战。没有可借鉴的经验，吴大成校长就带着全校师生"摸着石头过河"。在这个过程中乘风破浪，化钝为利。学校也曾遇到过发展瓶颈，但通过不断的探索和实践，学校积极培养藏汉双语技能型人才，克服困难，实现了跨越发展。

第三，产教融合中的交流与合作必不可少。在办学中，州职校与高校、企业建立了深度合作关系，引入产教融合机制，让自身步入发展"快车道"，有力助推了地方经济社会发展，赢得了合作企业与学生家长的普遍认可。

第四，与时俱进育英才是支撑。打造高素质专业化教师队伍是州职校办学"宝典"的重中之重。内培外引、定期进修、技能竞赛、校企合作、教育科研几大方面并进，每一位教职员工的成长都不可忽视，都在为职

图 21　教师带领学生参加职业能力大赛

校发展添砖加瓦（图21）。

第五，文化育人、活动育人，有助于培养多元化人才。让学生在耳濡目染中受到教育，在活动中成长，在体验中提升，为甘孜区域经济发展培养更多更好的实用型技能人才，在区域内发挥引领和骨干辐射作用。学校的文化技能馆、生态馆、美德馆、文化艺术馆、科技创新体验馆，既是开展"知州情、爱家乡"教育的"活教材"，也是学生进行专业实训、提升技能水平的主阵地。

第六，居安思危，不忘初心，自加压力，绝不懈怠。这是职校欣欣向荣的秘诀。对于州职校接下来的工作如何开展，吴大成校长有着自己的理解：立足中国共产党建党百年新起点，步入全省"三名"学校申报创建新征程，众力并则万钧举，继续坚持"理实交融办专业，知行合一育人才"的原则，凝智聚力，知难而进，顽强拼搏，进一步提升专业高度，擦亮品牌亮度，挖掘办学深度，向着更高目标奋进，再创职业教育辉煌，把学校建设成省内知名的一流中等职业学校。

吴大成是甘孜藏族自治州职业技术学校的建设者，是改革创新的引领者，是甘孜州职业教育奋然前行的推动者。作为卓越校长，他的办学理念，他的治校实践，对职业院校具有示范作用和借鉴意义，其中可操作和借鉴的成功经验适用范围更广，应用场景更多，可以扩展至新兴学校的发展。

结束语

"春风化雨育英才，十年诠释职教梦"。有道是创业维艰、跬步千里，甘孜职校从荒滩野谷走向文明优美，吴大成校长也从斗志昂扬走向砥砺奋进。他的十年就是职校的十年，他的命运与学校息息相关。这所满载希望成立的职业技术学校真正做到了把芬芳硕果洒向康巴大地的每一个角落，吴大成也因此实现了桃李满天下的梦想，春晖四方。谈及十年沧桑巨变，他说："甘孜职校这座圃园，承载着香巴拉的明天和未来，离不开德高望重的智者，高瞻远瞩的绘图人和默默耕耘的孺子牛。很多人都付出了汗水，倾注了心血，终觉无悔。"在新时代的篇章里，贡嘎之巅依然绚丽辉煌，大渡河依然奔流不息，哺育后人。而吴大成校长也将继续不忘初心，将一颗颗年轻的心渡向理想彼岸，不负使命！

李学锋　侯燕

撒教育星星之火 燃乡村振兴之炬

——南江县小河职业中学校长李勇办学治校纪实

李勇的教育生涯，有两大转变：

第一个转变是从普通教师转型为教育管理者。1996年大学毕业后，他成为南江中学一名高中语文教师，担任"火箭班"班主任长达十年，2009年任南江县第四中学副校长，2012年任南江县正直中学校长，躬耕普教。

第二个转变是从普教转向职教，他将视野由学历教育转向"三农"和"乡村振兴"，深研课题，从普教华丽转身，成为职教专家。2015年任南江县小河职业中学校长后，提出"一体两翼"职教办学模式，创办巴山土鸡产业研究院、巴中村政学院……现在的李勇是一名中共党员、正高级讲师、四川省特级教师、全国教育扶贫和乡村振兴专家、教育部现代学徒制专家、中国成教学会常务理事、四川省职成教育学会理事、第四届四川省督学、四川省普通话测试员。他还受邀出席四川省庆祝第37个教师节优秀教师的颁奖典礼（图1）。

图1 李勇受邀出席四川省第37个教师节优秀教师颁奖典礼

"教育不是灌输，而是点燃火焰。"从教师到专家、从普教到职教，在李勇心中，教育工作始终如苏格拉底的格言一样不曾改变。他说："每朵花都有盛开的理由，教育就是给予种子以真善美的阳光雨露。适合的才是最好的，在职业教育这块依然贫瘠的土地上，需要更多的爱的聚焦：因为她是素质教育——职业素养决定就业的高度；是负责任的教育——每位学生都有出路；是斩断贫困代际传递的民生工程——代表着教育改革的主流方向。"

2021年，小河职中荣获全国脱贫攻坚先进集体和全国100所乡村振兴人才培养优质校。2022年年2月，李勇获第七届黄炎培职业教育奖杰出校长奖（图2）。2022年5月，学校被评为四川省首批中职五星名校建设单位（图3、图4）。

图2　李勇校长受邀出席第七届黄炎培职业教育奖颁奖典礼暨座谈会

图3　全国脱贫攻坚先进集体奖牌

图4　全国教育系统先进集体奖牌

心中有爱，眼中有"人"——做"有温度"的教育

1996年，李勇以优异的成绩毕业于重庆师范大学，老师和同学都劝他留在重庆，但他坚定地回到家乡南江中学，他说："我是南江教育培养出来的，我更应该回到家乡为父老乡亲服务。"希望"好男儿志在四方"的母亲一个月没和李勇说一句话。李勇教学水平高，工作能力强，成都重庆等地的一些知名学校先后向他抛来了橄榄枝，并承诺给他优厚待遇，李勇不为所动，正如他在日记中写的："教育需要情怀！农村教育更需要情结！"

2015年，李勇到小河职中任校长，不仅为自己，更为南江县的教育事业开启了一段崭新的历程。

小河职中位于秦巴山区腹地——南江县城以南 10 公里的公山镇，系一所集学历教育、社会培训、技能鉴定于一体的国家级示范性中职学校。建有实训楼文化墙等（图 5、图 6）。校园占地 270 亩，教职员工 312 人，在校学生 5300 余人，开设畜牧兽医、旅游服务管理等 7 大类专业。

图 5　学校南北实训楼

"南江县是农业县，交通不便，信息闭塞，基础设施滞后，经济基础薄弱。通过调查分析，我们认为：落后意味着上升空间巨大，工业落后意味着农业、畜牧业、旅游业优势明显，职业教育完全可以大有作为"。李勇说，教育是区域经济发展的发动机，职业教育只能面向实际、开门办学，要办"有温度"的职业教育。

图 6　学校天工开物专业文化墙

教育的"温度"在于办学者眼中有"人"。李勇认为，小河职中要聚焦现代新型职业农民培育，服务地方的社会经济发展。"所谓新型职业农民，是指除了符合农民的一般条件外，还具有高度的市场意识、现代大农业产业观念，既'有文化、懂技术、会经营'，又能对'生态、环境、社会和后人'承担责任的农村从业者队伍"。

李勇深知，把农民的孩子培养成为"新型职业农民"，需要的不仅是知识和技能，还有一个字——爱。他经常对老师们讲，要时常保持一颗父母之心，去精心呵护每一位孩子。针对困难家庭学生帮扶问题，李勇倡导并在学校建立了《贫困学生帮扶制度》。学生殷兰花是"9+3"民族班的孩子，家庭贫寒，初到小河职业中学时，十分内向，不与任何人交流，为了省钱，每餐只吃素菜。了解到这些情况后，李勇真诚与她交心谈心，每月资助她 300 元生活费，给她买新衣服。周末带她回家，让妻子给她做好吃的。2019 年，殷兰花考上大学，她说："小河职中就是家，李校长就像自己的父亲一样！"

图 7　李勇辅导帮扶家庭孩子学习　　　　图 8　李勇在贫困村宣讲政策

　　为让所有贫困孩子安心读书，李勇倡议并建立基金，每年为 200 多名学生减免住宿费、书本费 15 万元，拿出办公经费 10 万元奖励资助贫困学生 500 名。学校还在创业超市、学校食堂设立勤工助学岗位 126 个，贫困学生自愿申请，可在课余时间到勤工助学岗位工作，每天不仅可免费就餐，还可获得 10 元 / 天的补助。七年以来，学校没有一个学生因为贫困而退学或辍学（图 7、图 8）。

　　"全县 90% 以上的畜牧系统科研人员、技术推广员和养殖专业大户均是小河职中毕业生，中外驰名的南江黄羊在选育研究和推广扩繁中都有我校师生的长期参与。"李勇高兴地看到这些农民的娃娃成为南江县农业经济发展的新型职业农民。

　　"有温度"的校长，眼里除了有学生，还要有教师。刘新新老师家境贫寒，妻子又没有工作，家庭负担较重，自己患有抑郁症。有段时间，刘新新情绪低落到了极点。李勇知道后，与他促膝长谈，帮他重塑生活的勇气。事后，李勇召开党总支会，专题研究刘新新家庭帮扶问题，解决了其家属的就业问题，为他提供经济援助。针对困难教职工遭遇重大变故无力承担的问题，李勇倡导并在学校建立了《困难教职工救助制度》，建立困难家庭救助机制，专项资助因重病、遭遇重大变故的教师。七年来，学校共资助困难教师二十余万元，让他们走出困境，阳光快乐地教学生活。

建好三所学校，布局"一体两翼"，办"有内涵"的学校

　　作为学校掌舵人，学校发展定位是什么？如何办有内涵的职业教育？李勇刚到小河职业中学的时候，就召集行政干部、"两代表一委员"、职教专家和离退休干部职工，广泛听取意见，组织全校教师开展讨论。经过深入调研，确定了学校发展定位——坚持"注重内涵发展、打造精品专业、培育实用人才、服务国家发展"的办学思路，坚守"立足山区、服务三农，助推地方经济社会发展"的办学宗旨，办好有内涵的职业教育，把学校办成全市职业教育的一面旗帜，在全省有地位、在全国有影响！

图9 学校饮水思源感恩文化墙　　　　图10 安装了空调的学生宿舍楼

　　办有内涵的学校，改善办学条件是关键。为了建设培训楼，李勇撰写请示报告，无数次到省市县汇报工作、争取项目，累了就靠在车上躺一下，饿了就在车上啃面包……李勇把办公室当成了宿舍，当培训楼投入使用时，李勇的头发已灰白。如今，走进小河职业中学，精美的浮雕墙、标准化的塑胶操场、美丽的林荫小道、错落有致的教学楼、齐全的实训室……仿佛进入了漂亮现代的大学校园（图9、图10）。

　　"让每一个孩子都能选到自己适合的专业，让每一个孩子都能闪耀出自己的光彩！"在李勇的推动下，围绕地方产业转型升级、特色产业发展和学生升学就业，新增新能源汽车维修、烹饪等专业，学校累计发展8个专业类别、16个专业化方向。畜禽生产技术专业创建为国家级示范专业，旅游服务与管理专业创建为四川省示范专业。今年5月，在四川省首批中职"三名工程"建设评审中，小河职业中学被确定为五星名校立项建设单位，畜禽生产技术、旅游服务与管理专业被立项为名专业建设专业。

　　在职业教育转型发展的新时代背景下，南江县小河职中创新开办了巴中村政学院、大巴山农民工培训学校（含巴山土鸡研究院），使之与学校"示范校"品牌形成"一体两翼"的职教新布局。"一体是指南江县小河职业中学，两翼是指巴中村政学院和大巴山农民工培训学校"。在李勇看来，虽然南江很"小"，但办学者要有"大"格局，要从单纯的学历教育的框框里跳出来，着眼于脱贫攻坚、乡村振兴和人的终生发展，才能实现职业教育"功在当下，利在千秋"的独特价值。

　　"面对脱贫摘帽的历史重担和乡村振兴的战略要求，巴中村政学院立志解决振兴乡村的最基层、最弱层、最难层的农民的培训教育问题。"李勇说，巴中村政学院的产生是个循序渐进的过程——2015年10月，为解决农村优秀人才流失、紧缺的难题，小河职中农学专业孵化出"扶贫攻坚火线班"，首探培养新型职业农民的前景；2016年，学校与县委组织部签订协议，创新开办基于现代学徒制模式的"南江县村级后备干部专修班"，实施订单培养扶贫攻坚带头人；2017年8月，因办学成效显著，"专修班"

图 11　学校综合培训中心（巴中村政学院）

图 12　巴中村政学院承担的省级党员培训

被市委组织部升格为"巴中村政学院"（图 11、图 12）。

2019 年 11 月，大巴山农民工培训学校落户小河职中。承担了扶贫劳务培训、新型职业农民培训、东西部劳务协作培训、劳务品牌培训、工会职工（农民工）技能培训、SYB 创业培训、返乡农民工创业培训等各类培训和农艺工、电工、车工、焊工、乡村旅游服务员、SYB 创业等 20 余个工种的初、中、高级人才培训和技能鉴定工作（图 13、图 14）。

图 13　大巴山农民工培训学校挂牌成立

图 14　大巴山农民工培训学校承担的淅川东西部技能培训

"教育发展，科研先行！"李勇率先垂范，积极参与教育科研，其主研课题《基于多元文化教育理论的四川"9+3"学校教育改革创新与实践》荣获国家级教学成果二等奖，撰写案例《布局"一体两翼"、践行"三个服务"——农村职业教育在实施乡村振兴战略中的改革与创新探索》入选四川省"十三五"教育改革创新发展十五个典型案例，《中职学校"岗课赛证训创一体"强师育人机制创新与实践》被确定为四川省教学科研育人典型案例……他主导研究《农村中职学校"三训一学"格局下服务乡村振兴

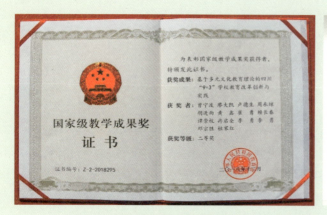

图15　国家级教学成果二等奖证书　　　　　图16　四川省人民政府成果奖网站截图

人才培训模式》和《新课标理念下语数外导学案开发与应用》分获四川省人民政府教学成果一、二等奖，并获2022年巴中市人民政府教学成果一等奖。语数外导学案系列丛书公开出版发行，并在四川、重庆数百所学校推广使用（图15、图16）。

　　在小河职中有两考和两课远近闻名，也让不少想调入小河职中的人望而生畏。两考是指教师的教学能力考评和每学期的教育教学教研业绩考核，特别是每年暑假的校本培训有一个固定内容：考试。李勇带头，全体教职工参加学科或专业加强版的高考，分数全部公布，不达标不能从事教学一线工作，考得好的受表彰，学期考核结果决定哪些老师能上优质班享受更好待遇（图17、图18）。两课是指青年教师合格课和推门听课，听课不合格将退出课堂加强学习。李勇通过这些看起来有些过火的方式打造了一支素质过硬的教师队伍：正高3人，特级3人，全国优秀教师2人，省级名师5人，市级学科带头人19人；研究生以上学历30人……

图17　李勇带领全体党员（教师）宣誓　　　图18　李勇带头参加教师专业能力测试

办好一所职校，致富一方百姓——做"不忘初心"的教育人

"进入职教后，我坚定一个初心：办好一所职校、致富一方百姓。在农业县搞职教，要盯准'农'字，深耕农学的专业，探索'产教学研'四位一体，'政行企校'联动办学，不断扩大服务乡村建设与振兴发展的功能"。李勇将职教视野横向拓宽，纵向拉长，提出：拉大外延框架，推动内涵建设，提升教育质量，服务学生终身发展。

李勇介绍，截至目前，巴中村政学院开办全市村级后备干部专修班 100 余期，培训村级管理干部 30000 余人次，长期跟踪指导县内学员 500 余人，其中 182 名担任村党支部书记、村主任，426 名担任村党支部副书记或综合干部，培养了一支熟悉农村、热爱农村、扎根农村、奉献农村的乡村振兴干部队伍（图 19、图 20）。

图 19　培训学员在通江王坪烈士陵园接受教育

图 20　中央电视台报道开办村级干部专修班经验

巴山土鸡产业技术研究院是全省首个依托职业中学成立的科研机构。目前研究院技术人员 20 人，设置了 8 个标准化实验实训室、1 个家禽孵化中心、1 个土鸡科研选育基地，协作单位 15 家。先后引入四川农业大学刘益平教授、四川省农科院家禽研究

图 21　巴山土鸡产业技术研究院成立时合影

图 22　巴山土鸡产业技术研究院特聘专家贾正贵为学员授课

所团队、四川理工学院留日经济学博士后刘飞、巴山生态牧业董事长张育贤等多位专家加入研究院，成功申报成立了巴中市院士（专家）工作站。创建了"光雾山农业众创空间"，探索出"职业教育＋研究院＋专合组织＋养殖农户＋市场"的模式，推动了区域巴山土鸡产业规模化发展（图21、图22）。

在小河职中的示范引领下，南江职教的外延和纵深发展已然变为现实。学校坚持立德树人，不断加快现代职业教育体系建设，纵深推进产教融合、校企合作，努力实现"注重内涵发展，打造精品专业，培育实用人才，服务国家发展"目标。李勇带领小河职中提出三大策略：一是对接产业，深度融入区域经济社会发展。立足地方产业优势，政府主导，行业企业参与，依托学校建立"南江县农业教育集团"和"南江县职业教育中心"，将合作延伸至"特色种养殖、电商物流、旅游休闲"等各个领域，同步建设县级、乡镇、村社三级职业培训体系，依托光雾山5A级风景区，开设光雾"雄、奇、秀、美"特色专业，定向培育实用技术人才（图23、图24）。

图23　南江县农业教育集团授牌仪式　　　　图24　现代农业产业发展培训会

二是校企合作，努力破解区位劣势瓶颈。跳出区域圈子，与上海恒翔电梯、四川新希望集团、八鱼科技深度合作，采取"订单培养"模式，共建平台、共育人才；秉承"国际教育本土化，本土人才国际化"的理念，与新加坡国家工艺教育局合作，形

图25　新希望六和冠名班授牌仪式　　　　图26　李勇为新加坡ITE培训学员颁发证书

成"培养主体多元、异地分段培养、职业能力递进"的人才培养模式，使经济欠发达地区学生获得新加坡 ITE"国际职业教育文凭"，实现海外高端就业（图25、图26）。

三是增强内涵，切实提升职业教育育人质量。启动教学诊改，全面强化内涵建设；通过专业技能阶段性评价，建好特殊工种职业鉴定站和巴中市职业技能鉴定站，及时对学生和学员的专业技能予以证书认定，努力实现对口就业、优质就业；创建了各个专业师生共同参与的就业创业实践平台，提供了100多个勤工俭学岗位，完善了教育扶贫机制；实施"大德育"工程，引进近十名军事教官，对学生在校行为进行网格化指导，通过学生自治、社团活动和开发使用校本德育教材等举措，将"三全育人""五育并举"不断落到实处，校风学风变化显著，教育教学质量得到了快速提升。

赓续前行，探索不止——做"三有"职教先锋

小河职中系一所集中了学历教育、社会培训和技能鉴定的国家示范校，学校立足山区，聚焦三农，布局"一体两翼"，践行"三个服务"，在产业兴村强县行动中，突出农业特色品牌，深化"学历教育提质培优与技能培训转型升级"，在乡村振兴和培养专业化人才的改革创新与实践探索中办好、办强农村职业教育，全力推进乡村全面振兴，探索出独具特色的办学模式，做"有温度、有担当、有品质"的职教先锋。

1. 乡村振兴"五方联动"的小河赋能模式

乡村要振兴，产业是基础，人才是关键。坚持以乡村振兴需求为导向，以学校为主体，特色专业为发力点，建设党政主导"管理"型、科研引导"产业"型、技术赋能"双创"型的振兴乡村人才"三训"平台。

巴中村政学院为破解乡村基层治理人才缺乏、后继无人的困境，打通了乡村人才治理的瓶颈。为盘活集体经济，带动产业振兴、提振乡村活力，学校提供政策支撑及条件保障，成立了巴中巴山土鸡产业技术研究院。以村集体牵头，大抓专业合作社、企业、农户等乡村产业振兴主力军建设，拓能增效延伸创建了光雾山农业发展众创空间、专家工作站，以强化产业领军人才团队和实用技术，并通过"院、站、器"将创新成果和实用技术推广到田间地头、场户圈舍。这既培养了高素质新型职业农民，又动态调整了人力结构，从源头上激活了农村经济的内生发展，突出了干部引领作用，产业人才培育有用、用有所干、干有所成，呈现出乡村有人组织干、有人带头干的新面貌。巴中村政学院着力培养造就了一支懂农业、爱农村、爱农民的"三农"工作队伍，为乡村振兴提供了坚实的人才保障（图27）。

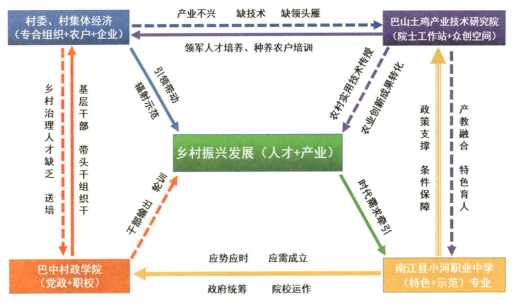

图27 乡村振兴"五方联动"小河赋能模式

2."职校＋科创服务平台＋集体组织"产业发展模式

学校总体设计，按照"培育人才、保障人力、推动教育、服务经济"的思路，政、行、企联合打造校企合作、产教融合的"产学研用创一体化"服务平台，在定方向、汇资源、供技术、提质量、创品牌、促内涵方面坚持校统筹与党监管的工作机制。建设了巴中巴山土鸡产业技术研究院和巴中村政学院，围绕主导产业，探索形成了黄羊和土鸡特色产业并行的"职校＋土鸡产业技术研究院（院士工作站＋众创空间）＋基层村集体经济组织"产业发展模式。

瞄准集体经济切入点，学校狠抓"两院"服务力，向专业合作社、涉农企业、种养大户及一般农户产业主体发力。一是通过巴山土鸡种质资源保护和科研选育，进一

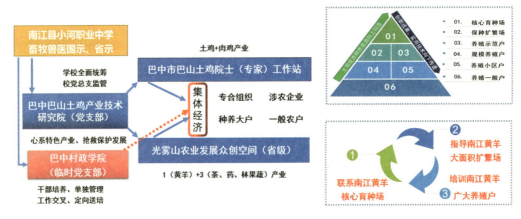

图28 "职校＋科创服务平台＋集体组织"产业发展模式

步扩繁、分类、纯化，打造地方品牌，以成果转化、技术传授和产销一体化为路径，育强产业主体，建立了核心育种场、保种扩繁场、养殖示范场、规模养殖户、养殖小区户、一般养殖户的产业生产体系。二是学校强化与南江黄羊科学研究所的合作、推动南江国家级现代农业产业园区建设，以技术转化为纽带，增强众创空间孵化力，联系核心育种场，指导大面积扩繁场，培训广大养殖户，加快企业增值，增强核心竞争力，配套发展金银花、南江大叶茶、林果蔬等优势产业和基础产业，形成1主3辅的配套产业发展模式。

3. "3主体4模块"人才培养（矩阵体系）模式

深化产教融合，服务人才培养，助推乡村振兴。学校统管"三大人培平台"，探索创新了"3主体4模块"人才培养（矩阵体系）模式，形成了"县乡村"3层级培训育人和"线上线下"4形式强服务的人才培养路径（图29）。

一是巴中村政学院以"基层乡村治理领军人、产业致富领头人、技术技能帮扶人"需求为导向，不断完善"教材、师资、课程、基地"四库建设，设置"1+3+N"课程体系，采用集中授课、分散实习、专岗实践、阶段回访、按需轮岗、回炉深造的方式探索形成了"科研岗＋实习岗＋真实岗"三岗遍历培养的基层干部人才培养模式，培养造就一支"永不走"的农村治理人才队伍。

二是土鸡研究院（工作站）以贯穿土鸡产业体系化，重构模块化、项目化培训课程内容，采用针对带头人、养殖户及特殊群体的差异化培训，探索了"理论＋实践＋跟辅"的全产业链人才培养模式，发展一批富有工匠精神的产业人才。

三是众创空间以创客企业为孵化对象，设置"创客孵化成长"模块内容，形成了"理论培训＋一对一创业导师指导＋自主创业实践"的青年创客孵化模式；以黄羊产业户为孵化对象，设置"黄羊特色发展"模块内容，形成了"规划＋方案、培训＋指

育人主体	培养对象	培养模式	内容设置		培养方式	保障体系
巴中村政学院	基层干部	"研学岗＋实习岗＋真实岗"三岗遍历培养	课程设置——"1+3+N" 1代表：党性教育课程 3代表：基层治理、政策法规、实用技术 N代表：特色化、差异化的模块教学内容		集中授课、分散实习 专岗实践、阶段回访 按需轮岗	学校搭平台 专业出资源
巴山土鸡研究院＋院士"专家"工作站	养殖场示范户 养殖大户 一般农户	理论＋实践＋跟辅	课程设置——"土鸡产业体系化" 种：种质开发　苗：种苗推广　料：饲料配置 病：疫病防控　管：常规管理　销：产品销售		常规方式： 1.带头人培训　2.养殖户培训 3.特殊户上门 机动方式： 1.突发临时　2.精准跟辅	名师引专家 专家育教师
光雾山农业发展众创空间	青年农民 企业 经济组织 新经济组织	理论培训＋一对一创业导师指导＋自主创业实践	内容设置——"创客企业孵化成长"模块 1.企业定位与规划　2.核心竞争力培育 3.财务管理投融资　4.品牌建设与新媒体运营 5.政策、资源对接		导师领航、专题培训 创客沙龙、参观考察 送培深造	教师下一线 产业锻人才 人才做产业 产业兴乡村
		规划＋方案 培训＋指导 回访＋分享	内容设置——"南江黄羊特色产业"发展模块 1.草场规划　2.圈舍建设　3.草料生产 4.疫病防控　5.种畜选留　6.肉羊淘汰		全方位参与 全过程跟踪 全周期指导	

图29　小河全周期参与的"3主体4模块"人才培养（矩阵体系）模式

导、回访+分享"青年农民培养模式，培育一支爱农业、懂技术、善经营、有干劲的新农人。

4."三平台协同、双线并行、双轮驱动、双向结合"技术技能推广模式

为扛好职教名校旗帜，拉大外延框架，增强内涵建设，服务区域发展。学校利用科教资源优势和师资力量，围绕主导产业，整合培训资源，培育新型职业农民和村干部能人，服务乡村振兴，采用"走出去和请进来"相结合的方式，构建了由职校教师、专家、教授、企业大师、乡土优才、技术工匠及农技人员组成的多类型、结构化的创新型技术推广团队，先后引进西南大学、川农、轻化工、省畜科院、巴山牧业、行业名师和乡土优才共 16 人，建立了产教研融合的师资智库，以学校实训基地、整合行业党政社会资源、纵横汇聚政策支持为基础保障，强化以学校为依托的社会服务能力，探索出了"三平台协同、双线并行、双轮驱动、双向结合"技术技能推广模式，完成了面到乡镇、片到村社、点到农户的三级社会培训服务体系，反哺了农村职业技能推广（图 30）。

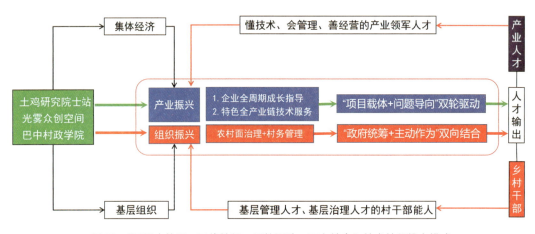

图 30 "三平台协同、双线并行、双轮驱动、双向结合"技术技能推广模式

敞开"村政、土鸡、空间"三大技术输出服务窗口，让遴选的科技专家、骨干教师、乡土优才组团下沉一线，针对黄羊、土鸡、金银花、蔬菜生产难题，下农村、进圈舍、到田间，在关键时节和环节提供科技支撑力度，解决农民种植、养殖过程中的痛难点。

一是以"项目载体+问题导向"双轮驱动，通过全周期企业成长指导和特色全产业链技术服务方式，形成了"理论+实践+技能+指导"四步一体式技术推广模式，把产业主体负责人培养成懂技术、会管理、善经营的产业领军人才和青年新农人，增强产业技能、夯实种养技术。

二是赋能于"党政+职校"平台建设，解决农村干部"背起锅盖自掏腰包"的后顾之忧。以问题和成果为导向，重点培训"党务、村务、财务"，为乡村振兴夯实基

础，注入强劲动力。坚持"缺什么，补什么；用什么，训什么"，由学员"点单"，学院"配菜"，确保听得懂、学得会、用得上。通过农村基层治理和村务管理方式，"政府统筹＋主动作为"双向结合，坚持实行"脱产＋实践"的方式，针对农村学员加强实用技术培训，针对城镇学员开展创业培训，针对村级后备干部进行治理能力培训，形成了"订单培养＋跟单回访＋阶段轮训"的螺旋式技能推广模式，培养了懂管理、善治理的村官能人。

三是围绕南江黄羊、巴山土鸡及特色林果蔬产业需求提供技术技能支撑，通过专家、教师协同推广实践，及时将新成果、新技术应用到生产实践中去，开展专题培训和田间（生产）实训，提高受训人员的理论水平和实践能力。青年人才获得锻炼的机会与增值的广阔空间，专业能力得以提升，也缩短了生产找技术、农户找专家、成果到实践的距离。

构建了平台支持乡村集体（或经济组织）技术推广服务框架，塑造了专家指导干部、干部带领农民、技师培训农技人员、农技人员培训农户的链式传递，建示范、树信任，形成了帮农民干、教农民学、再到大面积推广的传承方法，延伸至田间地头、农户圈舍，让技术技能从农业面传导到产业链，惠及到生产单元。

办学内涵不断提升，结出累累硕果。近三年统一安置到企业、行业顶岗实习4814人次，三方满意率96%以上；高考升学率100%，本科升学人数屡创佳绩。省部级领导沈晓明、杨兴平、王惠贞、王正谱等到校调研盛赞改革创新成果，赞誉小河职中为"山区职教的典范、农民致富的摇篮"。

魅力职教影响扩大，喜获诸多殊荣。先后被授予四川省扶贫工程培训先进基地、四川省先进劳务开发培训基地。2021年被评为"乡村振兴人才培养优质校"，被授予"全国脱贫攻坚先进集体"，《农村中职校三训一学办学格局下乡村振兴人才培养模式的探索创新与实践》获四川省职教成果一等奖，2022年获"第七届黄炎培职业教育奖"，被认定为"四川省高素质农民培育省级示范基地"。凝练的办学经验——《布局一体两翼 践行三个服务》被评为农村职业教育在实施乡村振兴战略中的改革与创新探索的典型案例，《乡村振兴背景下"产学研用一体化"人才培养机制创新与实践》被评为省产教融合典型案例。

推广办校经验及成果，被多家媒体宣传。南江县依托小河职中培养"村干部""能人"的做法，总结为《学校打造本土化"永久牌"农村人才队伍先进经验》，被中央办公厅刊载。此外学校诸多办学模式和成功经验多次被中央电视台、教育导报、光明日报等宣传报道。学校作为四川中职学校的唯一代表在"四川省产教融合、校企合作论坛"和"中国·云贵川渝2018职业教育发坛"上，交流了"助力乡村振兴的小河职中模式"，反响强烈。

不断扩大人才培养培训规模。截至 2022 年 10 月，巴中村政学院培养、轮训基层村干部 817 人次，累积培训村两委干部、乡土人才突破 13119 人次。其中后备干部人才 400 余人，182 人担任村党支部书记、村主任，426 人担任村党支部副书记等。培训乡土人才 6000 多人，培训农村致富带头人 2600 余人，创办经济实体 420 余个，带动全县 3.8 万名群众致富，涌现出一批年收入过百万的创业户。开展土鸡、黄羊实用技术培训 35 期 2316 人次，累积突破 13327 人次；培训乡镇基层农技人员 112 人次。

不断推广特色产业。培育服务 43 家乡村振兴农村经济合作组织及家庭农场等，孵化 16 家涉农企业。全力推进南江国家现代农业产业园建设，助推全县 7 个乡镇 74 个村发展南江黄羊和金银花主导产业发展，深度参与南江金银花 1500 亩水肥一体化示范基地建设。建立提能巴山土鸡科研选育场 3 个、扩繁场 5 个、养殖大户 1000 户、养殖小区 100 个，纯种巴山土鸡养殖规模从 2014 年年底不足 2 万只到现在 16 万只，带动全县肉鸡产业发展规模突破 300 万只。元顶子周边 7 个乡镇大力发展南江大叶茶。

孵化成功案例树榜样——做改革的示范

案例 1：退伍军人当上村、镇干部，带头搞产业

郑永飞，四川省巴中市南江县黑潭乡白虎村党支部书记（现云凤村）。退伍后他立志返乡创业，带领村民创业致富，但干什么、怎么干让他迷茫和胆怯。2017 年在巴中村政学院研修深造后，他兴办了南江县彝羊羊黄羊养殖专业合作社，常年存栏 500 余头，出栏 1200 余头，年收益 100 万元以上。为坚守初心，他带动村里 19 户黄羊养殖户保持 400 只的养殖规模，参与茶叶种植 1000 亩和西门塔尔牛养殖 120 头，年人均增收 3000 元，为村集体产业增值突破 2000 万元。因个人业绩突出，已被选拔为事业干部，兼南江县元顶子社区支部书记（图 31）。

图 31　郑永飞检查黄羊

案例2：贫困户培养成了养殖大户

弋小兵，南江县井田村养殖大户（原贫困户）。通过校院合作、精准帮扶和提供技术指导、营销支撑，于2022年3月9日注册了"南江县团结乡贾家梁畜禽养殖场"，修建了标准化南江黄羊养殖场360平方米，信用贷款30万元，购买优质种羊80多只，目前发展到160余只，产值达到20万元。同时饲养巴山土鸡，今年1—8月选育优质巴山土鸡种鸡600余只，培育推广种鸡苗3000余只，推广到全县8个乡镇及创客企业，与创客青谷逸品餐厅长期保持产销对接，今年销售1800只土鸡，5万余枚鸡蛋，纯收入达10多万元（图32）。

图32　弋小兵

案例3：孵化年轻企业，稳步发展集体经济

张吉林，返乡创业青年农民，现任南江县柳坝村党支部副书记。大学毕业后，怀揣梦想外出做饲料销售，2019年回乡创业，在农业政策扶持、信用贷款融资及专家、众创空间团队的指导下，总投资210万元，注册成立了南江县澳博尔畜牧养殖有限公司，流转土地3000余亩，打通一条长1000多米的产业路，建设羊舍600平方米、库房200平方米、办公用房200平方米、鱼塘2亩、果园80亩，养殖南江黄羊300多只、黄牛20多头、巴山土鸡500多只，年收入60万元以上。带领村集体发展起了种养业。全村90多人回村创业，带动南江黄羊养殖大户14户，村户均10只以上，饲养土鸡30只以上（图33）。

图 33 南江黄羊

结束语

农村经济社会发展，说到底，关键在人。要通过扶持农民和提高农民农业水平，让农业经营有效益，使农民富裕，让农业成为有奔头的产业，让农民成为体面的职业。教育是党的事业，担负着立德树人重任，为党育人为国育才是教育者无上的光荣。从一名语文教师一路走来，李勇校长带领小河职中师生撒播着教育的火种，为地方经济社会培养"村干部、能人"和越来越多的懂技术、懂农业的新型职业农民，星星之火可以燎原，巴山乡村振兴的熊熊火焰值得期盼！

李学锋　侯燕

不忘初心担使命　精诚职教育工匠

——四川天府新区职业学校校长何吉永办学治校纪实

"躬身入局，挺膺负责，乃有成事之可冀"。何吉永深耕职教二十余载，一直以来他都坚持立训垂范以治校，宵衣旰食而耕耘，担任校长十九年，就取得了十八次年度考核优秀的骄人成绩。中职教育，如何办出高质量教育？这离不开何吉永"精诚"的办学智慧与办学理念。

精诚所至，金石为开。在教书育人和办学治校的过程中，何吉永校长（图1）把"精诚"二字扛在肩上、记在心里，践行在学校高质量发展的点滴中。无论是在学校行政会上，还是在与教师的座谈中，无论是面向学生的开学典礼，还是深入学生寝室的谈心谈话中，他总是将"精诚"的理念娓娓道来，传播精诚，传递精诚，精诚在学校生根、开花、结果。

图1　何吉永校长

精诚的治学理念，求真务实的工作作风，不惧困难、勇于开拓、改革创新的精神，让他在省、市范围内都小有影响力。他被评为四川省新时代卓越校长培养计划首届中职培训班学员、四川省新时代中职卓越校长工作室主持人、四川省职业教育教师教学创新团队负责人、成都市第三届名校长工作室领衔人、成都市职业教育先进个人、成都市社区教育先进工作者、四川天府新区教育系统领军人物。他主持或参与市级以上课题8项，发表论文9篇，承担省级专题讲座9次，主编或参编教程出版5本，主研成果《内涵·内容·实施：职业指导"三体系"促进学生职业生涯幸福的成都样本》获"2021年四川省职业教育教学成果二等奖"。

奋蹄耕岁月，俯首驮春秋

学校于1985年建校，名为华阳中学。1994年改制为四川省双流县华阳职业高级中学。2005年，学校被评为四川省重点职业学校。近年来，乘评国家职业教育改革和四川省省级教育综合改革试验区建设的东风，学校进入了发展的快车道。2018年，学校整合并入原成都市天府新区成人中等职业学校，更名为成都天府新区职业学校。2019年，学校提出"就业与升学并重"的发展思路，将中职学校转型提上日程。学校高考质量稳步提升，书写了从低入口到高出口的逆袭传奇，当年本科上线人数达64人。2022年，高考本科上线人数已经达到125人，位列四川省、成都市前茅（详情见后）。优异的成绩为学校迎来了迁建契机，2019年，四川天府新区党工委管委会决定投资16个亿，选址新兴工业园区，修建学校新校区。2020年年底，学校更名为四川天府新区职业学校。学校将于2023年4月搬迁入驻高标准打造的新校区，以崭新的姿态迎接职教新时代，踏上职教新征程（图2）。

图2 办学历史

理念和实践的统一

一、凝练办学理念，铸就文化之魂

办学理念是办学主体对办学实践的理性思考和理想追求，是办学主体在办学实践中形成的教育观念和哲学观点，体现着办学主体的教育思想，表达着其办学理想与办学主张，派生学校文化精神。2016年之前，学校以"我们相信每一位学生都有学好的愿望和潜质"为办学理念。2018年，整合原成都市天府新区成人中等职业学校后，学校迫切需要提高团队的凝聚力，形成团队合力，以快速树立学校品牌，提升办学质量。经过反复推敲和凝练，何吉永校长提出了"办精诚职校 育时代工匠"的办学愿景、"为学生平凡的幸福人生奠基"的教育愿景、"诚心至和 精行至美"的办学理念和"精诚精湛 技近乎道"的校训。

何吉永的办学智慧都离不开"精诚"一词。"精诚"出自《庄子·渔父》："真者，精诚之至也，不精不诚，不能动人。"由此演化为"精诚所至，金石为开"。"精诚"是关乎人的精神境界、心理品质和道德标准的表达。深层次的意思为"真诚，至诚"，包括精诚团结的团队意识。"精诚所至 金石为开"寓意持之以恒、攻坚克难的精神（图3）。

图3　办学智慧"精诚"

"精"在汉语大辞典中被定义为：经过提炼或挑选的；提炼出来的精华；完美；最好；细（跟"粗"相对）；机灵心细。从中可以看出"精"具有三个层面的纵深意义：筛选、提升与完善。结合中等职业教育的本质、特点和现状来看，"精"强调了中职学校教育面对的是"理论学习能力较弱，但动手能力较强"的学生群体，通过"技术—技能—素养"的培养途径实现学生整体的提升与发展，最终实现职业教育与普通教育殊途同归，促进学生的自由全面发展。

诚即真诚，是道德水平的规范性要求，是人生理想境界的表达。《大学》有云："欲修其身者，先正其心；欲正其心者，先诚其意；欲诚其意者，先致其知；致知在格物"。职业学校师生要能做到：正心，即从自我内心深处提升法律意识、提升职业道德、提升人文修养、提升社会情感。教师关爱学生，对同事友善，学生尊重师长，团结同学，在学校内结成"师—师，师—生，生—生"的共同体关系。诚意，即对待他人、对待工作的态度要真诚。在诚的基础上格物致知，这样习得的知识、技能才是真实的知识与技能，才是具有个人道德和社会责任的知识与技能，坚持了立德树人的原则。

"诚心至和"是人专心诚心的体现，"和"是专与诚的程度。引申为坚守职业教育信念，坚持正确的办学方向，坚定培育学生应备的"求真务实、诚心正意"的行为规范和道德准则。"精行"是学校对办精诚职校的基本行为要求，即凡事要精心策划，用心为之，追求卓越，力求完美。"精行"从另外一个维度揭示了职业教育的真谛，以职业为基础，促进人的专业化、职业化发展，最终实现学生的全面发展和社会的进步。"精行至美"是职业学校以培养国家所需要的人才为路径，助力实现学生人生之美、社会和谐之美和国家更加富强之美的愿望表达。

从古至今，高尚的品德和精湛的技艺都是对技术技能型人才的最高褒奖。精与诚构成了技术技能型人才身心、才德"二元一体"的基本内涵。坚持"诚心至和、精行至美"的办学理念，是师生达成发展目标的内在要求，是学校"特色、示范、品质"发展的必由之路，是对"精诚职教"办学愿景的深刻回答，也是学校发展的文化灵魂，引领育人文化的构建与发展。

二、明晰发展思路，筑牢发展之根

发展才是硬道理。为实现"办精诚职校、育时代工匠"的办学愿景，何吉永校长时刻关注职业教育发展，认真研读职业教育发展的重大决策部署，解放思想，求新求变，在学、思、悟、践、行中经过深思熟虑，与班子成员反复研讨，将学校发展思路调整为"育训并举""就业与升学"并重，这与国家对职业教育的期待契合。

三、狠抓命脉建设，筑实立命之本

何吉永校长着力打造学校发展命脉：精练的师资队伍（图4）、精品的课程课堂、精细的德育管理、精勤的社会服务、精美的校园环境、精良的教学设备，以此设定学校发展的支柱，形成学校发展合力，筑实立命之本。

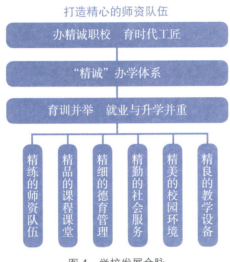

图 4　学校发展命脉

打造分工合理、高效配合的管理队伍。人才资源是学校发展的第一资源，一个学校的发展离不开一支分工合理、高效配合的管理队伍。自 2018 年两校整合后，何吉永校长逐渐根据工作需要，优化部门设置和管理队伍。首先是将学校行政办、教务处、德育处、安全处、招生就业办、后勤处调整为党政办、教务处、德育处、团委、安全处、招生就业服务中心、社会服务办公室、发展与督导办公室、总务处，现又调整为党政办、教务处、德育处、团委、安全处、对外合作服务办公室、教学科研办公室、督导办公室和总务处。同时，调整学校党委下属党支部设置，先将第一支部、第二支部、第三支部（退休）调整为旅游服务与管理党支部、电子商务党支部、公共事务与管理党支部、信息技术党支部、理工党支部、学前教育党支部，开展常规支部活动，后又调整为智能化技术集群党支部、旅游服务管理与财经集群党支部、公共事务管理集群党支部，开展常规支部活动、师生思想政治工作、学生常规管理工作等。合理、融洽、高效的管理结构的调整看似简单，实际上牵一发而动全身，其中涉及管理学、心理学、法学等诸多门类，需要深入的研讨和专门的传授。

为了提高教职工的积极性，何吉永校长带领班子成员，本着"有利于学生成才，有利于教师成长，有利于学校发展"和"充分体现多劳多得、优劳优酬"的原则，采取"自上而下、自下而上"的方式，坚持从群众中来，到群众中去，将重点、难点工作纳入职称评定、岗位晋级和绩效考核，三年来修订了 208 个制度，重点修订了绩效考核方案、评职评优推荐方案、专业部考核方案、岗位竞聘实施方案、教师岗位聘用实施方案等，形成了《四川天府新区职业学校制度集》。在现有制度下，能干事、愿意干事的教师越来越多，因为工作能被看见、被认可、被量化，整个学校干事、作为的氛围越发浓厚。

打造师德高尚、业绩一流的教学师资队伍。为此，何吉永校长提出了"爱生善教、求真创新"的教风，要求老师务必心中有爱，心中有学生，要懂职业学校的教学，要会教职业学校的学生，要保持求真务实和不断创新的作风。同时，他紧跟职业教育"三教"改革的步伐，在教师方面，通过改变教学理念、教学内容、教学方式、教学手段和教学反思等，让教师树立新观点、形成新思路、掌握新方法，基本建成一支师德高尚、技艺精湛、专兼结合、充满活力的高素质"双师型"教师队伍。随着学校教育科研办公室的成立，何吉永又提出了新的期待：培养全体教师的科研素养、科研习惯、科研思路，以严谨的科研精神对待工作，适应学校的高质量发展。

为促进教师个人成长，何吉永校长还指导教师做好个人三年发展规划，同时打造校内名师、名班主任工作室和青蓝结对工程，发挥名师的引领和带动作用。另外，他还通过教师分层分类培训，鼓励教师参加教学能力大赛和班主任能力大赛等，提升教师的能力和水平，促进全体教师的进步和成长。为营造温馨和谐的工作氛围，学校还开展了大课间教师三十分钟锻炼、教师节送祝福等活动。

在这个有序、高效运行的组织中，全体教职员工上下齐心、各司其职、各尽其能，凝聚力和战斗力逐步变强。

打造精品课程课堂

课堂、课程是学校教育教学开展的重要载体和阵地，打造精品课程课堂是提升教学质量的关键环节。精彩的课堂是符合学生学情的课堂，是满足学生多元成长需求的课堂，是高效的课堂。在长期的实践中，何吉永校长基于中职生的特点和身心发展规律，提出了"三级"课堂模式，将学校的课堂分为三级，即第一、第二、第三级课堂。第一级课堂实施基础类课程，重在夯实学生基础知识、提升专业必备技能，培育自我发展的专业核心竞争力；第二级课堂实施拓展类课程，重在满足学生多样需求、塑造多元文化素养，激发自我发展的内在驱动力；第三级课堂实施探究类课程，重在鼓励学生体验双创、参与劳动实践服务，培养热爱创造、热爱劳动的高贵品质。

为了提高第一级课堂育人质量，学校主动对接区域产业发展需求，调整专业，联合企业共同制定人才培养方案，聘请企业人才进校授课。同时，何吉永校长还组织教师参与普职联合教研，要求老师们听小学和普通高中的语、数、外教师上课，也请普高学科教师和教研员入校听课指导。何吉永经常幽默地说："'1+1=2'很简单，但是你要教会学生'1+1=2'其实是不容易的。""老师们备课，除了在教材上花功夫，还要花很多心思备学生，为学生量身定制的课堂，才能真正地带动他们去学、去听，才能取得好的教学效果。（图5）"

图5　师生互动

除了专业核心竞争力，孩子们的幸福人生还需要多元素养。在毕业生访谈中，多名学生都表示，学校丰富多彩的第二级课堂让他们找回了自信，找到了兴趣，从而有了更高的目标，对自己有了更多的期待。学校第二级课堂可供选择的课程从一开始的20余门，发展到现在已经有60余门，涵盖文化素养、体育健康、艺术熏陶、技能培训、综合提升五大类。"让第二级课堂更丰富、更规范、更有特色是我们的目标，目前学校已经形成了较为成熟的第二级课堂教师队伍和校本教程。"何吉永校长说。

创新创业体验教育是天府职校的一大特色。每学期开学，学校都会在全校招募双创团队，通过学生自愿申报、笔试、路演，最终确定经营团队，由其自负盈亏开展经营活动。自2016年"双创"实践活动开展以来，参与创业体验的学生已超过一千人。在探索中，学校构建了"中职＋高校＋企业"的双创人才培养范式，切实提高了学生双创能力。

打造精细德育管理

要将学生培养成国家和社会所需的优质人才，就要针对学生的特点"对症下药"，寻找适合学生身心发展特点的管理模式和管理办法，为此，何吉永校长探索实施精细化的"三段式"管理，即高一军事化管理、高二自主化管理、高三目标化管理。

高一年级军事化管理，重在引导学生适应标准化、流程化的日常行为规范，助力学生重塑良好习惯，为完成学业奠定基础。在学生管理中，何吉永校长一直强调习惯养成教育，他希望学生能养成好的学习习惯、生活习惯、锻炼习惯和阅读习惯。天府职校教室、寝室"四个一"和"三操锻炼"都是靓丽的风景线。学校的军事化管理从丰富多彩的国防教育开始，延续整个高一年级，2022年，天府职校成功申报四川天府新区国防教育实践基地，聘请退役军人专职开展国防教育工作。

高二年级自主化管理，重在引导学生参与学校规定的自主治理事体，培养学生共同治理的能力，提升协作、担当意识。天府职校的学生自主管理队伍包含班委、学生自主管理委员会和学生校长助理。学生自主管理委员会是学校自主管理的主力军。何吉永校长说："在形成好习惯的基础上，高二年级实施自主化管理，有利于培养学生的主动意识和自主管理学习、生活、班级等方面的能力，也有利于培养学生的自律意识和集体荣誉感，真正培养面向未来的人才。"每个学期，何吉永校长都会和学生校长助理交流，了解学生的情况和心声，解答学生的疑惑或者帮助学生解决困难。

高三年级目标化管理，重在引导学生对准升学目标强化练习、立足工作岗位体验职业角色，助力学生顺利完成从中学生到大学生，从"学校人"到"社会人"的角色转变。高三根据学生意愿，引导学生明确升学或者就业的目标。对有升学意愿的学生，学校精准施策，加强在学业方面的引导和冲刺；对有就业意愿的学生，进行企业化管理，让学生更好地完成从学校到社会的过渡，帮助学生掌握更多的专业技能，提高综合素质，提前适应以后需要面对的工作氛围和工作环境，从而提升职场适应性和竞争力。

随着"三段式管理"的逐渐完善，何吉永校长大力打造"六项教育"。六项教育是指习惯教育、劳动教育、挫折教育、感恩教育、赏识教育、诚信教育，通过六项教育促进学生吃得好、睡得好、练得好、学得好。

天府职校的班级轮流开展校内劳动实践，自开展劳动实践以来，在食堂、卫生间、花坛边经常都能看到学生们认真劳动的身影。"孩子以前不做家务，现在回家会主动洗衣服，帮忙拖地、擦洗窗户了"，很多学生的家长都这样反馈。何吉永校长坚持认为，劳动创造未来、劳动创造美好，爱劳动是能工巧匠的必备素养。2022年，天府职校被评为四川天府新区中小学校外劳动教育（劳动周/日）实践基地，面向区内外学生提供相关课程和体验项目。

星光花园（图5）一直是何吉永校长很满意的学校一角。这里有天职歌星、天职创业之星、天职劳动模范、天职学习之星……小小的一角彰显着何吉永校长的教育智慧——赏识教育。"中职教育就是要发现学生的优点和强项，给予充分的肯定，这会提高学生的自信心，从而促进他们在其他方面的进步。"何吉永校长说。

图5 星光花园

打造精勤的社会服务

中职学校增强社会服务功能既是国家政策文件的要求，又是经济社会和学校自身发展的要求。何吉永除了抓好面向校内学生的教育教学工作外，还不断地思考探索如何扩大学校的社会服务面，为进一步做好社会服务工作，学校成立了专门的对外合作服务办公室。目前，学校已经形成了针对四个面向的社会服务：面向社会人员开展继续教育、就业创业服务，面向政府、行业、企业开展技术支持、技能培训和双创服务，面向社区居民开展生活技能培训，面向幼儿园和普通中小学开展劳动和职业体验教育。孵化成都耐视特科技有限公司，开展天府新区初中学生职业体验……天府职校的师资和专业优势得到了很好的发挥，学校的社会影响力也在不断地扩大。

躬行实践，卓有成效

一、教师成长，成效显著

近三年，教师学术论文发表和获奖呈现上升趋势，公开发表学术论文94篇，获奖135篇，其中，省、市级论文达80余篇；课题结题13个、立项10个；《中职生兴趣拓展课教程》《创新创业基础能力训练教程》等 10 余本校本教材出版发行；科研成果成功转化 5 项，如陶艺工作室项目、机器人共享实训平台项目、电商 MCN 孵化平台项目等。

近三年，在中职教师教学能力大赛和班主任能力大赛中（图 6），获得国家级奖项 5 人次、省级奖项 70 余人次、市级奖项 80 余人次。获得省级荣誉称号等 91 人次、市级荣誉称号 150 余人次。60 名教师顺利进入省、市、区各类名师工作室学习。学校分别获批成立 1 个省级和 1 个市级名校长工作室。

二、学生成才，成果丰硕

学校本科上线人数从 2016 年的 7 人跳跃式增长至 2022 年的 125 人；升学总人数从 2016 年的 163 人上升至 2022 年的 849 人。2022 年，学校本科上线 125 人，全口径上线率居全省第一，硬上线人数居全省第八名、全市第二名；专科上线 724 人，上线率 99.7%；另有 8 名同学获赴日留学资格。首届职普融通班 85.2% 的学生顺利转普。

图 6　教师获奖

近三年，学生参加市级以上技能大赛，包括全国职业院校技能大赛、全国文明风采大赛、四川省学生艺术节等，获奖 160 余人次（图 7）。其中，2020 年 1 月，在由四川省教育厅和四川省人力资源和社会保障厅联合主办的省职业院校技能大赛中，天府职校旅游服务与管理专业学子李卓、董鑫代表成都市

图 7　学生获奖

参赛，在中职组"酒店服务"赛项中斩获一等奖。2022 年 8 月，在全国职业院校技能大赛（中职组）智能家居安装与维护赛项中，天府职校三名选手何跃鹏、杜豪、陈钰洁代表四川省喜获国赛三等奖的好成绩。

三、学校发展变化大

近五年，学校荣获教育部中外人文交流特色学校建设计划学校、全国教育科研先进单位、四川省教育工作先进集体（图8）、四川省三名工程建设单位、成都市中职好课堂基地校、成都市教育国际化窗口学校、成都市创新创业示范学校、成都市高技能人才培训基地、成都市创新创业教育联盟副理事长单位、成都市教育局2020—2021学年度中等职业学校教学质量专项奖等殊荣。

图8　学校获奖

学校社区公共事务管理专业成功申报四川省省级特色专业。新增四川省首批中职智慧健康养老服务专业，该专业有一项教育部职业教育改革创新课题获批立项。

2020年47个用人单位、2021年55个企业和社区、2022年36个企业与社区，分别从学校校风、教风、学风、管理、学生就业、校企合作、总体评价等七个方面，对学校办学进行满意度调查，近三年就业的学生，用人单位满意率皆为100%，对毕业生满意度为99%以上。

精诚所至　金石为开

何吉永校长提出的"精诚"办学体系为什么能够取得显著成效，主要有以下几个方面的原因：一是贴合学校发展实际，基于学校的基本情况和发展需求而提出该办学体系。二是紧跟国家政策文件要求和职业教育发展趋势，调整优化学校办学思路为"育训并举""升学与就业并重"。三是改进内部管理，优化部门设置、人员配置和管理制度，深入践行"精诚"理念，促进管理队伍和教职员工的凝聚力。四是符合中职生的特点和身心发展规律，让中职生能在学校找回自己，找到自信。

不足之处主要是概括性还不够高，办学体系的一些具体方面还可以进一步优化。下一步将结合学校新校区建设，进一步优化提升办学体系，力争概括性更高，具体的方面更加丰富、更加有特色。

推广应用及影响力

四川天府新区职业学校应用成效明显，得到教育部、省、市领导和中国教育报、中国网等媒体的广泛关注和持续报道，想向何吉永校长取经的学校和管理者也越来越多。

一、领导肯定

2021年12月18日，教育部教师工作司副司长宋磊调研四川天府新区职业学校。何吉永校长就学校办学理念与特色、师资队伍建设、新校区建设等方面做了汇报。宋磊副司长对学校的办学思路、文化建设和办学成绩表示肯定。

二、辐射推广

五年以来，何吉永校长受邀在广西、陕西、重庆、成都等地，为国培、省培项目的教务处长、校长等作"校企合作下中职三段式管理与三级课堂探讨""以深化教学改革推动学校高质量发展"专题讲座5次，做其他省级、市级讲座10余次。

在四川省省职教工作论坛、成德眉资雅乐阿职教联盟年会等活动中何吉永校长受邀为特邀嘉宾，作"'三级课堂'框架下的课程改革与创新"等主题交流发言。学术论文《建构中职三级课堂 为学生平凡的幸福人生奠基》收录于2021年第二届西部职业教育论坛交流资料《职业教育改革发展典型案例集》。

学校受邀到四川天府新区大林中学等16所学校进行职业生涯规划和特长兴趣课程建设指导，到四川省茶文化协会、四川省电子商务协会、四川省旅游协会等5家行业协会参与行业相关标准的制定，到安公社区等30多个社区进行社区治理、社区居民创新创业、社区文化打造、居民生活质量提升等方面的指导。

近五年，接待来自山西、重庆、广西、西藏、山东、贵州、台湾7省市，成都、南充、泸州、雅安、广安等8个市州的政府机构、企事业等37个单位来校参观学习。

2020年11月，山东日照莒县实验高级中学工会主席兼教务处主任荆亚林等一行9人到访天府职校，就专业建设、特色专业发展等方面开展交流活动。2022年6月，何吉永校长受遂宁市教育局邀请，做"四川天府新区职业学校文化建设实践"专题讲座，受到广泛好评。2022年7月，通江县职业高级中学校长朱旭德一行莅临四川天府新区职业学校考察学习，通江县职业高级中学校长朱旭德对天府职校的"精诚"文化、"三段式"管理、三级课程课堂体系、六项教育等表示认可和赞同。

近五年，国家、省、市、区媒体对学校办学特色的报道达300余篇。据统计，新华社、人民网、央广、川报观察、四川电视台、四川教育发布等省级以上的媒体对学校宣传报道共130余条次；成都新闻广播等市级媒体对学校报道90余条次；天府新区管委会官网、天府发布、天府教育发布等区级平台报道近90条次。2022年，新华网客户端以《急救、调酒、汽车维修……天府新区初三学生开启"花式"职业体验》为题，对天府新区初中学生进入四川天府新区职业学校开展职业启蒙教育和职业体验活动进行了报道，阅读量突破130万次。

2021年12月，中国教育报以"办精诚职校 育时代工匠"为题，报道学校"精诚"

框架下的精细管理和精品课堂。2022年4月，四川省教育厅官网发布《四川天府新区职业学校构建"三级课堂"，培养学生创新应用能力》一文，对天府职校的办学特色表示肯定。

结束语

好风凭借力，职教舞彩云

新修订实施的《中华人民共和国职业教育法》指出"职业教育是与普通教育具有同等重要地位的教育类型，是国民教育体系和人力资源开发的重要组成部分，是培养多样化人才、传承技术技能、促进就业创业的重要途径"。国家职业教育改革之风正劲，随着新校区的落成，天府职校的发展也将迈入一个崭新的阶段。学校将继续保持教育初心，秉持"育训并举""升学与就业"并重的发展思路，积极探索"生产实训+""教育教学+""创业孵化+""职业培训+""科研研发+"相结合的运行模式，构建产、学、创、培、研"五位一体"的功能布局，力争聚集"公园城市教育表达典范（图9）、体制改革典范、数字治理典范、开放办学典范、产教融合典范"五个典范，不断提升职业教育类型特色，力争培养更多优异的技术技能人才，不负"为党育人，为国育才"的光荣使命，不负各级领导和父老乡亲的诚挚厚爱。

图9　新校区

李学锋　侯燕

融校企双元智慧　育时代综合新才

——四川省宜宾市南溪职业技术学校党委书记、校长刘杰办学治校纪实

十余年职教经历，他探索着、引领着、收获着，把对职业教育的美好憧憬和深厚情怀，化为一寸寸的深耕细作和改革创新动力。现在的他已俨然成为一名"职教老兵"，一名职业教育的领军人才，一名职业教育的卓越校长，他就是——四川省宜宾市南溪职业技术学校（以下简称南溪职校）党委书记、校长刘杰同志（图1）。

图1　刘杰校长

2012年，南溪职校进入创建国家中等职业教育改革发展示范学校的关键时期，为加强国家中职示范校的建设，上级部门选拔了一些南溪区内有职教理念、管理能力强、业务水平高的干部，组建了一支政治立场坚定、综合素质高的职校管理团队——南溪职校管理团队。

面对全新领域带来的压力和挑战，刘杰校长做好了为学校的改革发展赶考的全面准备。十余年来，他通过对管理体制、薪酬激励体系、内部运行机制和教育教学改革

等方面大胆提出自己的思路，积极对上争取，学校实现了生均拨款制度。他深化改革激活学校活力，创新驱动促进职教发展，成功从一名"普教老兵"到"职教新兵"，再到现在的"职教干将"，完成了完美转型。现在的刘杰同志是一名中共党员、高级讲师、宜宾市南溪区党代表、宜宾市政协委员、宜宾市职业教育专家委员会委员、四川省职业教育与成人教育学会第三届理事会理事、四川省刘杰卓越校长工作室领衔人，他的多篇论文先后在国家级、省级刊物上发表并获奖，多项教育教学成果获得四川省政府教学成果一等奖和二等奖。

传承百年文化　助推学校再创佳绩

百年老校，薪火相传，生生不息（图2）。南溪职校作为国家级重点中等职业学校（职业高级中学），正待展开一幅新画卷。大道至简，知易行难，学校要上新台阶，只能撸起袖子加油干！如何从"普通高考"转变为"职教技能"，刘杰校长不断转移自己的关注点，于是"以产养训"，让学生更快更好地学到实用技能的想法进入他的脑海，将消耗型实训向生产型实训转变的思路逐渐成形。结合企业调研、政策学习、现实思考……围绕学生技能培养的核心，他提出"专业与企业结合"的想法，并在校级领导班子中达成共识——用"校中厂"促进专业发展。2014年，在已有1家校办企业（2007年成立的南溪科诚机电厂）的基础上，围绕区域产业结构调整，优化专业设置，相继注册成立了5个支撑不同专业发展的企业，随后又合资、引入4家企业服务专业发展。

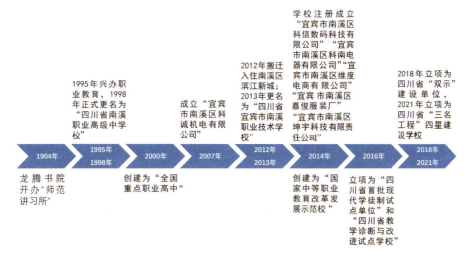

图2　学校发展历程图

风高浪急，方显英雄本色。深受班子信任的刘杰同志，主动担任企业法人，把"校中厂"促进专业发展的理念落实落地，开启了第二轮"自我革命"。在随后的专业建设过程中，"校中厂"持续地发挥了"依托校中厂的真环境、真任务、真过程，练就学生真本领"的作用。在国家中等职业教育改革发展示范学校、省级示范专业创建时，"专业＋公司"的专业建设模式得到了专家组的关注和肯定，希望学校能把"专业＋公司"的专业建设模式建成一个可学习和可借鉴的标志性成果。

理念铸就未来

站在职业教育改革的风口，谁能更深入、更扎实地做好产教融合、校企合作，谁就能占得发展先机，赢得发展优势。

1. 凝练办学理念，推动学校创新发展

有思路才有出路，有作为才能树品牌。学校在办学过程中，人才培养模式的逐步清晰让办学理念更丰富，从让学生掌握一门技术，到为学生终生发展，再到培育时代新人，在学校"十三五"规划中对"三成三品"的办学理念又有了新的诠释：2018年学校以数控专业建设示范专业为契机，以"专业＋公司"人才培养模式的实践研究（省级课题）为依托，展开对人才培养模式的实践研究。2022年该模式的研究和实践成果成功获得四川省教学成果一等奖，这无疑是一剂让学校持续深化该模式的"强心针"。在学校"十四五"规划中，"九个共同、要素匹配、共生共长：高技能人才培养'专业＋公司'模式创新实践"，正依托宜宾高质量建设国家产教融合试点城市建设、成渝双城经济圈建设以及"一带一路"建设，深挖中职学校在高素质技术技能人才培养过程中的重要角色，积极探索学校"产教融合"内涵发展之路。

2. 创新教育模式，携手多方协同育人

学校紧随省市乃至全国发展步伐，了解行业企业发展动态，发挥好学校"产教融合"特色创新，为宜宾建设国家产教融合试点城市助力；学校秉持："职业教育需要遵循'产教融合、协同育人'的理念，通过引进、合资、自办公司为专业建设提供服务，发挥法律主体、利益主体、责任主体、行为主体的作用，明确校企双方责权利，将公司植入学校、植入专业，形成人才培养、专业建设、实训室建设、技术创新、产品研发、就业创业、社会服务、文化传承等多领域、全要素、高效益的校企深度融合'专业＋公司'的'命运共同体'（图3），促进了专业链、教育链、人才链、产业链与创新链的有机衔接，实现了校企联动的全程育人，突破了职业教育产教融合办学瓶颈。"

学校充分利用土地、劳动力和设备设施优势，形成"校中厂"模式。学校以专业为基础单元，为企业提供场地、实训设备（企业自购设备）、劳动力等生产要素，吸引企业将研发中心和生产中心建到校园里。这种模式，为企业节约了土地、设施和劳动力等方面的成本，生产效益自然提高。学校与企业共享部分土地、设备的使用权，换来的是学生顶岗实习的机会、企业现场的生产教学及企业相关的技术和管理模式。通过形成校企"管理系统、实施系统、协作系统"为一体的供需结构关系，实现互利共赢。南溪职业技术学校的"数控技术应用专业与南溪区科诚机电厂""计算机应用专业与南溪区科信数码有限公司""电子技术应用专业与南溪区科南电器有限公司""汽车维修与应用专业与四川中和汽车特训中心"就是典型的"校中厂"模式，形成了省内中职学校唯一的政府主导下的"专业＋公司"的教育模式。

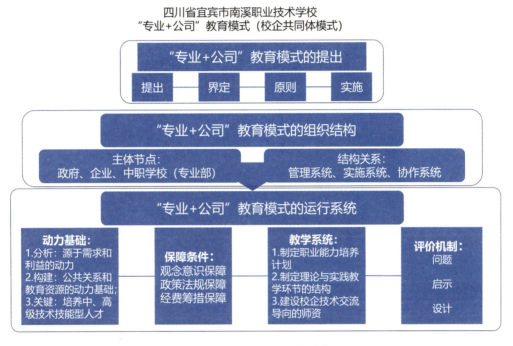

图 3 "专业＋公司"教育模式

学校先后引进了成都风向标有限公司、自办南溪区科诚机电厂等 5 家公司和企业，全程为学校专业建设和发展服务。创办在法律上、利益上、责任上和行为上明确服务专业发展的校办企业，实现专业和公司深度交融，形成学校育人成效和企业经济利益协调统一、相互支撑、相互促进的命运共同体。以此为平台，开展"校企一体化"协同育人，通过依托公司的真实项目，重构课程体系，开发专业核心教材，开展"闭环式"的"现代学徒制"人才培养，真正做到人才培养"接地气"，形成了宜宾市南溪职业技术学校政府主导下的"专业＋公司"的构建路径（图 4），为产教融合、校企合作职教发展模式提供了新蓝本。

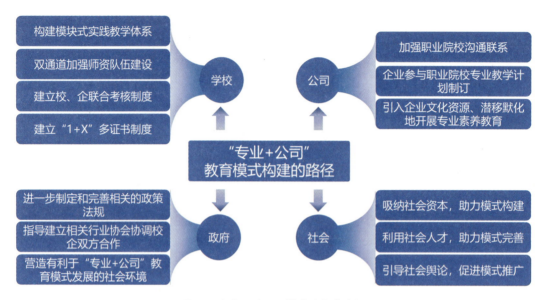

图 4 "专业 + 公司"模式的构建路径

3. 发挥联动效应，搭建全新培养途径

在学校发展过程中，学校班子逐步形成了"职业学校的发展离不开体制机制的创新，离不开关键指标，只有发展才是硬道理"的共识。学校班子成员做到"知政策、知同行、知企业、知家长、知学生"五知。在刘杰校长带领下，学校班子成员主动深入本地企业，主动了解行业产业需求，及时调整专业发展方向，建立了学校专业动态调整机制，从以往的 6 大专业 11 个专业方向调整到目前的 6 大专业 15 个专业方向。通过将专业、课程内容、教学方式与生产实践相结合，推进"企业化方式"管理，以"五化"办学特色为目标（即运行机制企业化、内部管理模块化、品德教育立体化、实训基地产业化、核心课程校本化），坚持"一专一企一产一品"，推动形成"前校后厂、校企一体"的职业教育模式。

一是构建校企命运共同体。遵循"产教融合、协同育人"的理念，学校通过引进、合资、自办公司为专业建设提供服务，发挥法律主体、利益主体、责任主体、行为主体的作用，明确校企双方责权利，将公司植入学校、植入专业，形成人才培养、专业建设、实训室建设、技术创新、产品研发、就业创业、社会服务、文化传承等多领域、全要素、高效益的校企深度融合的"专业 + 公司"的"命运共同体"，促进了专业链、教育链、人才链、产业链与创新链的有机衔接，实现了校企联动的全程育人，突破了职业教育产教融合办学瓶颈（图 5）。

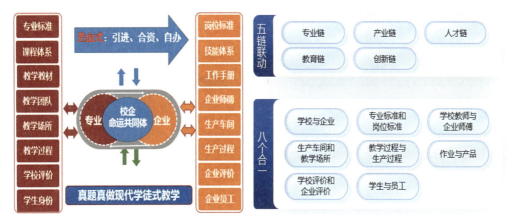

图 5 "专业 + 公司"运行图

二是探索"九个共同"长效机制。将长效机制作为"专业 + 公司"模式实施的核心保障，学校建立了"共构平台、共建资源、共创模式、共组团队、共同管理、共施培养、共同评价、共承服务、共促发展"的"九个共同"长效机制（图 6），实现了教师在学校与公司的双向流动、学生在学校与公司的身份融合。这个长效机制既平衡了学校与公司的利益，又激活了公司参与办学的活力，促进了公司支撑专业的可持续发展。

图 6 多方共施培养流程图

共构平台：学校向政府申请，采用企业化运作，实施年薪制等措施，允许老师担任公司法人，允许老师在公司任职，共搭"专业 + 公司"平台。

共建资源：学校和公司通过共同承接项目等途径，共同建设研发中心、实训基地、创客空间、大师工作室等，共同开发工作手册教材、培训资源包等人才培养资源。

共创模式：先后创设了"订单"培养模式、数控技术应用与电子技术应用专业的"一厂一线一中心"和汽车专业的"一校一店一中心"模式及产业学院模式等，最终凝练成"专业＋公司"模式。

共组团队：建立"共培互聘、双岗双薪"机制，实现学校和公司员工交叉任职，形成教师、技术人员、公司现场专家、HR专家等构成的教学、项目实施团队。

共同管理：通过形成统一的思想、理念，保障教育上的一致性和连续性，学校和公司员工交叉任职共同负责教育管理工作，参与教学的全过程和全环节。

共施培养：通过共同制定人才培养方案和教学计划，共同开发课程教材、建设师资队伍、组织教育教学、开展教育教学研究，形成了学校与企业合一、专业标准和岗位标准合一、学校教师与企业师傅合一、生产车间和教学场所合一、教学过程与生产过程合一、作业与产品合一、学校评价和企业评价合一、学生与员工合一的"八个合一"产教融合人才培养生态模式。

共同评价：制定以"毕业作品"为载体的终结性专业技能考核实施办法并用企业要求命题，多维度采集综合素质的评价指标，共同分析信息、数据，为学生、家长、学校、专业、行业、企业提供学生的综合素质评价结果和建议。

共承服务：利用专业、企业的资源和优势，共同开展各级各系统下达的培训任务以及企业员工的继续教育和技术培训，实现了通过专业发展助推产业发展的目的。

共促发展：双元育人实现学生软技能和硬技能的同步提升，建设了多个省级重点专业、示范专业和全国优质名专业以及省级名实训基地。校企合作增强了企业的研发能力和产品的科技含量以及产品的附加值，共同促进了学生、专业、公司的发展（图7）。

图7　院校企三方联合培养订单班协议签订仪式

三是开发企业真实项目模块化课程体系。遵循"能力本位、德技并重"的理念，将产业先进技术元素、"1+X"认证课程、公司真实项目、优秀企业文化、劳动精神、工匠精神等融入课程体系，重构基于真实职场的企业真实项目模块化课程体系，重新梳理各个专业的知识点、技能点、职业素养点，校企共同开发优质教学资源，实现教学内容与行业需求的紧密对接。

四是建立以"企业产品质检"为特征的多元质量监控和评价体系。

以"企业产品质检"为特征的多元质量监控和评价体系，即将毕业标准按照企业产品线的形式，每个节点由校企双方质检合格方能通过。毕业标准涵盖思想品质、学科知识、技能水平等多个方面的若干指标。其中思想品质的评价通过"德育评分"；专业知识评价采用"弹性学分制"，并推行 1+X 证书制，学分可互认、互换等；技能水平评价采用"毕业作品"模式。如数控技术应用专业以科诚厂的产品为载体，随机抽取一个零件，学生将此零件通过测量、绘图、编程、加工出作品，再将这个作品替换产品上相同的零件，如果产品能正常使用，毕业作品方为合格。

五是院校企三方协同育人。为进一步深化校企合作产教融合，南溪职校充分发挥自身优势和潜能，积极与高校、企业创新合作机制，开展现代学徒制试点工作，形成院校企分工合作、协同育人、共同发展的长效机制，以提高人才培养的质量和针对性。根据联合培养框架协议的约定，院校企三方将结合企业对人才在知识、技能、素养等方面的要求提出相应的培养目标，并就中高职课程设置和开发进行了深入讨论，制定了各时间节点和完成目标，明确了中职、高职、企业在学校人才培养过程中的职责和担当。随着此项工作的持续实施，将使南溪职校学生在实习、生产实践等方面的师资和实训更充实，也将更好地解决企业急需的、对口的一线技术工人和基层技术人员紧缺问题。

六是采取"闭环式"专业技能培训系统。通过组建校企互通、交叉任职的师傅团队，学校建立了"理论课堂—真实项目实训—公司岗位"反复循环的闭环式专业技能培训系统，学生以"准员工"的身份，不出校门就能参与企业生产、技能训练，感受公司文化、职业素养，更好地适应企业、社会的需求。在训练过程中，师傅首先引导徒弟去理解项目需求，然后引导他们设计解决方案和实施步骤，最后指导他们完成操作。这个过程既培养了学生创新创造的能力，又强化了学生的岗位能力、岗位迁移能力和职业发展潜力（图8）。

图8　真实环境：生产实训—生产作品

创新育人模式，实践见成效

学校领导班子成员在刘杰校长带领下，通过党委会、校长办公会和教职工大会等形式，不断强化学习党和国家最新关于职业教育发展的相关政策文件，实现行政干部与老师们在教学科研和工作学习方面同向同行。刘杰校长主导研究的《高技能人才培养"专业＋公司"模式的构建与实践》《电子信息类专业"一平台、三联动、三协同"中高职贯通培养模式创新与实践》（川府函〔2022〕85号）分获2021年四川省人民政府职业教育教学成果一、二等奖，其中《九个共同、要素匹配、共生共长：高技能人才培养"专业＋公司"模式创新实践》正积极申报国家级成果奖。项目组先后发表相关教研论文13篇，创新并丰富了产教融合、校企合作人才培养理论。

经过努力，南溪职校以刘杰为代表的班子成员审时度势，深入贯彻党和国家的教育方针，紧跟发展形势，坚持深化改革，近年来学校的办学成就和人才培养质量迈上了新台阶。

1. 办学规模不断扩大

截至2022年9月，学校在校生人数已由2015年的4909人增长到7270人，其中每年入学的区外学生人数已远远超过600人。

2. 教学质量不断提升

2021年学校本科上线169人，位居全省第3名，2022年本科上线260人，位居全省第2名。近三年，学生参加国家技能大赛获得二等奖2项、三等奖3项，参加四川省技能大赛获得一等奖14项、二等奖29项，学生就业率保持在97.6%以上，对口就业率在90.6%以上，优质就业率在66.3%以上（图9）。

3. 孵化增效成果丰硕

截至2022年9月，学校教师参加国家级、省级各类大赛获得国家级6项，省级75项。

图9　部分学生参加各级技能大赛获奖证书

近两年以第一完成单位获得省级教学成果二等奖 1 项，三等奖 1 项。学校成功申报了 1 个省级"名校长工作室"，1 个市级科研基地"宜宾市众创空间"，2 个市级技能大师工作室，1 个市级劳模工作室，2 个市级名师工作室，6 个区级名师工作室。在刘杰校长的高度重视下，申报各类专利 165 项（授权发明 1 项、实用新型 64 项、外观 26 项），并实现了专利成果转化（图 10），其中"紧固器材"在自办企业南溪区科诚机电厂批量生产，产品畅销国内外，年产值超过 2500 万。名师工作室内部培养了 80 多名专业骨干教师和名师。

图 10　部分各类专利证书

　　2015 年 8 月，中共宜宾市南溪区委一届八十一次常委会审议通过《宜宾市南溪职业技术学校运行方案》，南溪职校开始实施管理体制机制的改革，提升办学质量和办学水平。2015 年，精神文明报刊登《云蒸霞蔚正当时 扬帆远航一路歌——四川省宜宾市南溪职业技术学校》；2016 年 5 月全省职教工作会在南溪召开，"南溪职校"办学模式深入职教人的心坎；2018 年四川科教频道《魅力职教》对南溪职校产教融合和特色德育作了专题报道；2019 年中国教育电视台《全国教育新闻联播》在对学校育人模式进行了专题报道。2020 年《西南商报》就南溪职校专业建设模式做题为"三方参与建专业双元互动促发展"专题报道。2021 年随着《中华人民共和国职业教育法》和《关于推动现代职业教育高质量发展的意见》的发布，南溪职校坚持以"产教融合、校企合作"办学模式，以"工学结合、知行合一"人才培养模式，坚持"质量立校、改革强校、特色兴校、依法治校"战略，以"提质量、补短板、树品牌"为工作思路，主动融入国家一带一路建设、长江经济带建设、新时代西部大开发建设和川渝双城区域教育中心建设，全力融入宜宾市产教融合示范城市和南溪区"人产城"融合发展示范区建设，服务地方经济，推动职业教育高质量发展。

发挥辐射带动作用　共享改革创新成果

1. 主要经验

一是模式创新。首创了"专业＋公司"高技能人才培养模式，以"产教融合、协同育人、能力本位、德技并重、因材施教、知行合一"为理念，创办了在法律上、利益上、责任上、行为上明确服务专业发展的校办企业，实现专业和公司深度融合，形成学校育人效益和企业经济利益协调统一、相互支撑、相互促进的命运共同体。以此为平台，开展"校企一体化"协同育人，通过依托公司的真实项目，重构课程体系，开发专业核心教材，开展"闭环式"的"现代学徒制"人才培养，真正做到人才培养"接地气"。为产教融合、校企合作提供了新蓝本。项目组先后发表相关教研论文13篇，创新并丰富了产教融合、校企合作人才培养理论。

二是机制创新。建立了"专业＋公司"长效机制，通过"共构平台、共建资源、共创模式、共组团队、共同管理、共施培养、共同评价、共承服务、共促发展"这"九个共同"的运行机制和"校企互通、交叉任职、双岗双薪"的团队建设，以及"企业产品质检"为特征的专业技能评价方法和多元评价体系等机制的建立，平衡了校企双方权益。公司全过程、全方位、全周期参与人才培养，专业反哺公司发展，实现了"由产至教，由产治学，产教深度融合"的育人新范式，突破了企业难以深入参与职业教育人才培养的瓶颈。

三是实践创新。打造了产教融合人才培养新生态，通过落实"组合式激励"政策，建立"专业＋公司"校企命运共同体、构建"校企一体化"育人平台，基于真实职场重构真实项目模块化课程体系，开发了一批校本教材、案例库、课程等优质教学资源，建立了"理论课堂—真实项目实训—公司岗位"反复循环的"闭环式"培养系统，建成集教、学、做、产、研、服、创"七位一体"的各级各类研发服务平台19个，采用企业产品质检的方法构建"以毕业作品为载体的专业技能评价方式"，使学生的技能评价真实、有据、可信、有用，实现了产教融合"闭环式"精准育人。

2. 学校创新教育模式应用成效显著

近年来，学校的创新教育模式在校内应用成效显著，先后引进了3家企业，创办了5家企业。在数控技术应用、汽车运用与维修等6个专业开展"专业＋公司"人才培养，占学校招生专业总数的60%，直接受益学生超过1万人，孕育全国职业院校技能大赛、教学能力大赛、专利、劳动模范、优秀专家、技能标兵等师生成果国家级98

项、省级 89 项。将公司价值取向、7S 管理等要求与专业素能拓展、职场晨训等融为一体，拓展了德育平台，壮大了学校德育阵地。近五年学生获得市级以上各类先进集体 69 个，先进个人 628 人。人才培养质量显著提升，近五年毕业生一次性就业率稳定在 96% 以上，对口率提升至 98%，企业对毕业生认可度超过 90%。校企联合开发一批特色校本教学资源，其中 10 门精品在线开放课程，公开出版教材 10 部，活页式校本教材 14 部。

3. 企业推广实现产值

近五年，"6 个专业 +8 家公司"年均面向政府、行业、企业员工开展培训 1 万人次，还专门组建技术团队为宜宾恒旭公司提供技术服务，开展"新型墙材技术"订制班，解决企业专利转化和技术推广所面临的人才问题，全面提升了区域劳动力素质；累计互派 76 人参与专业实践教学资源开发和社会服务项目，促进了专业和公司内部技术技能的积累及传承。公司工程师全程参与各个专业"1+X"证书培训和考核，联合师生申报各类专利 165 项（授权发明 1 项、实用新型 64 项、外观 26 项），并实现了专利成果转化，其中"紧固器材"在自办企业科诚机电厂批量生产，年产值超过 2500 万。

4. 社会影响辐射全国

近年来，学校办学社会影响力逐年提升，四川省罗强副省长、四川省教育厅张澜涛副厅长等省市领导先后莅临学校对学校工作予以肯定并提出了殷切希望（图 11、12）。

图 11　四川省人民政府副省长罗强等领导对学校产教融合办学模式所取得的科研成果予以高度肯定

图 12　四川省教育厅副厅长张澜涛等领导到校实地调研校企合作，对学校"专业 + 公司"的育人模式及所取得的成果予以高度肯定

近五年，成果多次应邀在"首届西部职教论坛"等会议上作报告分享。2016 年在学校召开的四川省职成教工作现场会议上吸引了 100 余名领导、专家、新闻记者等到现场考察观摩，并给予高度评价，先后吸引了全国各地 100 多所院校前来调研交流。其中重庆立信职业教育中心、南充营山职业技术学校、贵阳中山科技学校等 20 余所学校直接应用本成果，在职业院校产教融合、校企合作方面产生了重大影响。学校先后获评国家级改革示范校、全国首批 1+X 试点院校、全国职工教育培训示范点，首批省级现代学徒制试点单位、省级职业学校教学"诊改"试点学校等称号，改革成果先后获中国教育电视台、西南商报、四川教育频道等 20 多家媒体报道，引起国内职业教育界广泛关注。此外，依托合作公司"成都市风向标汽车技术服务有限公司"在四川交通职业技术学院等 11 所院校开展了"专业 + 公司"模式的人才培养，促进了成果推广和应用。南溪职校"专业 + 公司"教育模式的实践，取得了许多骄傲的成绩，兄弟学校到学校实地考察，相互交流取经，进一步提高了学校的影响力。

5. 存在的不足及下一步举措

一是产教融合、校企合作的深度还不够，特别是在人才培养方案的共同制定上融合度不够。下一步学校将造就和输出一批专业建设和课程建设的省级专家，发挥示范、辐射和引领作用。

二是需进一步发掘共生发展的造血式校企命运共同体"专业＋公司"的育人模式，合作项目拓宽度不够，"产、学、研、教、训"有待发挥更高水平。下一步学校将进一步夯实"专业＋公司"的育人模式，深入校企合作，推动学校专业跨越式发展。

结束语

习近平总书记在党的二十大报告中指出，"深入实施科教兴国战略""强化现代化建设人才支撑"。学校将全面贯彻落实习近平总书记关于教育的重要论述，始终坚持立德树人、"五育"并举，以学生为中心，以终身职业技能发展为目标，围绕"三成三品"办学理念，深入推行"九个共同、要素匹配、共生共长：高技能人才培养'专业＋公司'模式创新实践"教育模式。主动融入川渝区域教育中心和区域经济发展，进一步深化产教融合、校企合作，坚持"质量立校、改革强校、特色兴校、依法治校"，大力实施"三名"工程，努力建成四川省五星学校、全国优质中职学校，为"办好人民满意的教育"贡献职教智慧、职教方案、职教力量。

李学锋　　侯燕

情系职教三十载 "产城融合"育匠才

——成都汽车职业技术学校校长韦生键办学治校纪实

在成都经开区"产城融合"格局形成的背景下，成都汽车职业技术学校（以下简称汽车职校）自整合以来，在职业教育改革的大背景下，立足区域经济发展实际，在"产"与"城"需求上着力，积极探索构建"产城融合"格局下的汽车人才超市，通过实施"1233"发展策略，逐步破解了产业人才培养不足、院校培训供给滞后的难题以及在技能人才素质提升、中职学校角色转换等方面存在的现实问题，形成了"选人才，找联盟""要培训，有支持""招工人，到汽职""选专业，到汽职""要升学，到汽职""搞大赛，看汽职""要技术，到汽职"的品牌效应。汽车职校创新的"产城融合"格局下的汽车人才超市，是适配产城融合的培养优秀人才的载体，又是基于新时代背景下职业教育与区域产业良性互动的一个缩影，更是推进成都市建设职业教育创新发展高地的有力举措。

时代呼吁适配产城融合的人才载体

一、基于职教改革发展的需求

习近平总书记说，在全面建设社会主义现代化国家新征程中，职业教育前途广阔、大有可为。党的十八大以来，我国积极推进职业教育高质量发展。2019 年国家出台《国家职业教育改革实施方案》，2020 年，四川省政府印发了《四川省职业教育改革实施方案》，对深化职业教育体制机制改革、构建纵向贯通人才培养体系、推进职业院校高水平发展、推进产教融合深度发展、提升职教服务能力和水平等提出了明确要求。2021 年教育部和四川省人民政府联合印发《关于推进成都公园城市示范区职业教育融合创新发展的意见》，从职业技术人才就业创业、落户、职称评定等方面作出了明确要求，在就业创业支持政策中，加大对技术技能人才就业创业的支持力度，符合条件的职业院校毕业生在落户、公务员招录、事业单位和国有企业招聘、职称评审等方面按规定与普通高校毕业生享受同等待遇。

职业教育面临前所未有的发展机遇，也面临严峻的挑战。新时代把职业教育摆在了教育改革创新和经济社会发展中更加突出的位置，改革以往职业教育"自说自话"的局面，加快发展政府主导、多元参与、需求驱动、开放融合的现代职业教育迫在眉睫。

二、基于产城融合发展的需求

2002 年龙泉驿区人民政府确定成都经济技术开发区（以下简称成都经开区）以汽车产业为主打产业；2009 年，成都市人民政府将成都经开区设定为"中国西部汽车城"；2010 年，国家工信部正式批准成都经开区为"国家级汽车产业新型工业化产业示范基地"。自此，成都经开区逐步形成先进制造业与现代服务业融合发展的产业格局，并逐步建成"汽车产业功能区"（四川省"5+1"现代工业体系规划和成都市"5+5+1"现代产业体系规划）。2011 年，龙泉驿区（经开区）具备了"九车七机"、年产 125 万辆整车（机）生产能力。初步形成"产城融合"的新格局。

"产城融合"格局的形成，致使区域经济中产业、行业、企业需求与区域社会发展中广大市民的需求相互纠缠与融合得更加紧密。而作为区域职业学校，存在着"因产业发展迅速，不同人才需求量大，院校供给能力不足；因行业升级换代，岗位标准变化加快，院校培训供给滞后；因企业生产随行就市，人力资源柔性需求明显，院校适应能力不足；因'产城融合'发展，人民群众对职业教育需求发生了巨大变化"等现实问题。

三、职教经验丰富的项目牵头人

项目牵头人韦生键，从教三十四载，一直根植于职教第一线，为职业教育的发展、变革发挥着自己的光和热，书写着波澜壮阔的职教人生，也用"幸福"理念涵养了一批又一批"有特长、会生存、可发展、高品质"的汽职学生。韦生键 1988 年毕业于成都地质学院，2017 年获得四川农业大学经济管理学院硕士研究生学位，2011 年担任成都汽车职业技术学校校长，2019 年被评为正高级讲师，2019 年被聘任为四川理工大学校外硕士研究生导师。先后荣获教育部教育管理信息中心 CVCC 全国优秀校长、四川省中小学名校长、四川省卓越校长工作室领衔人、四川省教育改革创新发展典型案例（校长类）、成都市特级校长、成都市教育系统优秀共产党员等荣誉称号，还受聘教育部"组团式"帮扶工作专家顾问委员会委员（图 1）。

图 1 韦生键校长

四、拥有"五大示范"的实施载体

成都汽车职业技术学校于2011年由原龙泉职业技术学校和成都市西河职业中学校整合而成，是龙泉驿区唯一一所全日制公办省级重点中等职业学校。历经十一年，学校现占地300亩（现有向阳桥、西河校区、黎明校区、阳光城校区、幼儿园），建筑面积9万余平方米，教职工416人，在校生5780人。学校开设有十二大专业：汽车制造与检测（国家示范专业）、汽车运用与维修（国家示范专业）、新能源汽车运用与维修、汽车电子技术应用、汽车服务与营销、数控技术应用、机械加工技术（省重点专业）、工业机器人技术应用、计算机应用、旅游服务与管理、幼儿保育、社会公共事务管理。学校还建有汽车相关实训中心、一体化教室63个。

学校先后荣获四川省教育先进集体、四川省示范性中等职业技术学校、四川省中等职业技术学校"三名工程"创建单位、四川省首批中等职业学校学生内务管理示范校、全国汽车职教集团理事单位、成都市首批特色职业院校、成都市首批国际教育窗口示范校、成都经开区中职汽车校企联合会主任单位、成都市依法治校示范校、成都市校务公开A级示范单位等称号。十余年来，学校师生参加各级技能大赛获国家、省、市、区奖项表彰1200余项，学生参加全国技能大赛总成绩位列全国中职学校前茅、四川省中职学校第一名。学校先后被中宣部《时代教育》杂志等几十家媒体宣传报道，接待全国职教兄弟学校交流考察达100多次，接待来自美国、韩国、澳大利亚、新加坡、德国、马来西亚、印度尼西亚等国际友好交流访问达40多次。学校在成都市、四川省，乃至全国基本形成了五大示范——招生示范、就业示范、质量示范、专业示范、服务示范。

因地制宜的"1233"发展策略

整合之初，学校在韦生键校长的带领下，根据职业教育以"服务发展"为宗旨的发展定位，结合学校和地方经济实际，形成了"以服务经济社会发展和人的全面发展为办学宗旨，以'成德笃学，气雅尚艺'为办学理念，以'创国家特色示范品质职校，建师生幸福快乐成长学园'为办学愿景，以让每一个学生'有特长、会生存、可发展、高品质'为办学使命，以'汽车领航、多元驱动、励志敬业、校企融通'为特色"的办学理念。并结合区域经济发展需要，学校在"产"与"城"需求上着力，实施供给侧改革，提高供给能力，提出了打造"汽车人才超市"的"1233"发展策略，构建了"汽车人才超市"，形成了"选人才，找联盟""要培训，有支持""招工人，到汽职""选专业，到汽职""要升学，到汽职""搞大赛，看汽职""要技术，到汽职"的品牌效应。

一、工作思路

整体思路：针对供需矛盾，打造"汽车人才超市"，提高职业学校教育服务发展的能力。这里的"服务发展"包含：一是服务汽车产业发展对人才规格和质量的要求；二是服务社会中家庭对教育的期望以及学生个人终身发展对教育的诉求。

第一，建"联盟"，构建区域职教体系，提高人力资源供给能力。通过组建"政、行、企、校（院）"参与的汽车产教联盟，促进政府机构、行业、企业、本科院校、高职院校和中职学校等主体之间的信息交流、教育合作、培训服务、人力资源供给及其他业务支持，形成"汽车产业共同体"，提高产业工人的供给能力和培训服务供给能力。

第二，推进校企合作、改革育人模式。大力推进现代学徒制和新型学徒制改革，提高动态供给人力资源的能力。通过校企共育师生、校企共建教学场地、校企共同开发课程等方式，提高课程的实用性、针对性，提高学校开发企业培训课程的能力。

第三，主动研究产业，建立动态调整专业机制。围绕汽车产业建专业，对接汽车产业链建专业链，形成"两链和谐共存"的格局，扩大专业面，提高初中毕业生专业选择面。

第四，顺应"产城融合"的发展趋势，研究开发学校教学模式，并鼓励各专业根据自身特色在此基础上形成不同的教学模式，实现专业分层、优质、高效、高水平育人。

二、工作方法

要打造供给四类"产品"的"汽车人才超市"，需要依据工作思路做好四个方面的工作。对于每一项工作，均按照"问—论—行—评—改"的流程进行。并根据需要解决的问题和期望形成的成果采取不同的研究方法（图2）。

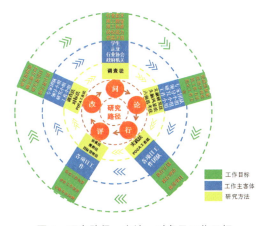

图2 研究路径、方法、对象及工作目标

三、打造"汽车人才超市"的"1233"策略

（一）搭建一个平台：汽车产教联盟平台（即"1"）

1.建立汽车产教联盟

2012年，针对产业人才数量、专业类别和学历层次供需不平衡的矛盾，经汽车职校建议，区委区政府、成都经开区管理委员会领导同意，为打造职业院校集群，形成人才和服务共同体，构建区域职教体系，共同为经开区汽车产业服务，建立了成都经开区汽车产教联盟（图3）。

图3　汽车产教联盟组成图

2.建立专家智库

联盟组建了战略规划与发展委员会、科技咨询与学术专家委员会两个层级的专家顾问团队，分别由聘请的政府有关部门领导、行业专家、企业高级工程师、国内知名职教专家和院校一线教育专家等组成。这两个委员会主要负责指导、评估、评审任务，以提高成员各方的竞争能力和创新能力。

3.完善治理机构

秉承"合作办学、合作育人、合作就业、合作发展"的原则，设立联盟理事会，作为宏观管理和最高决策机构，实行理事长、副理事长、常务理事分工负责工作机制，聘请政府有关部门领导、社会知名人士以及行业专家等担任理事会顾问、名誉理事长、理事长等职务。设立执行委员会，作为协调沟通机构，在联盟理事会统领下开展工作，促进联盟有效运行和科学发展，实现战略目标。

4.提供经费保障

为保障产教联盟的运行，加强交流合作，区政府每年拨付20万元用作产教联盟工作经费，专门用于召开年会，开展教学交流、专题研讨、人才培养方案编制、人才贯通培养、企业需求调研以及课程改革研讨等工作。

5.形成运行机制

产教联盟以专业技术为纽带，依循汽车产业价值链，在联盟体系内形成完善的专业技术布局和技术集群。联动发展以企业为主体、以入盟职业院校为技术支撑，沿汽车产业技术链，将前端的汽车科技基础能力建设、教育培训资源研发和中端的关键技术和共性技术的研发、技术应用服务、创新成果交流以及后端的项目产业化、创业孵化、人才培养等产业链要素环节有机融合，搭建成链发展的综合服务平台。在教育教学层面，实现专业培养目标与专业服务面向的职业岗位群对接、专业课程体系与职业岗位群对应的职业能力对接、专业课程内容与职业岗位的工作任务对接、专业课程教学过程与职业岗位工作过程对接，推动各相关专业共性建设内容的共享与教学资源集成，实现专业技术集群互为支撑、协调关联发展，为中国西部汽车城的崛起作出应有贡献。

6.打造信息化平台

2017年，汽车职校接受教育局委托牵头开发了"汽车产教联盟平台"并在联盟年会上交付使用。2019年，平台已经加入企业开发的培训课程100多门，链接企业培训平台课程200多门，职业院校独立开发培训课程23门，成为联盟成员沟通供需信息，开展远程培训的可靠保障。同年平台建设案例入选中央电教馆数字化校园建设案例集，是四川省唯一入选案例。

（二）推进两链对接：汽车产业链和专业链对接（即"2"）

学校始终坚持对接新经济、新业态、新职业发展，以建设"与汽车产业链同频共振的专业链"为目标，围绕汽车产业链建专业链。2012年，学校改造电子技术应用专业为汽车电子技术应用专业，成为全省第一家开设汽车电子技术应用专业的学校；到2021年，学校与汽车产业相关的专业有8个，对接上了汽车产业全产业链。在联盟内部，部分本科和高职院校也增设了汽车相关专业，全面提高了汽车产业人才的供给能力（图4）。

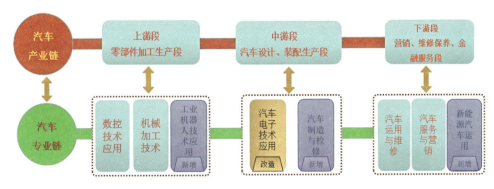

图4 产业链上建专业

（三）实施三项改革：改革治理体系、育人模式和教学模式（即第一个"3"）

1.改革学校治理体系

学校 2011 年整合后放权赋能，推行校部二级制管理，2012 年就形成了战斗力，在省内迅速崛起（图5）。

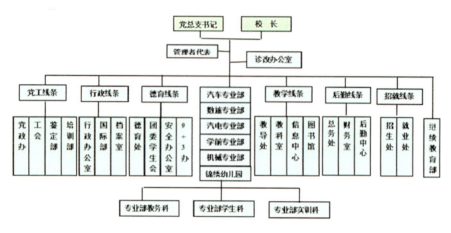

图 5　学校治理体系

2.改革育人模式，服务企业及学生发展需要

学校成立以来一直进行着现代学徒制理论研究与实践探索。通过对国内外学徒制的比较研究，在深入理解现代学徒制的理论、目标和原理的基础上，与传统育人模式相结合，以"教学工厂"为载体，以学生发展需要为导向，于2015年开发出校内学徒制、混合学徒制和校外学徒制三种类型学徒制，创新了专业人才培养模式（图6）。

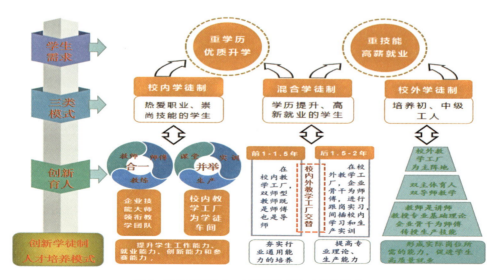

图 6　服务多元需求，创新学徒制人才培养模式

校内学徒制以培养大赛选手为目的，教师既是师傅又是教练，以校内教学工厂为主阵地，搭建学生以就业为主的双通道。

混合学徒制主要以升学学生为对象。前1—1.5年的实习在校内教学工厂进行，教师就是师傅，后1.5—2年的实习在校外教学工厂进行，企业骨干当师傅，为学生搭建了可升学可就业的双通道。

校外学徒制以就业学生为对象，以校外教学工厂为主阵地，校企双主体育人，双导师教学。教师当讲师，教授专业基础理论；企业骨干当师傅，教授生产技能，形成岗位能力，搭建学生就业通道。

3. 改革教学模式，建立微型工厂，开展生产实训，提升职业能力

根据现代学徒制的三种类型，学校依据技能形成的规律、不同层次教学目标以及能力要素的要求，提炼形成了"三段式"教学模式（图7）。

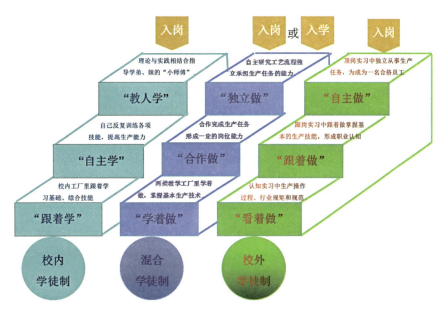

图7 "模块化教育，三阶入岗"的模型图

校内学徒制：学生"跟着学""自主学""教人学"。学生"当徒弟—自研自操作—当师傅"提升了学习能力、理解能力和表达能力。

混合学徒制：学生"学着做""合作做""独立做"。学生"观察学习—合作学习—独立学习"，提高了对专业基础理论的理解，提升了专业技能。

校外学徒制：学生"看着做""跟着做""自主做"。学生"观察学习—模仿练习—自我操作"，不断提高职业认知，提高职业技能水平，成长为合格工人。

各专业部在实践中，依据学校总模式又有了创新，如：汽车运用与维修专业的"三端协同，训赛一体"教学模式、汽车制造与检测专业的"厂校一体工学双元"教学模

式、数控技术应用专业的"订单驱动、做思学用"教学模式、新能源汽车运用与维修专业的"项目全贯通、课证赛一体"教学模式等。

（三）推进三个融通：纵向两个融通和一个横向融通（即第二个"3"）

1. 中职学校向下纵向融通

推进汽车文化进小学，将爱家乡、爱城市、理解与爱父母的教育与劳动教育融合进小学教育，指导小学开发校本课程。推进汽车文化和职业启蒙进初中，将爱家乡教育、劳动教育和职业启蒙教育融入其中，引导初中毕业生合理分流，为汽车产业储备了大量具有本地户口的人才。

2. 中职教育向上纵向融通

大力推进"3+2"改革，与省内四所高职学院签订了"3+2"合作协议，挂牌成立了"成都航空职业学院绿色智能汽车分院"和"成都工业职业技术学院经开区汽车分院"；与三所本科院校合作，挂牌成立了"天津职业技术师范大学学生培训基地""成都师范学院车辆工程专业人才培养基地""四川轻化工大学职教专业硕士培养基地"。形成了中高贯通培养、"中·本·研"协同培养汽车产业人才的育人格局，培养了大批"懂专业，知企业，会操作，能研究"的产业人才。

3. 中职与普高横向融通

2017年汽车职校率先在省内开展普职融通试点，通过四年的探索，形成了具有影响力的教育改革范式。508名学生参加了该项目，已经培育了两届305名毕业生，普职互转142人。为本区学生及本区务工人员子弟提供了二次选择的机会，培育了一大批"扎实文化基础＋高超专业能力"的学生。实现了"安务工人员之心，扶中考学生之志，应行业企业之需"和"育高素质可持续发展产业人才"的目标。

学校整体实现提质培优，彰显了品牌

一、师、生、校"三强"

（一）学生综合能力显著增强，技能大赛成果突出，社会反响好

学生技能大赛获奖数连续6年全省第一。2021年参加国家技能大赛奖牌总数并列全国第一，参加的11个省赛项目获得11个冠军，见表1。

表1　学生参加技能大赛获奖情况

年度	省级获奖数	国家级获奖数	省内排名	国内排名
2016	13	7	1	未排
2017	13	6	1	未排
2018	13	11	1	14

续表

年度	省级获奖数	国家级获奖数	省内排名	国内排名
2019	12	14	1	17
2020	11	8（行业赛）	1	未排
2021	11	8	1	1

职教高考质量不断提升。高职升学率连续三年100%，升入省级重点学院或省级重点以上专业平均达到80%以上，见表2、图8。

表2　升学统计表

序号	高考年份	3+2升学	单招录取	对口本科上线	对口专科上线	专科上线总数	总上线人数
1	2012	0	0	1	13	13	14
2	2013	0	4	1	16	20	21
3	2014	0	7	5	11	18	23
4	2015	0	36	5	30	66	71
5	2016	0	181	14	65	246	260
6	2017	86	214	8	49	349	357
7	2018	110	273	6	73	456	462
8	2019	87	488	30	249	824	854
9	2020	81	660	85	109	850	935
10	2021	133	521	124	145	799	923

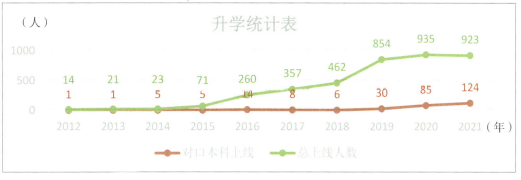

图8　2012—2021年升学情况统计图

就业学生薪酬持续高位。毕业学生供不应求，持续高薪入职，对口就业率保持在85%以上，见表3。

表3　成都汽车职业技术学校汽车产业链上人才培养质量统计情况

年级	年就业生总数	一次性就业率（%）	对口就业率（%）	稳定就业率（%）	企业满意度（%）	平均工资
2012	721	99.1	85.1	84.0	94.1	3597
2013	758	99.2	85.3	84.4	94.2	3785
2014	791	99.1	85.2	84.7	94.7	3823
2015	867	99.2	86.2	85.3	95.3	4212
2016	1170	99.3	85.4	84.9	95.4	4541
2017	1159	99.3	85.6	85.2	95.9	5209
2018	797	99.2	86.4	85.7	96.3	5338
2019	732	99.5	86.7	86.0	96.8	5477
2020	659	99.3	87.1	86.2	97.1	5389

（二）教师深度参与教学改革，双师素质明显提高，教学能力强

教师科研能力和教学能力得到大幅提升，见表4、表5。

表4　教师教育教学科研情况

年度	省级及以上课题	市级课题	区、校级微型课题	获奖或发表论文总数、核心期刊发表数	专利数
2011	0	1	0		
2015	3	1	17		
2016	2	0	10		
2017	0	1	37	510篇，其中发表142篇，核心期刊2篇	2项
2018	0	2	44		
2019	0	2	38		
2020	1	4	27		
小计	6	11	173		

表5　教师技能大赛统计表（2012—2021年）

	一等奖	二等奖	三等奖
国家级	17	12	8
省级	17	13	3
市级	42	46	56

学校已培养出正高级教师4人，国家模范教师1人，全国青年岗位能手1人，省特级教师2人，省名师（校长）2人，省劳模1人，省五一劳动奖3人，市特级校长1

人，市特级教师 2 人，市学科带头人 5 人，硕士 33 人，双师型教师占专业课教师比例达 91%，其中技师 73 人，高级技师 17 人。获得专利 2 项。

（三）学校办学特色日益彰显，综合实力更强

学校 2013 年建成面积达 6600 平方米的汽车第一实训大楼，2020 年建成 10000 平方米的汽车第二实训大楼，建成全省职业院校中最大的汽车生产线，是全国第一家生产汽车的中职学校；建成全省最大的新能源汽车实训与培训中心和车联网实训基地，自主开发了"汽车螺丝基础训练台""汽车发动机装拆线""汽车变速器装拆线"等实训设备；建成汽车运用与维修、汽车制造与检修两个国家示范专业点（图 9），成为省内汽车类专业标杆校。

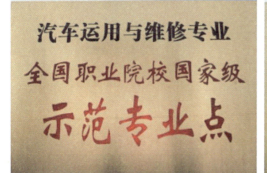

图 9 两个示范专业点

二、项目推广应用及影响力

（一）国家及省级平台

学校改革实践成果得到了教育部、省教育厅和其他部门的高度认可。多次作为职教改革典型学校接受了国家级部门调研考察，受到与会市（州）领导和专家的赞誉。多次为省外职教培训师资，传授经验，得到赞扬和肯定。学校还多次参与国家级培训工作，见表 6。

表 6 国家及省级平台成果推广

2017 年至今	培训西藏地区师资 12 次，累计 600 多人次
2017 年至今	连续 5 年承办了四川省中职汽车类大赛项目，承担省数控专业大赛项目 2 次
2017 年至今	开发的《汽车文化》《汽车构造》《汽车维修保养》等 9 本教材面向全国公开出版发行，开发的《机械基础》《汽车发动机维修》等 7 本立体化教材面向全国公开出版发行
2018 年至今	连续 4 年作为中职学校代表成为国家发改委社会司、教育部、国家开发银行等部门考察调研对象
2021 年	承担全国新能源汽车师资培训 2 次，承担新疆地区汽车专业师资培训 1 次

（二）院校交流

1. 育人模式探索和实践成果受到院校认同

整合以来，学校育人模式探索和实践成果丰硕，见表7。

表7　学校成果统计表

成果名称	成果类别	获奖等级
职普融通　三位一体：职业体验育人模式探索与实践	教学成果	四川省特等奖
校城联动接着高技能汽车产业人才的"2323方案"创新与实践	教学成果	四川省一等奖
双线四级八环：中等职业学校语数英课程教学质量监测体系构建四川实践	教学成果	四川省一等奖
双轴驱动校地共生的成都特色职业院校建设模式创新与实践	教学成果	四川省一等奖
高素质技能人才培养的职普融通实践	教学成果	四川省二等奖
机械加工类专业跟单式生产性实训模式	教学成果	四川省三等奖
现代学徒制"三纵五横"协同育人模式的构建与实践	教学成果	四川省三等奖
现代学徒制理论探索与实践	研究成果奖	四川省一等奖
成都汽车职业技术学校校本教材开发应用研究	研究成果奖	四川省一等奖
服务产业改造中职老旧专业研究与实践	研究成果奖	四川省一等奖
成都汽车职业技术学校"现代学徒制人才培养方案的制定"研究	研究成果奖	四川省一等奖

学校先后在全国开展有关成果的专题讲座13次，听众超过2000余人；为广东省校长培训班开展专题讲座2次；接待全国各地兄弟院校现场参观200多场，达3000多人次；成果被省内外30多个兄弟学校学习、借鉴、引用。陆续与40多家企业建立学徒制合作关系。被吉利集团确定为S级合作单位。该成果还被日本国桃山大学和龙谷大学研究引用。

2. 多地政府、学校考察交流

省教育厅张澜涛副厅长称赞学校"毕业生工资比本科生还高，技术过硬就是好"，并率各地市州分管教育副市长、教育局领导考察学校。学校接待了天津市人民政府参事、河北省人民政府参事、绵阳市人民政府、凉山州教体局、青岛市交通运输类专指委专家等多地机构或团体调研、考察、学习约1200人次，接待110所学校1400多人次就培训、办学、校企合作和教学改革等方面进行交流；接待美国、英国、德国、法国、日本、韩国、印度尼西亚等国家同行考察交流约180人次。2019年承办首届全国职教生教育研讨会，到会学校98所，代表507人。

（三）媒体报道

《经济日报》《中国职业教育》、中宣部时事报告等国家媒体报道5次，四川教育台、成都电视台等报道 3 次，中国网、百姓网等国家级媒体报道 74 次，今日头条、新浪网等省级媒体报道 134 次。

（四）学校影响

学校影响力辐射国内外。与西藏拉萨、昌都、日喀则、林芝、山南等职业学校建立了合作关系，与杭州现代技工校、浙江信息技术学校、长兴职教中心、宁波镇海职教中心、广东顺德第一职教集团三所学校、重庆九龙坡、龙门浩等 20 余学校建立了合作关系，与省内资阳、凉山州、阿坝州、攀枝花、乐山、宜宾、广元、绵阳、眉山等地 50 多所学校建立了合作关系。学校通过管理人才输出帮扶模式先后派遣副校长张兴华、向阳对成都光华职业技术学校、眉山东坡职业技术学校实施帮扶工作。学校校长韦生键被聘任为国家乡村振兴重点帮扶县教育人才"组团式"帮扶工作专家顾问委员会委员，对凉山州盐源县职业技术中学校、越西县职业技术学校、甘洛县职业技术学校等实施对口帮扶指导。

（五）社会服务

十一年来，学校开发线上培训课程 13 门，与企业联合开发近 100 个领域的培训课程，培训企业员工 20000 余人次，鉴定技师和高级工 1800 余人次，为成都、德阳、绵阳、巴中等地职业学校培训教师 2000 余人次，为西藏、广西、广东、重庆等省（市）培训教师 4000 余人次。

恪守原则，直面问题，开拓创新

一、学校建设须遵循的原则

（一）中职学校专业建设的基本原则

中职学校的专业建设需围绕地方经济特色、产业发展、学校实际和社会（包括学生、家长等）需求的综合考量。

（二）服务区域经济和产业发展原则

中职学校的主要功能是为地方经济和产业发展培养和输送技术技能人才。因此，在专业建设中应重点考虑专业或专业群服务的重点技术领域和工作岗位。学校的专业设置、课程改革、实训室建设、师资队伍建设等一系列工作都要围绕产业链对人才需求的变化来变化，从而构建与产业发展相一致的专业群体系。

（三）服从学校长远发展原则

中职学校专业及专业群建设要考虑学校长远发展方向，如学校办学定位、生源、师资、实训条件等情况，确定设置专业及专业群的数量及名称。

（四）共同建设、多方共赢原则

中职学校要邀请各利益相关方参与专业建设，实现共建共赢。相关利益方分别为：学校、专业教师、企业、学生、家长、政府主管部门等。

（五）动态管理、不断创新原则

中职学校专业建设，即根据产业发展、科技进步、市场需求等变化对专业的各建设项目进行调整，并运用大数据、人工智能等信息技术进行管理、建设，形成专业动态调整机制。

二、专业改造的基本原则

（一）服务性原则

在专业改造中，要始终坚持专业改造要植根于产业服务、产业发展；要尊重学校历史和现实，服务于教师的职业生涯发展；要关爱学生、服务学生的生涯发展。因此，学校专业改造要对接区域产业结构调整，对接行业发展趋势，有准备地服务供给方。

（二）相融性原则

在专业改造的过程中，要始终坚持校企一体，合作共赢，互相尊重，供需共融的原则。即教育要对接人才需求类型，对接企业典型任务，教学内容对接企业用工标准，教学过程对接企业生产过程。

（三）内生性原则

专业改造要强调内生，强调满足教职工心理与生理安全的需要。专业改造要注意构建改造标准、制定改造流程、实施改造控制、进行改造诊断和落实改造改进。

三、问题反思

（一）人才培养模式创新研究有待进一步深化

一是对学生的学习理论研究不足，导致教师团队化教学、学生合作式学习研究与实践探索不足。二是公共基础课教学成效偏低，"生本教育"试点工作的力度不够；基于"STEAM"教育的课程改革还需要进一步加快进度；项目教学、案例教学、工作过程导向教学等教学模式的应用还要进一步加强，并形成工作机制。

（二）双师型教师队伍的比例还需提高

学校教师队伍"双师型"教师比例达到了86.7%，但是"双师型"教师素质还不高，主要体现在："技师"和"高级技师"的比例不高；专业课教师中"硕士学位""高级职称"教师比例不高；具有行业影响力、具有研发产品能力的专业带头人队伍还不强；教师国际化水平还不高；兼职教师队伍建设还不够等。

（三）学校产研成果的转化率有待提升

教师参与企业产品生产、研发，助推企业技术改革和产业结构调整等方面参与度不高，政产学研一体的合作机制不够完善，导致产研成果转化率不足。

（四）宣传形式陈旧导致对外影响力不足

宣传活动还局限于职业学校普遍存在的"自娱自乐"现象。由于宣传形式陈旧导致学校教育对外影响力不足，职业教育本身仍存在社会关注低迷、生源质量不高等尴尬问题。

结束语

中职学校是职业教育不可或缺的重要组成部分，担负着为党和国家培养德、智、体、美、劳全面发展，具有综合职业能力和职业素养，在生产、服务一线工作的高素质劳动者和技能型人才的重任。是当前职业启蒙教育的重要载体，更是为高等职业院校输送优秀苗子的技能人才摇篮。学校应努力完善校企合作、工学结合的人才培养模式，加强师资队伍建设，完善内部管理，创新工作思路，丰富教育内容，改进教育手段，深化教育教学改革，完善质量评价体系，切实加强学校内涵建设，迈入职业教育提质培优、增值赋能的快车道，进一步发挥中职学校的育人功能，为全面建设社会主义现代化国家提供有力人才和技术技能保障。

获奖照片

1. 学校获奖照片

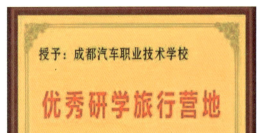

2. 学生技能大赛获奖统计表

年度	省级获奖数	国家级获奖数	省内排名	国内排名
2016	13	7	1	未排
2017	13	6	1	未排
2018	13	11	1	14
2019	12	14	1	17
2020	11	8（行业赛）	1	未排
2021	11	8	1	1

备注：2021 年国赛 4 个二等奖，4 个三等奖，获奖总数全国并列第一。

2018 年 5 月　徐磊　国赛一等奖　　　　2015 年 7 月　刘祥良　国赛一等奖

2020 年 6 月　李文兵　全国行业赛特等奖

2020 年 6 月　田睿　全国行业赛特等奖

2020 年 6 月　樊健　全国行业一等奖

2020 年 6 月　代云川　全国行业一等奖

2021 年 5 月　许杨杰　国赛二等奖

2021 年 5 月　王程儇　国赛二等奖

2021 年 5 月　代云川、田睿　国赛二等奖

2021 年 5 月　李智杰　国赛二等奖

3. 成果奖获奖照片

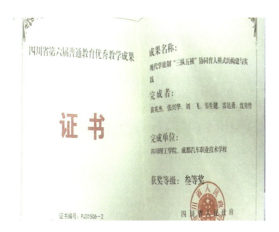

培才强技兴家国　务实求真筑匠魂

——乐山市计算机学校校长胡飞扬办学治校纪实

　　与公办学校相比，民办中职学校办学面临更多的困难和更大的压力，民办中职学校校长也必然面临更大的挑战。但作为一所办学规模和办学质量在当地乃至全省均有一定影响力的民办中职学校掌舵人的胡飞扬校长，给人最深的印象是乐观、自信，面对学校生存与发展中的各种矛盾和问题，他总是用一份举重若轻的从容和底气去化解，带领学校不断实现新跨越，再上新台阶。让我们一起走近胡飞扬校长，了解他和学校共同成长的历程。

　　胡飞扬（图1），男，汉族，四川仁寿人，高级讲师，中共党员，曾担任四川惠灵教育（集团）投资有限公司人力资源总监，现任乐山市计算机学校党支部书记、校长，先后荣获乐山市劳动模范、乐山市优秀党员、四川省中职卓越校长工作室领衔人、学

图1　胡飞扬校长

校建校二十周年"杰出贡献奖"等荣誉，正式出版教材 3 本，教育教学论文多次荣获省、市级奖项。

自担任学校党支部书记、校长以来，胡飞扬校长一直密切关注产业发展新动态和国家职业教育发展新变化，细研国家职业教育政策，及时把握中职教育发展机遇，强化党建核心引领作用，凝练学校核心文化——培实文化（培才强技兴家国，务实求真铸匠魂），在培养大国工匠的同时，推动学校做大做强，助力 3000 余名乐计校学子圆梦大学。

胡飞扬校长不忘教育初心，用自己的办学实践诠释着"一名好校长就是一所好学校"。2022 年 3 月，胡校长成了乐山地区首个中职类的卓越校长工作室——四川省胡飞扬卓越校长工作室的领衔人，引领、推动着乐山市中等职业学校不断发展。

一、办学背景及历程

乐山市计算机学校（以下简称：乐计校）创建于 1994 年（图 2）。创办之初，首届学生 120 名，专职教师 3 名。学校凭着极强的市场竞争力，不畏艰辛，不惧挑战，在中国民办职业教育的初春里执着生长。从租房办学到自建校园，从普通学校到省重、国重，再到国家示范性学校。二十八年来，乐计校师生践行"做学合一，匠行天下"的校训，无惧风雨，勇毅前行。学校现已创建为国家中等职业教育改革发展示范学校、国家级重点中等职业学校，荣获全国教育系统先进集体、全国职业教育先进单位、四川省五一劳动奖状等荣誉称号。

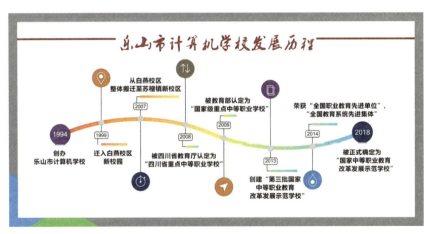

图 2　办学历史

职业教育前途广阔，大有可为。近年来，国家大力支持职业教育，出台了一系列利好政策，职业教育再次迎来新的发展机遇。作为一所民办中职学校，回首乐山市计算机学校的办学历程，国家职教政策是学校发展的历史机遇，师生的"四品三能"是学校发展的原动力，培实文化是贯穿学校发展的命脉。"时代工匠摇篮，中华职教名校"是学校的办学目标；"幸福职教，出彩人生"是学校的办学愿景。

二、办学成效

（一）校长的办学理念和主要做法

1. 凝练办学理念

胡飞扬校长说："学校是育人之所。我们悉心培养每一个人，相信每一个人的潜能，相信种子的力量，培养学生'吃苦、诚信、责任、合作'的四种品质和'学习、自我约束、解决问题'的三种能力。我们既要'谋个性之发展'，还要'改变观念'，'教学升级'，与时代接轨，在产业升级转型的浪潮中顺利过渡。"

胡校长坚持职业学校也应该有教育理念和校园文化，在职校管理岗位沉浸多年后，他不断思考，梳理学校办学历程，将学校多年积淀的思想理念和黄炎培职业教育核心思想高度融合，通过将工匠精神进行现代应用，并综合学校的基本情况、黄炎培先生的职教思想以及当代职教世界大环境，凝练出了学校文化——培实文化。

培：培养，呵护；黄炎培先生的代指；培家国情怀。

实：实用、实效；实事求是，求真务实；育工匠精神。

乐计校的办学理念、办学宗旨、培养目标与黄炎培职教思想"谋个性之发展，为个人谋生之准备，为个人服务社会之准备，为国家及世界增进生产力之准备"拥有相同的内涵。脚踏实地，实事求是，相信每一个学子成功的潜力，相信种子萌发的力量，以"匠人"之心育人，育学子"匠心精神"。

在胡飞扬校长的管理下，乐山市计算机学校"以文化治校，以文化育人"，在发展过程中永葆生机，为学校做大做强奠定了坚实的基础（图3）。

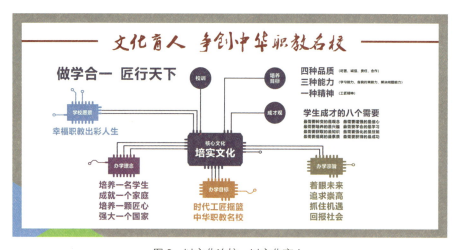

图3 以文化治校 以文化育人

2. 创新育人模式：文化提升育人水平，培养大国工匠

学校在学生管理和技能培养中融通"工匠精神"教育，使学生了解自己的职业，建立职业自信，强化技能学习，首先成为拥有精湛技艺的"匠"，进而成匠心、塑匠魂。

一是改革了人才培养模式和课程体系，构建了"3双3岗3对接"的人才培养模式（图4）。

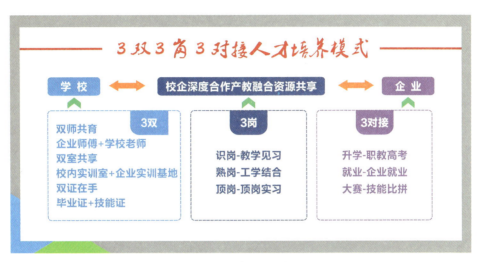

图4　人才培养模式

二是构建了突出职业性，以活动为载体的"1343德育工作模式"（图5）。

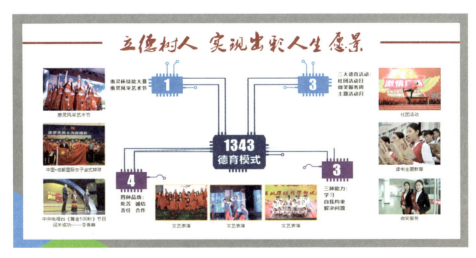

图5　德育模式

1条主线：以惠灵杯技能大赛、惠灵风采艺术节为主线。

3大活动载体：以主题德育月、微笑服务周、学生社团活动为3个载体，做到周周

有活动、月月有主题、期期有大赛。

4种品质：培养学生"吃苦、诚信、责任、合作"4种品质。

3种能力：培养学生"学习、自我约束、解决问题"3种能力。

让学生在活动中感悟、内化、成长，增强社会责任感，提升职业素养。

三是开创性地凝练出符合中职教育特色的"3劳动3精神3贯通"的劳动教育模式（图6）。

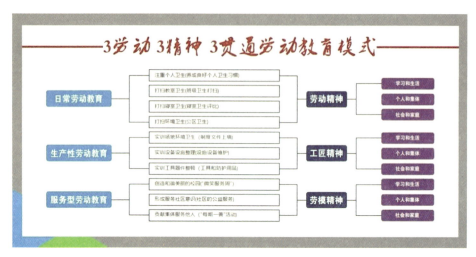

图6　劳动教育模式

以"日常劳动教育""生产性劳动教育""服务型劳动教育"为载体，引导学生在劳动行为和实践中发扬"劳动精神、工匠精神和劳模精神"，使这三种精神能贯通于学生的学习与生活、个人与集体，社会与家庭的多个情境和领域。

四是形成了"1651思政教育模式"（图7）。

创新"1651思政教育模式"，构建"三全"育人新格局。学校从课堂内容、教学手段、师资队伍培养等方面对思政课教学进行改革，规范内容，拟定计划、丰富元素并进行考核评价，同时强化课程思政建设，要求思政课程进课表、思政元素进教案、思政环节进课堂、思政文化进校园、思政要求进活动，促进课程思政与思政课程同向同行，培养学生的"民族精神、革命精神、时代精神、劳模精神、工匠精神、创新精神"，实现人人思政、课课思政的目的。

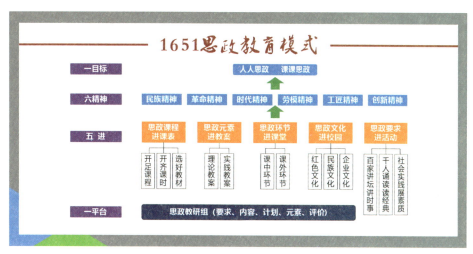

图 7　思政教育模式

3. 主要做法：多元载体，塑造文化

（1）党建引领，厚植文化。

学校以习近平新时代中国特色社会主义思想为指导，全面贯彻党的教育方针，坚持社会主义办学方向，遵守宪法、法律、法规和国家政策，致力培养德智体美劳全面发展的社会主义建设者和接班人；学校充分发挥党组织战斗堡垒作用，形成了独具特色的乐计校党建品牌——立德树人，卓育栋梁（1334 党建工作思路，图 8）。

学校重视党建对全校师生思想、教育教学及管理的核心引领作用，坚持用社会主义核心价值观塑造校园文化，加强社会公德、职业道德、家庭美德、个人品德教育，开展精神文明创建活动，组织丰富多彩的文化活动，推动形成良好校风教风学风。学校始终把"党建五心文化"融入学校文化，凝心聚力、齐心协力、同心一力，推动学校卓越发展，办人民满意的教育。

党建引领，凝心聚力，让教职员工"同心"。

教育情怀，初心使命，让教职员工"用心"。

校园建设，舒适环境，让教职员工"舒心"。

成长培训，关爱温暖，让教职员工"暖心"。

共建共享，科学激励，让教职员工"安心"。

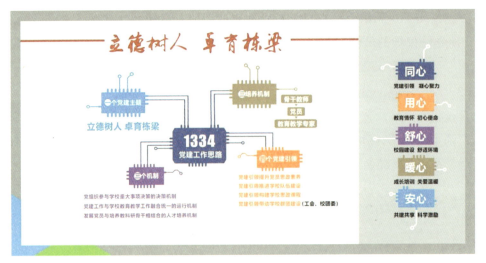

图8　党建工作思路

乐山市计算机学校坚持教育为社会主义现代化建设服务、为人民服务，把立德树人作为教育的根本任务（为谁培养人），全面实施素质教育（怎样培养人），培养德智体美劳全面发展的社会主义建设者和接班人（培养什么人），努力办好人民满意的教育（满足人民群众对优质教育的向往），成为乐山职业教育的一面旗帜，荣获四川省社会组织党建工作示范单位。

（2）配套制度，承载文化。

一是创新民办职业学校治理模式，胡飞扬校长坚持党委领导下的校长负责制，组织制定了党委理论中心组集中学习制度、党务公开制度、"三重一大"事项决策制度、廉政风险点防控制度等，印发了书记、委员等党员领导干部抓基层党建工作责任清单，落实书记第一责任、分管领导直接责任、班子成员一岗双责、党务干部具体责任，牢牢把握加强党的执政能力和先进性、纯洁性建设这条主线，不断加强新形势下党的建设工作，为学校各项工作的扎实开展提供了强有力的政治保障。

二是以党建带工建，推动工会开展工作。发挥工会作为学校联系教职员工的桥梁作用，以"教职工代表大会"为载体，搭建起"校长信箱""微信扫码投诉"等畅通民意的有效渠道。学校的发展规划、重大改革举措和涉及师生利益的重大事项必须经教代会审议通过方可执行，将教职工参与学校民主管理、民主监督的权利落到实处；实施送温暖工程，做好关心慰问工作；用好学校划拨的工会经费，以小组为单位开展工会活动，形成"比、学、赶、帮、超"的良好氛围。学校工会积极为职工做好事、办实事、解难事，不断促进社会主义和谐劳动关系的建立，荣获"全国模范职工小家""乐山市模范职工之家"等荣誉称号，多年荣获"乐山市教科文卫体先进单位"称号。

三是编印了《乐山市计算机学校管理制度汇编》《乐山市计算机学校8个标准汇编》，使学校倡导的价值观念变成可见的、可感的、现实的因素，发挥着强化心理的作用。

（3）改造环境，渗透文化。

学校将人文性、艺术性、职业性贯穿于环境文化建设始终，通过校园文化环境的打造，师生在"培才强技兴家国，务实求真铸匠魂"为核心的"培实文化"惠泽中，在整洁、雅致、生动的校园环境浸润中，身心得到自然濡染（图9）。

图9　环境育人（1）

一是形成了视觉识别系统。通过个性化、标准化、系统化的视觉方案，体现学校的办学理念和精神文化，营造独特的学校视觉新形象。学校校徽的设计中，主体图案具有多层含义：一个伏案工作的劳动者形象，蕴含着黄炎培"手脑并用"的教育思想。

二是打造了校园环境系统，学校环境文化是学校文化的外显形态（图10）。学校分板块进行了景观文化建设，校园各处的廊、墙、园、厅、室，"培实文化"处处可循。例如，在广场区域对学校核心文化进行彰显，中心设计了名为"筑"的主题雕塑，意为修筑、构筑，创意来自中国传统工匠精神的杰出代表"榫卯结构"。广场四周的12根立柱的造型源自"榫卯雕塑"拆出来的每一个零件，上面展示着工匠精神。

图 10　环境育人（2）

（4）统一思想，浸润文化。

一是通过文化引领教师成长，加强师资队伍建设。

学校充分尊重教师，以教师为本，努力营造良好的尊师重道的学校文化氛围，切实提高教师的归属感、荣誉感和幸福感。学校管理团队坚决贯彻以下几点。

第一，抓培训强指导促提升，把功夫花到教师身上：抓培训，做好教师职业发展规划，内培抓教师素养、班主任工作、家校沟通、企业实践、信息技术应用等，鼓励教师参加国培、省培、市区教师培训及对外交流；强指导，干部定点联系班级进课堂听课和评课、学科专家进校指导、师徒结对等；促提升，全面提升教师的学科教学能力、班主任工作能力和教学科研能力。教师受益才能真正让学校受益、学生受益。

第二，压担子促成长，把平台交到教师手上：搭好锻炼的平台，如教研组长、备课组长等岗位，鼓励教师积极争取，主动作为；搭好展示的平台，通过公开课、示范课、教研活动、学生活动等，展示、锻炼教师队伍，支持教师参加省、市、区教研与课题研究；搭好比赛的平台，推荐并争取更多教师参加赛课、教学技能大赛、论文比赛，让教师在一次次比赛中锻炼本事、展示风采，从平凡走向优秀，从优秀走向卓越。

第三，建机制强激励，把荣誉戴到教师头上：教师强则学生强，师生强则学校强。学校制定了教师五级成长体系，最高津贴达到 1500 元 / 月；每年进行校内表彰超过150 人次，尽心打磨教师参加各级各类比赛，收获市级、省级、国家级荣誉。

第四，勤关怀重福利，把教师的冷暖放在心上：管理者要心里装着教师，清楚教师的需要。胡校长要求领导干部做到"四个需要""三个到场"，即：需要记住每位教师姓名，需要微笑面对每位教师，需要公平、公正对待每位教师，一学期至少需要与每位教师单独交流一次；教师生病住院到场探望；教师结婚到场祝贺；教师直系亲属去世到场慰问。管理者还要关心教师与家属身心健康，关心教师子女的健康成长，解决教师的后顾之忧。学校每年对教职工结婚、住院等慰问近两万元，对学校教职工子女，实行从幼儿园到高中全免学费的优惠政策。

二是将文化贯通育人场景，塑造学生良好品格。

学校坚持德育为首，立德树人，不断丰富校园文化内容，创新活动形式，提高文化建设水平，在各项活动中突出文化建设主题，加强学生职业道德教育，践行"培实文化"，形成了健康和谐的校园文明风尚，培家国情怀，育工匠精神。

重视活动育人，内化工匠精神：精心组织丰富的学生活动，融入思政元素，积极开展惠灵风采艺术节和惠灵杯技能大赛，通过德育主题月、微笑服务周和学生社团等活动，做到周周有活动，月月有主题，期期有大赛。

搭建教育基地，提升职业素养"法制教育基地、社区活动教育基地"和"四职"教育基地（职业道德、职业纪律、职业习惯、职业技能），开展千人诵读、阳光体育等活动，把职业教育、技能教育融入德育工作的全过程，突出职业性，增强学生社会责任感，提升职业素养。

构建"学长制"，强化学生自治：构建"学长制"学生自我管理模式，实现学生群体自治，维护校园平安，促进校园和谐。学生教官队实行准军事化管理，强调队员在完成学习任务的同时，加强军事训练，严格一日作息，锻造坚强意志，提升个人素养，造就优秀品质。

强化德育科研，深化课程思政：已完成1个德育主题的省级科研课题《"公司进阶制"中职生班级管理模式的探索与实践》；编写德育校本教材《破茧》和《蜕变》；落实"三全育人"，创新劳动教育模式，深化课程思政，培养具有劳动意识、健全人格、吃苦耐劳、能攻坚克难、抵御挫折的新时代中职生。

（二）成果丰硕，彰显文化

经过全校师生的积极参与、通力合作、精心打造，学校以黄炎培职教思想为主题元素的特色校园文化已初步形成，并渗透到学校教育教学管理的各个环节。文化如春夜喜雨，润物细无声，所到之处，生机勃勃，万物生发。

一是师生人文素养大幅提升。师生通过深入理解黄炎培职业教育思想，全员参与校园文化建设，对特色校园文化的内涵有了更加深刻的认识。师生人文精神更加奋发，特色校园文化理念逐步内化为全体师生的信念，学校凝聚力进一步提升。

学校现有四川省劳模1名，四川省名班主任1名，四川省优秀教师2名，乐山市劳动模范2名，"乐山工匠"2名，乐山市三八红旗手1名。在全国说课大赛中2名教师荣获一等奖，在全国班主任能力大赛中1名教师荣获二等奖。据不完全统计，近年来，学校教师在各级各类教育教学比赛中，获得国家级奖项38人次，省级奖项80人次，市级奖项 282 人次。

二是德育实践效果明显增强。学校将"工匠精神""家国情怀"思想融入德育工作中，通过"百家讲堂""德育主题课""微笑服务周"等一系列德育实践活动，学生的法纪意识、创新精神、合作意识得到增强，行为习惯、言谈举止、文明礼仪更加得体，职业道德素养与职业技能普遍提高，形成了良好的校风、班风、学风。学校荣获全国国防教育特色学校、四川省岗位学雷锋先进集体、乐山市五四红旗团委等荣誉。

学生李香彝在中央电视台《黄金 100 秒》成功闯关；陈亚琳在成都国际女子坐式排球超级六强赛夺冠；"南诺组合"参加首届《中国校园星歌王》获全国亚军；李熙海参演的电视剧《特赦 1959》在央视一套黄金档热播，献礼新中国成立 70 周年；学生朗诵的作品《青年勇担当 赓续新华章》在央视影音"强国有我"活动专区展播。

三是人才培养质量显著提高。乘学校改革发展春风，师生技能和知识水平不断提升。学生获得国家级奖项 48 人次，省级奖项 120 人次，市级奖项 400 多人次。其中，吕叶鑫、杨杰荣获第 13 届全国职业院校技能大赛"网络搭建与应用"三等奖。

近年来，乐计校学子参加乐山市中等职业学校技能大赛团体总分稳居前二，获得一等奖 210 个，二等奖 129 个，三等奖 119 个；代表乐山参加四川省技能大赛获得 9 个一等奖、12 个二等奖、8 个三等奖。

学校抓住对口单独招生考试和技能高考机遇，从就业教育转向就业和升学并重，促进中高职贯通培养。

（三）经验总结

办学理念就是学校办学的思想，胡飞扬校长基于"办什么样的学校"和"怎样办好学校"的深层次思考，坚定办学理念，凝练出学校文化，从某种意义上说，就是学校生存理由、生存动力、生存期望的有机构成。

（1）学校文化是一种品牌文化。作为品牌，它需要自己的个性，需要差异化和独特性，并形成独树一帜的传播概念。现代教育的浪潮正在打破"千校一面"的现状，正在形成不同学校的不同特色，正在朝着文化多元化的方向发展。创立学校文化品牌，彰显学校鲜明个性，追求"一校一品"的历史洪流，势不可挡。

（2）学校是培养人才的地方。乐计校的办学理念、办学宗旨、培养目标与黄炎培职教思想"谋个性之发展，为个人谋生之准备，为个人服务社会之准备，为国家及世界增进生产力之准备"有着相同的内涵，乐计校的文化就是对黄炎培文化的传承与发扬。黄炎培思想在历史发展过程中，小处富家，大处强国，在精神层面，它是"家国思想"；在行为层面，它是工匠精神。在当代的应用和意义都体现出了"培家国之情，育时代匠人"。

（四）推广应用及影响力

多年来，学校在传承的基础上提炼、扬弃，将黄炎培职教思想和本校文化思想有机融合，遵循职业学校学生身心发展的特点和规律，结合学校办学方向和经济社会对高素质技术技能人才的要求，建设了体现时代特征、区域特点和学校特色的职业学校校园文化，成就了今天的国家级中等职业教育改革发展示范学校，成为乐山职业教育的一面旗帜，在多个领域不断回报社会。

1. 示范引领、带动提升

近两年来，学校先后接待了四川省绵阳职业技术学校、四川省质量技术监督学校、凉山州甘洛县高级职业中学、乐至县职业高级中学、广元市职业教育考察团、资阳市职业教育考察团、眉山市职业教育考察团、宜宾市职业技术学校、德阳通用电子科技学校等 40 多个学校和考察团的 500 多人到校参观交流，共享校园文化建设成果。

2. 主动服务、回报社会

在办学过程中，学校主动服务三农，在校生 95% 以上来自农村家庭，为回报社会，帮助困难家庭的孩子顺利完成学业，学校建立了奖学金、助学金制度。学校也常常发动领导干部和教师为重大疾病学生、家庭突发意外学生和家庭经济困难学生捐款。另外，学校还联合校外力量资助困难学生，如和乐山市三江农村银行在爱心资助、融资信贷、学生创业、就业扶持等多方面合作，让学校学生广受福泽。

3. 不忘初心、共享成果

学校始终坚持围绕行业、产业发展需要，加大社会服务工作力度，主动服务经济社会发展大局。学校积极开展各类社会化培训工作，走进金口河、沙湾、井研、沐川等多个区市县，开展包括技能培训、劳务品牌培训、促进就业技能培训、青年劳动者培训、新型职业农民培训、创业培训、供给侧改革转岗培训等，展示了学校办学条件及社会服务能力，扩大了职业教育影响力，使社会了解职教、体验职教、参与职教，共享职教成果，提升职业教育社会影响力和吸引力，增强了社会对职教人才技能培养和实践教育的直观认识，充分向公众展示了职业教育改革发展的成果和职教学生风采，为乐山的经济发展做出了积极贡献。

结束语

建设教育强国、人力资源强国和技能型社会离不开高质量的职业教育，推动我国经济社会高质量发展，推进中国式现代化建设离不开大批技艺精湛、忠诚负责的具有现代"匠人"精神的技术技能型人才。作为经济可持续发展的"万能钥匙"，制造业强国的崛起离不开现代职业教育发展，中国也必须实现从职教大国向职教强国的跨越。而这必然需要中职学校去重塑民族"工匠精神",让"工匠精神"自我辈开始发扬光大。

习近平总书记在党的二十大报告中指出:"教育、科技、人才是全面建设社会主义现代化国家的基础性、战略性支撑,必须坚持科技是第一生产力,人才是第一资源,创新是第一动力,深入实施科教兴国战略,人才强国战略,创新驱动发展战略,开辟发展创新赛道,不断塑造发展新动能新优势。"乐山市计算机学校,将秉承"培才强技兴家国"的使命,在胡飞扬校长的带领下,紧紧抓住国家加快发展现代职业教育的历史机遇,强化党建核心引领,坚持正确办学方向,坚持立德树人,围绕"质量立校、人才兴校、品牌强校"的主线,持续推进内涵建设,以文化立身,持续发展,向着"时代工匠摇篮,中华职教名校"的目标,不断推进教育教学改革,继续传承黄炎培职业教育思想,将学校"培实文化"发扬光大,并赋予新时代"工匠精神""家国情怀"之要义,落实新时代"大国工匠的培养任务","务实求真筑匠魂",实现"幸福职教、出彩人生"的教育愿景。

姜光丽　侯燕

怀揣梦想倾情职教　矢志不渝守正创新

——四川省剑阁职业高级中学校党委书记李文峰办学治校纪实

缘起职教，钟爱一生，用李文峰的话说，就是"从教近三十载，只干了一件事，那就是职业教育；只有一个信念，那就是传承创新，办一所高质量的中等职业学校。"十年校长，让学校实现了五大跨越，个人入选四川省"中小学卓越校长"，在成就学校的同时，也成就了自己（图1）。

图1　李文峰校长

三十六年前，李文峰以"学生"身份开始接触职业教育，从中学到大学，再到在职硕士研究生，专业始终与"农"有关。1993年7月，李文峰参加工作来到剑阁职中，从普通教师做起，并担任学校中层干部四年，副校长十二年，承担主要领导职务十年，二十九年始终没有离开过讲台，也没有离开过职业教育。

2021年，李文峰成为正高级教师，同时也成为第四届四川省督学、四川省首批100名"中小学卓越校长"之一。他始终扎根秦巴连片扶贫山区，在普通教师、中层干部和学校管理者的角色变换中，不断地思考着贫困地区农村职业教育的发展方向和改革措施，以人为本，坚持职业教育是"贫民"教育。他二十九年不辍耕耘，始终用心血和汗水实现着一名职教工作者永恒不变的初心使命——为了教师成长、学生成才、学校发展，坚守职业教育最本质内涵——"德技双馨"，守牢职业教育的根本底线。面对职业教育类型改革的各种新机遇，李文峰校长表示将永远在这条道路上不断跋涉、探索、追求，且无怨无悔！

岁月更迭　四十年初心不改育人才

四川省剑阁职业高级中学校（以下简称剑阁职中）1982 年由城关初级农业中学改制而来，1992 年成为四川省重点职业高中，并正式使用该校名，1996 年增挂四川省剑阁县职业中专学校校牌。2000 年 5 月，剑阁职中成为川北地区最早的一所国家级重点职业高中。"5.12"地震后，在全国人民尤其是黑龙江人民的无私援助下，学校由普安镇中坪村整体搬迁至剑阁县下寺镇渡口社区，以全新面貌和崭新的姿态呈现在世人面前。新校园占地面积 192 亩，建筑面积 7.4 万平方米，常年开设机械加工技术、旅游服务与管理、物联网技术应用等 12 个专业，固定资产总值近 2.2 亿元，实训设备价值 3744 万元，在校生超过 4100 人。学校先后获得全国教育系统先进集体、国防教育特色学校、四川省文明校园、四川省法治教育示范基地、四川省校园足球特色学校、首届"双城杯"黄炎培职业教育奖优秀学校奖、广元市民族团结进步模范集体、教育教学工作先进集体等各级各类荣誉 100 余项。2019 年和 2020 年，学校及机械加工技术专业被列入四川省"双示范"建设单位行列，并在两次中期评估验收中均名列 A 等行列。2022 年，剑阁职中再次被列入四川省"三名工程"建设单位"四星级名校"行列（图 2）。办学四十年来，学校已先后为当地培养合格初中级技术人才 4.5 万余人，有 2100 余人升入本科院校，年平均社会培训 8000 余人次，毕（结）业生活跃在祖国的大江南北，成为企业老总、高管、技术骨干、公务员、教师等，在不同的岗位上同圆伟大的"中国梦"。

图 2　学校办学历程

倾情职教　矢志不渝守正创新

1. 坚定信念办职教，合作办学有新招

李文峰校长作为职教工作者一直有着永恒不变的初心使命——为了教师成长、学生成才、学校发展，坚守职业教育最本质内涵——"德技双馨"，凝练出学校"培养道德高尚、技艺精湛的高素质技术技能人才"的办学宗旨，在"重德、砺志、乐学、强技"的校训指导下，引导全校师生践行"教师成长、学生成才、学校发展、社会满意"的办学理念，坚持"服务高质量发展、促进高水平就业"的办学方向，努力将学校建设成"管理水平高、教学质量优、综合实力强、办学效益好、办学特色鲜明"的省内一流、全国有影响力的优质中职学校。通过多年的办学实践，逐步形成了"上挂、横联、下辐射"的办学模式。"上挂"即联合高等院校办学，"横联"即形成区域"政行企校"合作办学模式，"下辐射"即形成城乡职业教育社会化办学模式。

（1）党建领航，争当农村职教高质量发展"排头兵"。

剑阁职中实行党委领导的校长负责制，党组织与行政领导班子成员双向进入、交叉任职，党委书记和校长分设，党委设立4个党支部，支部下设党小组开展日常管理。

学习为"谋事"奠基，活动为"干事"发力。充分构建"互联网＋党建"学习模式，利用学习强国、川观新闻、蜀道清风、雄关剑门等网络平台，强化习近平新时代中国特色社会主义思想的系统学习及党内法规学习，通过办学生党校、党史知识竞赛等活动强化学习效果。

实施素质提振工程，建强基层战斗堡垒。一是实施党员名师工程，设立"党员示范岗"，"亮身份、亮承诺、亮形象"。建立了党员名师工作室2个、卓越校长工作室1个。二是实施思政改革，引导师生树立正确"三观"。思政课程和课程思政同向同行，通过学唱红歌、研学实践等传承红色基因，增强教职工政治认同和教书育人责任感。三是实施"三个结合"管理，练好党员队伍"基本功"。邀请优秀党员、名师、世界技能人赛冠军讲好"职教故事"，传播"健康声音"。实施"共产党员示范行动"，开展教学竞赛、建言献策等活动，展现职教"四有"好老师风采（图3）。

既让"头雁高飞"，更要"群雁齐飞"。近年来，培养入党积极分子80人，考核培养发展对象8人，发展3名预备党员。在"双示范"建设工作进程中，省级中等职业示范校建设6大板块610个验收要点，示范专业建设7大板块119个验收要点，每个板块的负责人均由党员干部担任，一支优秀的双师型专业教师队伍正在逐步形成。

作为校长，李文峰曾先后在清华大学等高校，在北京、江苏、浙江、上海、广东等地的中职学校学习考察，通过学习学校管理、党的理论、专业知识使自身综合素质不断增强。他认为，作为学校管理者，自身的思想素质与业务素质、管理水平等必须与时代要求、职业教育发展方向高度契合。只有这样，他才能给其他教职工以榜样。也因为这样，他使学校里的学习风气蔚然成风，一帮想干事、能干事、干成事的管理者，一支学习型、进取型、内涵型的教师队伍正在茁壮成长。

图 3　练好党员队伍"基本功"

（2）守正创新，坚持立德树人建"三全育人"示范校。

针对农村中职学校德育管理中所存在的忽略职场新变化的陈旧德育观念、重理论传授轻视德育技能的传统灌输方式以及缺乏教育合力等问题，李文峰校长高度重视师生思想政治建设，在学校大力倡导"教书先育人，育人先育魂"的理念，要求教职工要全面履行"一岗双责"，开足开齐思政课程，积极探索课程思政的途径和方式，还从德育理念、机制、管理、路径、科研等方面进行了一系列改革，形成了"1245"德育理念和"12345"德育模式，以德育工作规范为蓝本，实施校风校纪整顿，促进"三全育人"机制内化于心，外化于行，持续推进党建育人、课程育人、文化育人、活动育人、管理育人和协同育人，形成了"三层五线六育"的育人特色（图4）。

通过几年的努力，剑阁职中不仅有完善的德育运行机制，健全的德育管理队伍，还积极开展德育科研，市级课题《以工匠精神为核心的德育品牌建设》进入攻坚阶段。在德育管理中，学校定期开展"十项教育"主题班会和专题教育，通过举办校园艺术节、运动会、文娱晚会、创新创业大赛、各类评选表彰等丰富多彩的活动来达到教育的目的。近三年，学校获得四川省班主任能力大赛二等奖1个，三等奖1个；学生荣获创新创业大赛全国优秀奖1个、四川省银奖和铜奖各1个，获得四川省艺术人才大赛等级奖120余人，获得省市技能大赛各等次奖140余人次，各级各类运动会等次奖140余人次（图5）。

（3）产教融合，探寻农村职教校企合作育人新模式。

李文峰深知职业教育对改变一个农村贫困家庭的重要性、给双困生带去希望的重要性和助推地方经济发展的必要性。剑门山区，植被丰富，但资源缺乏，区域内企业数量不足，规模不大。面对校企合作中的"学校热、企业冷"的情况，李文峰校长带

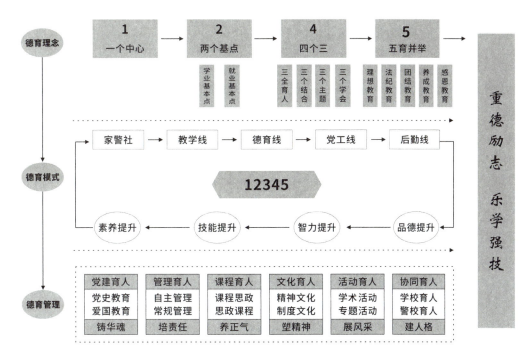

图4　"三层五线六育"德育特色

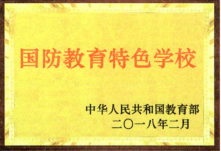

图5　各级各类荣誉奖项

领学校一帮人立足广元，放眼全国，探索出了适合剑阁职中产教融合的独特之路。

学校首先完善了校企合作产教融合的机制，紧紧扭住产教融合项目的"熔点"和校企合作内涵的"支点"，及时更新校企合作委员会和专业建设指导委员会成员，将政行企校的多方力量汇入学校发展，通过专家指导、多方研讨、专题讲座等形式，邀请高职院校、行业企业参与到学校实训基地建设、人才培养方案及各类标准制定、理论教学与实践操作、专业教师培训、订单培养、接受学生岗位实习等工作中来，校企合作闭环运行。学校注重营造企业真实生产与教育教学深度融合的氛围，为学生营造职业理想创设氛围。学校对实训室的企业文化进行了打造，通过引进企业、设备投资等方式对"校中厂"进行有益尝试，为学生适应岗位奠定基础。同时，学校还牵头成立或参加各级各类职教联盟，组建与剑阁产业紧密结合的剑门豆腐产业研究院，借助多方力量实现共建共研共享、人员互聘互用的校企合作长效机制（图6）。

目前，学校建成1个世界技能大赛冠军工作室（主持人扬金龙），4个校级技能大师工作室，建成产教融合信息服务平台和集产学研训赛课证一体的产教融合校内实习实训平台。共建26个校外实训基地，签订校企合作协议33份，实现校企合作专业全覆盖。以"校企"合作形式修订完善12个人才培养方案、163门专业课程标准、12个学生职业技能评价标准、6本校本教材、14本专业实训手册，教学标准体系全面建成，形成现代学徒制"三元＋第三方"的评价模式，学生的实践能力和培养质量逐步提升。

图6　校企合作育人新模式

（4）做优质量，寻求专业建设对接类型教育新机制。

学校现有12个专业，其中机械加工技术专业为省示范专业，与旅游服务与管理、物联网技术应用专业共同成为省示范校的骨干专业。在三大专业的带领下，学校各专业均深入开展专业调研，形成专业调研报告和岗位能力分析报告，在政行企校的参与下形成12个人才培养方案，对专业的培养目标、课程体系、教学模式、培养模式及评价模式、实训平台建设等都做了科学规划。在一系列教学文件的指引下，各专业培养质量明显提高，学生出口越来越宽，毕业生也深受高校和企业的欢迎。

升学教育实现历史性突破。学校一直注重回应社会对教育的要求，积极为学生成才开辟各种道路。学校坚持分层设班，有一定文化基础，专业成绩优秀的学生可以通过高职单招、对口招生升入本科与高职院校学习。文化基础薄弱，技能突出的学生可以通过参加技能比赛以期免试入学。同时，学生还可以通过"3+2"的形式获得进一步深造的机会。近年来，学生升入本科院校80余人，专科院校近3000人，同时，每年还有400余名学生取得"3+2"学籍。

以赛促教促学成效明显。学校坚持职教"姓职"的职业教育根本，狠抓学生技能教学。严格按照《人才培养方案》开设专业核心课和专业方向课，根据课程实际开足开齐实训课程，实行"理实一体化"教学和考核，促进了职业内涵教育在学校的生根发芽长高长壮。同时，学校每年定期举办校内职业技能大赛，组织师生积极参加各级技能竞赛，通过请进来、走出去的方式，促进师生专业素养和技能水平的提高。在四川省第四届工匠杯职业技能竞赛中，教师廖跃进获得数控车工赛项一等奖，教师苟明湘获得优秀指导教师奖；2020年10月，师生参加广元市第八届职业技能竞赛获得2个一等奖、4个二等奖、3个三等奖，学校被授予广元市高技能人才摇篮奖；2021年4月，师生共计获得四川省中等职业学校技能大赛2个一等奖、1个二等奖、9个三等奖；2022年1月，2名选手参加四川省天府工匠杯技能大赛工业机器人应用技术赛项获团体一等奖，为广元职教再添光彩。

（5）分层分类，打造名师引领教师专业发展新范式。

李文峰校长认为，教师是学校的根本，建立一支专兼结合、技艺精湛的"双师型"教师队伍是职业教育的首要任务。

剑阁职中根据《关于全面深化新时代教师队伍建设改革的意见》精神，以"建模式、促成长、创品牌"为思路，开展"建制定策、优化结构、分层分类、特色培育"工作，构建了"4HPMA"教师培养模式（图7），通过国省市三级培训、建设大师名师工作室、进企业实践、参加或指导师生竞赛、参加各级教学能力大赛和班主任能力大赛、申报各级科研课题、开展技术革新等途径，让教师在实践中不断提升自己，实现教师队伍整体成长，提供引领教师培养的范本。

学校现有的教师队伍中兼职教师占专任专业课教师19.8%。骨干教师96人，骨干教师占比为39.8%。专任专业课中，双师型教师89人，占比88.1%。认定专业带头人16名，培养名师型教师7人，其中，李文峰校长建立卓越校长工作室1个，李勇生建立省名师鼎兴工作站1个，李勇生、何小波市名师工作室2个，沈苏蓉市劳模工作室1个，苟明湘市教学创新团队1个。

近年来，学校兼职教师廖跃进为学校获得"四川技术能手"和"四川工匠"称号，完成市级以上课题、论著和成果奖共67项。在解决农村学校现代学徒制发展问题方面，李文峰校长等6人的成果《四方三目标：农村中职学校汽修专业现代学徒制培养模式创新与实践》获2021年省政府教学成果奖二等奖，成果在省内多所示范校和广元职教集团交流。教科成果、教学能力比赛、班主任大赛、职业技能大赛、创新创业大赛获省级以上奖励67人次。其中，机械加工技术专业教师2021年发表课程改革论文13篇，获专利4个。

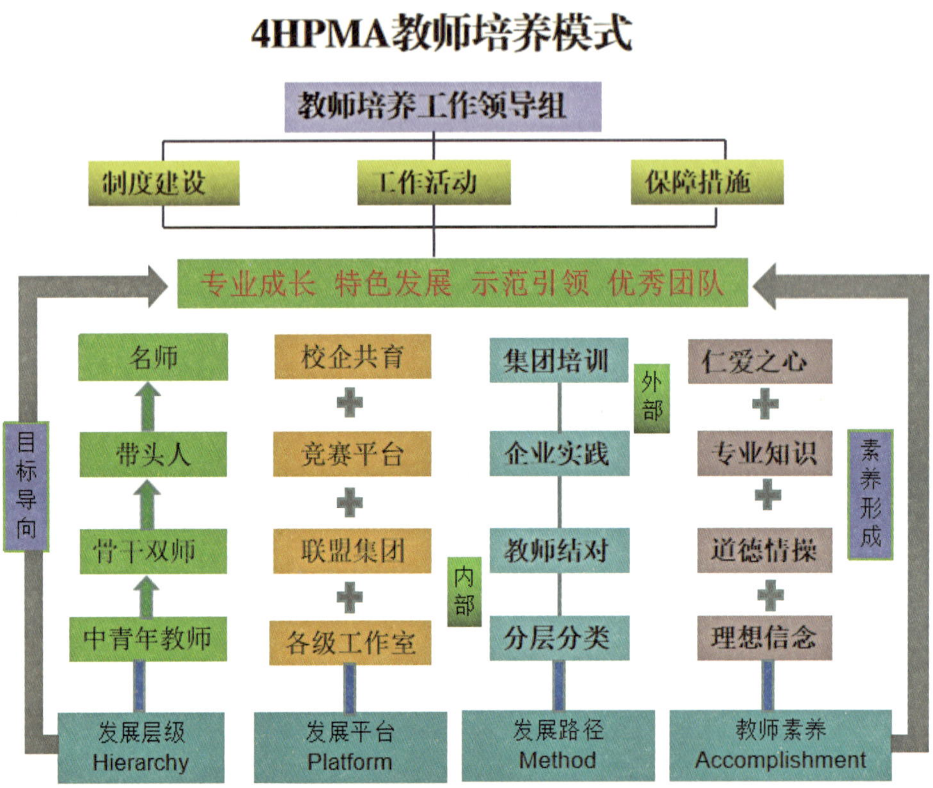

图 7　教师培养新模式

（6）民主治校，健全体制机制实现学校治理新形式。

学校以习近平新时代中国特色社会主义思想为指导，深入贯彻全国全省职业教育各项改革政策措施，全面谋求政行企校多元参与的办学模式，深入推进校企合作工学结合的育人模式，力求在师资队伍建设、专业特色发展、智慧校园建设等方面做出特色，始终坚持"两线三级"管理体系，实施"校长—职能处室—专业部"和"校长—专业部—班级"分级管理，以"3343模式"（全员、全方位、全过程参与的"三全"制度建设机制，从学校、干部、教师"三层次"落实责任，由教代会、工会、纪委、廉勤委"四机构"常态化督导监督制度落实情况，实现教学质量、教育质量、服务质量

"三提升")不断完善机制制度，形成完善的《剑阁职中内部管理制度》，以《四川省剑阁职业高级中学校章程》为核心的现代职业学校治理体系基本形成，制度体系全面建成；以"十四五"规划为核心，形成教师成长规划、专业建设规划等各类子规划，顶层设计逐步完善。

学校严格对标对表开展自查，接受县委巡察、审计等监督检查，在市县教育主管部门的关心和支持下，致力寻求高质量发展途径和措施，积极开展内部督导，实施办学基础条件、招生人数、教学质量、德育品牌、社会服务等攻坚工程，不断完善办学保障机制。构建了"强化常规—落实诊改—质量督导与分析"质量保障体系，完善人才培养方案、健全标准体系，建成诊改数据平台，"8"字螺旋运行良好，形成专业、专业部、学校"三级"质量年度报告，为教育教学靶向护航。学校推进以工匠精神为核心的民族、法治、传统文化与企业文化高度融合的文化育人特色建设，努力创设"润物无声"的育人氛围；物质文化（法治民族文化设施、企业文化元素、工匠精神雕塑）、精神文化（五丁开山、李榕文化、红色文化和学校文化底蕴）、行为文化（特色法治教育、校园微笑服务、礼仪与友谊为主题的阳光大课间）三位一体，开门办学，擦亮剑阁职中文化招牌。

近年来，学校投入资金近1亿元，新增建筑面积2万余平方米，新增实训设备价值1989万元，投入近800万元完成智慧校园软硬件建设，办学基础大为改善；科学编制1个学校"十四五"规划，1个教师成长规划，12个专业发展规划，12个人才培养方案，163门课程标准，12个专业技能考核标准，14个实训项目手册。

（7）整体规划，打造"四化校园"信息技术标杆校。

教育现代化，必然要求学校要实现信息化、智能化，并在此基础上运用大数据为学校管理决策提供支撑，李文峰校长高度重视学校信息化建设，要求既要完善基础设施，又要配套适用超前的软件系统，更要有一支熟练运用信息化手段的教师队伍。

学校成立以校长为组长的信息化建设办公室，编制、修订了《四川省剑阁职业高级中学校数字校园建设方案》《四川省剑阁职业高级中学校信息化标准》《信息化建设"十四五"规划》《信息化管理制度汇编工作方案》《信息化建设管理制度汇编》。以"夯基础、搭平台、扩资源、强应用"的建设思路，通过搭平台、强管理、抓培训、办竞赛、促融合等举措，实现学校教学、管理的数字化、规范化、精细化、可视化。

近年来，投入千余万元重构学校网络结构，建成了万兆到校、千兆到点，有线无线全覆盖教学区、办公区的网络环境；建成包含综合信息管理平台、教学资源管理平台、校园一卡通平台、工匠精神培育及主题班会一体化平台、网络阅卷系统、智慧黑板管控平台等6个业务系统的学校信息管理体系；完成了92个教室的智慧黑板建设。校企共同开发了75门课程资源1.2TB，其中课件5182个，教案581门，精品课程5门，教学微视频 520 多个；开发校本教材 10 本。这些课程资源的使用率达到 95% 以上，老师在平台自建课程章节达 17833 个，教学资源使用访问量 181057 人次，促进信息技术与教学深度融合，为教学模式改革提供了平台。

（8）服务地方，助力乡村振兴贡献职业教育新力量。

让适龄青年接受职业教育是为社会服务的内容之一，另一个重要的社会责任就是发挥学校设备、师资和技术优势，为产业发展、科技创新、新型农民培育提供智能支撑。

剑阁职中结合当地产业发展，形成了集农村实用技术培训、专班培训、劳务品牌培训、东西部技能提升培训、企业员工技能提升培训为一体的培训体系。学校积极开展技能等级鉴定、等级认定和专项职业能力考核，先后对口帮扶 6 个村脱贫攻坚和乡村振兴，扶智扶职，阻断贫困代际传递。借助东西部协作春风，再送山区人民致富红利，开阔眼界，提升素养，切实做实贫困帮扶。坚持开展民族地区"9+3"免费教育，涌现出让么、李泉瑜等优秀代表，多数学生考取高职院校、公务员、事业单位工作人员或者参军入伍，成为民族地区发展中的中坚力量。学校示范引领，帮助市内外同行学校实现共享共赢，社会服务能力实力大为提升。

近三年来，学校利用职业教育活动周（月），开展职业生涯规划指导宣讲和职教政策宣传 140 余场次，职业体验活动参与人数近 8000 人次。开展各类培训 26962 人次，开展职业技能等级认定（鉴定）等 6398 人次。共接纳"9+3"学生 300 人，有 189 人升入高职院校继续深造，有 74 人考取公务员或事业单位工作人员，13 人参军入伍，其余学生均成为致富能手或企业骨干。学校还助力 4 个村完成脱贫攻坚，助力 2 个村乡村振兴，开展订单生产，实现产值 11 万元，与广东盛威尔、眉州东坡（北京）餐饮集团等企业开展长期合作，企业用人满意度达 92.3%，毕业学生对学校满意度达 94%。先后派出 3 批次共 112 名贫困学生到浙江丽水、杭州参加技能提升学习，开展岗位实习为县域社会经济发展做出了重要贡献。

实践创新　硕果累累贡献社会

1. 创新职教宣传，做大培养规模

学校坚持定期开展职业教育活动月（周），进行职业生涯规划指导，接受中小学生职业体验。2022 年秋，学校全日制学历教育在校生 4134 人，比预期目标 3000 人增加 1134 人，增长率 37.8%。

2. 分层分类培养，教师队伍成长

运行"4HPMA"教师培养模式，分层分类培养骨干教师 95 人，专业带头人 19 人，双师型教师 89 人，聘请行业企业兼职教师 20 人。现有正高级教师 1 人，特级教师 1 人，四川省技术能手 1 人，四川工匠 1 人。建四川省卓越校长工作室 1 个，省揭榜挂帅名师工作站 3 个。

3. 竞赛成绩显著，彰显职教特色

三年来，学校承办了广元市职业技能大赛和中职学生技能比赛；《剑门印象》《蜀道绘装》获四川省创新创业大赛银奖和铜奖，《剑门印象》获全国创新创业大赛优秀奖；师生参加省技能大赛获 4 个一等奖，3 个二等奖，15 个三等奖，5 位教师被评为优秀指导教师；教师教学能力大赛省赛获得 1 个二等奖，5 个三等奖；省级班主任能力大赛获得 1 个二等奖。

4. 重视升学教育，拓展成才道路

学校机械加工技术等 5 个专业分别与绵阳职业技术学院、宜宾职业技术学院、泸州职业技术学院、乐山职业技术学院实施了中高职贯通培养，每年被录取学生 400 余人。有 67 人考取本科院校，1579 人考取高职院校，就业率达 95%，毕业生对学校满意度达 99%。

5. 校企联姻共赢，促进产业发展

开展校企合作，参加职教集团或联盟 24 个，其中学校组建剑阁职教联盟，牵头广元职教集团财经商贸和交通运输两个专委会。参加集团活动 50 余次，开展 VCE 联盟全省研讨 2 次，举办集团国际交流培训 1 次。适销对路，引入"产品订单"，创设真实工作岗位和工作任务，将"产品生产"与教学过程对接，机械加工技术专业参与订单生产学生 183 人，生产性学时 2600 余学时，让学生质量达到培养规格。两年来，完成企业订单共 22 批次 10000 余件，产生经济效益 11 万元。

6. 发挥自身优势，服务乡村振兴

积极发挥学校优势，三年开展各类培训 26962 人次，开展职业技能等级认定（鉴定）等 6398 人次，惠及 3 万余名农民和产业工人，提高了新型农民的技术水平和农民工就业率。对口帮扶下寺镇空木村、五台村，城北镇五星村、孤玉村，公兴镇人马垭村、向前村等 6 个村脱贫攻坚和乡村振兴，派出第一书记和帮扶工作队，选派帮扶教师进行实用技术培训、产业发展指导等，扶智扶职，阻断贫困代际传递，取得良好效果。依托剑门关 5A 景区，利用小长假，旅游管理与服务专业师生开展"错峰学习，课岗交替"活动，参加剑门关景区景点讲解，为游客提供咨询服务，开展餐饮示导等活动，为提升剑阁服务行业的整体服务水平、服务剑阁当地的经济，做出了突出的贡献。

结束语

　　一所好学校必然有一个好校长。李文峰作为中职学校的校长，首先要热爱职教，没有热爱，就不能把职校校长的职责尽好，就不能积极应对办学中层出不穷的困难和问题。其次要经营职教，举办职业教育，要学会与方方面面的人打交道，无论是领导、同行、企业家还是行业协会，否则产教融合、校企合作就是一句空话，也不能为职教事业发展营造一方有利环境。第三要科学治校，职教作为一种教育，必然要遵循教育规律，要把立德树人、培养人的综合素养放到首位，不应该有急功近利的短视办学行为，要体现职业教育作为类型教育的特征，不能把职业教育普教化办学。第四要服务地方，职业教育不同于普通教育，办学必须与地方经济发展、产业升级、人才培养紧密结合，形成自己的办学特色与亮点，赢得地方党委政府的信赖，获得更多的办学资源，才能办好让人民满意的职业教育。

龙海燕　　侯燕

创新育人模式，打造遂潼一体化发展先行区职教新高地

——四川省大英县中等职业技术学校党委书记徐景慧办学治校纪实

　　三十一年前，17岁的他走上三尺讲台，三十年如一日，矢志不渝、激情满怀地行走在逐梦教育的路上。他就是大英县中等职业技术学校党委书记、正高级讲师徐景慧（图1）。

图1　徐景慧校长

　　普通教育、教育行政管理、职业教育，这就是他简单而又丰富的成长历程。他用不到两年的时间把亲手新建的学校建成省新成长型学校、市特色学校；用不到三年的时间对条件落后、办学水平低下的县中职校进行整顿和改革，重新擦亮国家示范学校的品牌（图2）。

　　"最适合的教育才是优质的教育"。在职业教育这片广阔的天空中，他找到了自己心中理想的教育的真谛。经过多年努力，学校建成省市示范专业5个，成为教育部首

批"1+X"证书制度试点单位，成为第二批省"现代学徒制探索试点"项目学校。全市现代学徒制工作现场会、教学诊改现场会、社区教育现场会相继在学校召开。近三年，110多名学生获得省市技能大赛一二等奖，160多名学生考进了四川农业大学等本科院校，近两千名学生顺利升入高职院校圆了大学梦。

图2　学校荣誉

身先士卒，勇立教改潮头。他先后两次获得省市职业院校教学能力大赛二三等奖，撰写的10多篇教学论文公开发表，参编的4本教材和专著公开出版发行。主研的5项教育成果分获省市奖励，其中《"一体驱动、三段进阶、三标考核"的中职校人才培养模式》获得2021年四川省政府教学成果一等奖。

因为热爱，所以耕耘，所以收获。他先后获得四川省特级教师、省中小学名校长等二十多项殊荣，先后兼任遂宁市人民政府督学、遂宁市名师名校长评审专家等。目前，作为省卓越校长工作室和市名校长工作室领衔人，他正带领着十多名成员为打造遂潼一体化发展先行区职教新高地而不懈努力着（图3、图4）。

图3　四川省卓越校长工作室授牌仪式

图4　遂宁市名校长工作室启动仪式

  大英中职校 1957 年 8 月始建于蓬溪县河边镇，1982 年 9 月更名为"四川省蓬溪县河边职业中学校"（图 5），开始举办中等职业教育；2006 年 9 月，学校整体迁入四川省大英县育才中学，实行"两块牌子、一套班子"；2008 年，学校成功创建为四川省重点中等职业学校，设立"大英职教中心"；2010 年，电子电器应用与维修专业成功创建为四川省中等职业教育重点专业；2011 年，学校成功创建为国家级重点中等职业学校，机械加工技术专业成功创建为四川省中等职业教育重点专业；2014 年，荣获全国职业教育先进单位；2015 年，成功创建为国家中等职业教育改革发展示范学校，学校成功立项为四川省综合体制改革"探索现代学徒制试点"项目单位；2019 年，学校成功立项为教育部"1+X"证书制度试点单位；2020 年，学校成功承办"遂潼师生技能大赛"；2021 年，《"一体驱动、三段进阶、三标考核"的中职校现代学徒制人才培养模式》成功立项为四川省职业教育教学改革重大项目，荣获遂宁市教育教学成果奖特等奖，学校创建为"四川民族示范校"2022 年，该项成果荣获四川省政府教育教学成果一等奖，汽车运用与维修专业（新能源方向）成功创建为"四川省中等职业教育示范（特色）专业"。

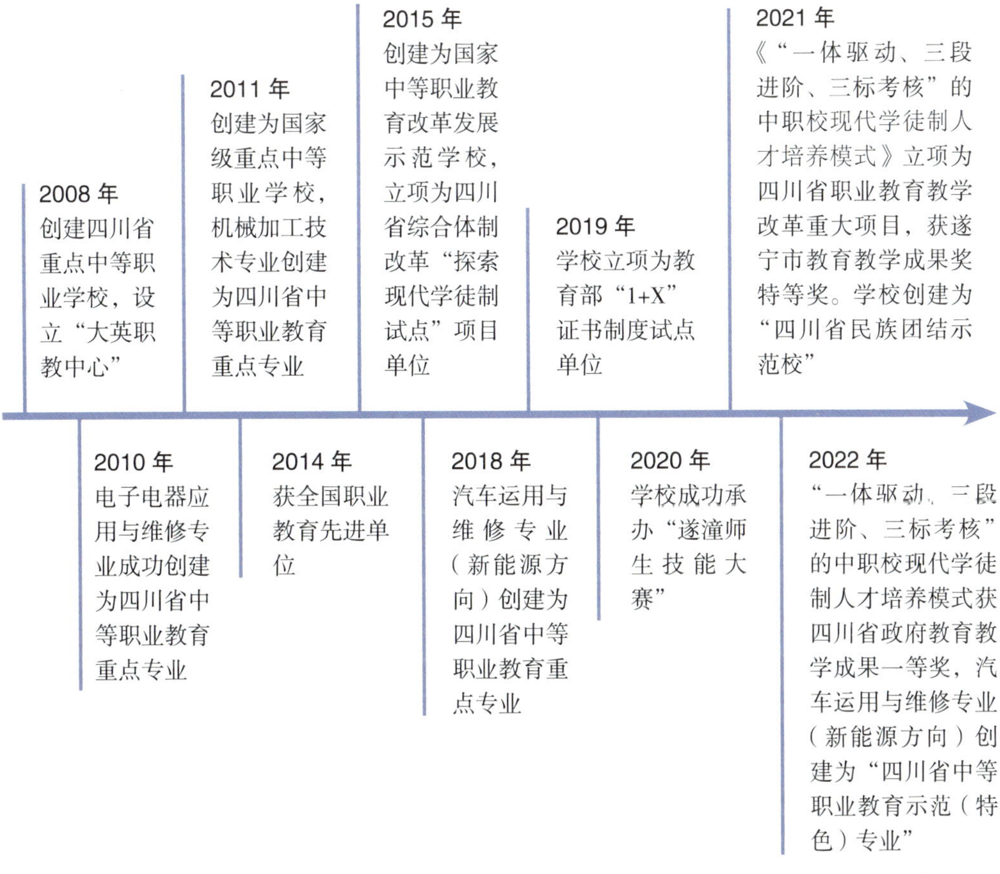

图 5 学校发展历程图

大英中职校是一所"特殊"的学校：一个校区内普高和职高并存，学生几乎都是中考后被另一所普通高中选择剩下来的"淘汰者"，教师大多是两所农村高中和三所农村初中撤并后留下来的。最近数年里，大英中职校步入发展的快车道：办学规模从几百人发展到现在的四千多人；从以前的厂房办学变成现在占地160余亩，建筑面积6万多平方米，功能布局合理、环境优美的育人乐园（图6、图7）；办学水平从乏善可陈到成为区域"多元成才、普职融通"的样板校。

图6　学校实景图

这些改变是徐景慧书记和他的团队主动作为讲担当，聚精会神谋发展的结果，是全体教职工团结一心、不断奋进的结果。

抢占职业教育发展机遇，准确办学定位，找到发展路径，尽快形成办学特色，这是刚到学校的徐景慧书记面临的最紧迫的任务。他带领团队进行了两个多月的密集调研，通过走访和问卷调查掌握了大量的第一手资料。在对学校进行了SWOT分析的基础上，他们进一步明晰了学校的办学理念为"培养自主能力，领航幸福人生"；办学思想为"正视现状，关注未来，发挥特长，助推成才"；办学思路为"以需求为导向，以质量求生存，以特色创优势，以创新促发展"；培养目标为"立身有信度、就业有优势、升学有基础、创业有能力"。秉承"笃学、修德、励行、精技"的校训，大兴"和谐共长、唯精唯一"的校风，"以爱育真、求实创新"的教风和"乐于求真、学做真人"的学风，确定了规范化、精细化、特色化、品质化的学校发展四部曲。

为了让理念厚植于学校发展沃土，他们响亮地提出了"突出十大坚持、健全十大机制"的发展举措：一是坚持特色立校，健全"双元"育人机制。以大力推动现代学徒制培养模式为突破口，落实集团化办学、引企入校、校企共建技能大师工作室、共建研发机构、共建生产性实习实训基地，深化在专业建设、课程改革、师资培养、办学质量评价、招生就业等方面的合作。二是坚持质量兴校，健全科学评价机制。根据企业对学校的需求和自身的实际情况，建立一套科学、专业、可操作、全覆盖的质量评价体系与考核指标体系，建成"把握状态、监控过程、反馈结果、咨询决策"的督导考评体系和"全程监控、全员监控、事事监控"的督查考评环境。三是坚持人才强校，健全人才引进机制。从行业、企业引进行业领军人物和技能大师，建立"技能大师工作室""专业带头人工作室"。完善教师管理和绩效考核机制，推进校企合作共建"双师型"教师培训基地，探索"学历教育＋企业实训"的培养办法。四是坚持三位一体，健全多元培训机制。统筹政府、学校和企业资源，调动教职工参与培训的积极性，扩大培训项目和规模，拓宽培训鉴定渠道。五是坚持高端引领，健全国际合作机制。以加入中德职业教育联盟为突破口，学习借鉴国际先进的职业标准、专业课程、教材体系和数字化教育资源。六是坚持以赛促改，健全竞赛强化机制。树立"以赛促教、以赛促学、以赛促改、以赛促建"的思想，建立优秀选手选拔和培养制度，提高技能训练水平和参赛成绩。七是坚持立德树人，健全三全育人机制。加强校园幸福文化建设和德育体系构建，促进专业教育与创新创业教育有机融合。八是坚持以研促教，健全科研激励机制。积极推进教学科研与教学实践、技术推广和社会服务的紧密结合，充分发挥专业建设专家委员会和技能大师工作室在科研、教学、教改以及教育事业发展领域的前沿作用。九是坚持依法治校，健全综合治理机制。以强化教育教学管理为重点，完善学校治理结构和决策机制，促进学校管理信息化。十是坚持强基固本，建立全面提质机制。加强基础能力建设，扩大办学规模、提升办学质量、打造办学特色、增强核心竞争力。

图7　学校新校区规划效果图

办学质量的核心体现是育人质量，提升育人质量、构建育人模式是根本。徐景慧书记敏锐地抓住了成渝双城经济圈建设这一中央重大战略的历史机遇，在深入学习成渝双城经济圈战略定位、战略任务、战略路径和具体内容后，他和团队响亮地提出了"创新育人模式，打造遂潼一体化发展先行区职教新高地"的发展目标（图8）。

　　他带领团队多次往返遂宁、潼南等地，通过密集的调研，形成多份高质量调研报告。他们发现遂潼地区职业教育虽然发展势头强劲，但在人才培养方面还存在诸多短板，有的甚至已经制约了区域职业教育发展：一是人才培养主体单一。企业缺乏人才培养的动力，校企合作流于形式，学校在育人方面单打独斗。学校由于"双师型"教师不足，也缺乏供学生实训、实习的生产性岗位和设备，学校只能"因师设课""因设备设课"，导致人才培养质量与行业需求标准契合度不高，人才实用性不强。二是人才培养方法陈旧。中考"筛选"到中职校的学生抽象思维能力差，受师资和生产实习实训条件限制，校内课堂教学与模拟实训操作成为中职校人才培养的主要路径，教学内容单一，形式枯燥，最终导致毕业生专业理论知识不足，专业技能不高。三是人才评价方式简单。由于缺乏行业、企业参与，学校成为人才培养质量的唯一评价主体，学校标准成了毕业评价的唯一标准，评价往往采取传统的理论笔试加简单的实训考核。

图8　与重庆市潼南职业教育中心签订现代学徒制成果共享协议

　　针对这些问题，徐景慧书记带领团队以遂潼地区中职校为基地，以"中职校现代学徒制人才培养模式的实践与创新研究"省级科研课题和四川省综改办"探索现代学徒制试点"项目为抓手，牵头探索中职校现代学徒制人才培养模式。经过两年的实践研究，形成"一体驱动、三段进阶、三标考核"的中职校现代学徒制人才培养模式（图9）。

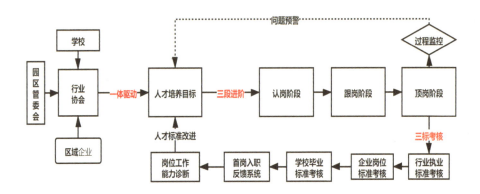

图9　"一体驱动、三段进阶、三标考核"的中职校现代学徒制人才培养模式示意图

"一体驱动、三段进阶、三标考核"的中职校现代学徒制人才培养模式是把行业、企业和学校三个层面对人才的需求融为一体形成专业的人才培养目标，包括行业的通用技能目标、企业具体岗位的专项技能目标和满足学生继续学习提升的知识目标，破解了遂潼一体化发展先行区中职校育人方面亟待解决的问题。这一育人模式在以下几方面进行了创新。

一、人才培养运行机制：三方协同、一体驱动

构建以遂潼地方产业园区政府、学校和企业三方协同的"一体驱动"人才培养运行机制（图10）。将产业园区政府的主动统筹和主导作用作为校企合作的驱动力，以"园校合作""校企合作"和"校校合作"等形式实施人才培养。

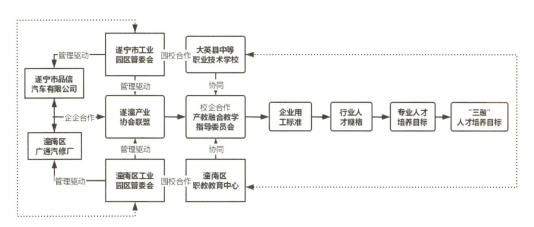

图 10　三方协同的"一体驱动"的人才培养运行机制示意图

一是实施园校合作，激活园区政府的主导作用。他们主动联系地方产业园区政府部门，与产业园区政府（或相关职能部门）建立"园校合作"关系，激活园区政府的主导作用，为"校企双主体"育人提供工作动力（图11）。

图 11　徐景慧书记带领团队在园区考察

二是搭建"三元"合作平台，彰显政府统筹作用。园区政府在统筹园区内产业人才需求状况的基础上，结合中职学校专业人才培养条件，搭建园区企业与中职校专业合作的"校企合作"平台，促使园区产业链与中职校专业集群相互支撑。形成"依托产业办好专业，办好专业促进产业"的产业专业相互依托发展的良好格局，校企共同实施人才培养，既解决企业技能型人才的需求问题，又解决中职校"双师型"教师数量不足、生产型设备缺乏的问题。

三是成立产教联盟，形成发展共同体。在园区政府的统筹下，成立由园区政府代表、学校骨干教师、企业技师组成的产教联盟，政府代表担任"盟主"，建立工作例会制度，定期召开人才培养情况通报会，企业、学校互通人才培养信息，化解"供需"矛盾。

四是搭建遂潼产教合作平台，落实中职教育"遂潼一体化"发展。以"遂潼"校校合作为抓手，牵线"遂潼"两地产教联盟，共同成立"遂潼"产教融合教学指导委员会，拟定"遂潼"两地相对统一又各具地方行业特征的专业人才培养方案，通过教师互派挂职锻炼、学生技能培训资源共享等校校合作内容，促进"遂潼"人才培养质量的整体提升，助推"遂潼一体化"发展（图12）。

图 12　省示范专业建设推进研讨会暨成渝地区新能源汽车产教联盟成立大会

二、人才培养推进路径上：晋级式、三段进阶

徐景慧书记和他的团队实施了晋级式的"三段进阶"人才培养推进路径，将传统的认岗、跟岗和顶岗三个能力递进阶段采用过关晋级的三段能力进阶策略，逐级递进学生的综合能力与素养，实现人才培养质量的提升（图13）。

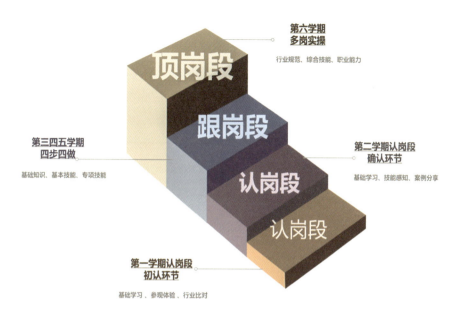

图 13 "三段进阶"的技能人才培养路径

一是"认岗"阶段培养学生的职业性向与职业素养。第一、二学期为"认岗"体验段。将"认岗"段细分为岗位初认（第一学期）和岗位确认（第二学期）两个环节。岗位初认环节以参观体验、行业比对的"认岗"活动为主，培养学生的职业性向与职业素养（图 14）。学生在本环节如发现对专业不适应，可以按相关程序转入其他专业。岗位确认环节以行业通用技能感知和案例分享活动为主，提升学生对职业的认知和情感。

图 14 旅游服务与管理专业学生在企业参加认岗实习

二是"跟岗"阶段培养学生半独立的行业专项操作技能。"认岗"体验段学习结束且考核合格的学生从第三学期开始就进入"跟岗"体验段的学习。每学期前 3—4 个月为学习文化、专业知识和校内实训时间，每学期期末的最后一个月为企业师傅带徒弟的"跟岗"体验实践活动时间。这一阶段以一师一徒的"跟岗"体验活动为主要方式。

为确保跟岗的有效性，徐景慧书记和他的团队规范了跟岗实习六大环节，环环紧扣，步步推进：学生申请"跟岗"实习环节，"认岗"体验段考试合格的学生向教务处提交《"跟岗"体验企业实习申请表》（《理论知识、行业通用技能合格证明》为附件），教务处审核；申报"跟岗"实习岗位环节，教务处统计"跟岗"实习岗位种类及数量，并以书面形式向学校对外合作办申报"跟岗"实习岗位种类、数量及时间安排；向企业申请"跟岗"实习岗位及"跟岗"师傅环节，对外合作办向企业申请"跟岗"实习岗位种类、数量及时间安排，企业安排实习岗位及"跟岗"师傅；召开"跟岗"实习家长会环节，由教务处和对外合作办共同组织家长会，教务处明确学生"跟岗"实习任务，并公布"跟岗"师生名单，合作办提出"跟岗"日常管理要求，并组织家长（学生）、学校、企业签订《"跟岗、顶岗"体验实习三方协议书》；开展"四步四做"的"跟岗"实习环节，创新构建"四步四做"的"跟岗"实习模式（图15），即观看师傅做建立宏观操作感知、跟着师傅做建立实际操作感知、跟着自我想象做初步建立理性认知、理解中会做，实现知行合一的"跟岗"目标；"跟岗"考核，晋级"顶岗"环节，完成三学期"跟岗"实习学生参加"顶岗"晋级考核，合格者顺利晋级，不合格者重修。

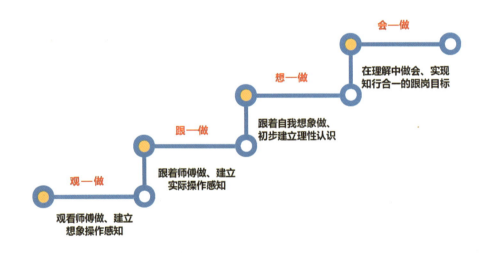

图15 "四步四做"跟岗实习模式示意图

三是"顶岗"阶段培养学生独立的岗位工作能力。"跟岗"实习结束且考核合格的学生从第六学期就自动进入"顶岗"实习（图16），不合格学生重修，考核合格后再晋级到"顶岗"实习，按《"跟岗、顶岗"体验实习三方协议书》要求进行管理。这一阶段以一师多徒的"顶岗"实习活动为主，"顶岗"实习结束，学生提出申请，校企共同组织"顶岗"实习考核，合格者向教务处申请毕业鉴定，不合格者重修"顶岗"实习，直到合格为止。

图 16　汽车运用与维修专业学生在企业参加顶岗实习

三、人才培养评价体系：贯通式、三标考核

实施以行业执业资格标准、企业岗位标准以及学校毕业标准贯通式的"三标考核"人才培养评价策略，以"行业、企业、学校"作为人才培养质量的"三元"评价主体，将"行业执业标准、企业岗位标准和学校毕业标准"作为"贯通式"人才培养质量的评价标准，从行业、企业、学校三个维度对人才培养质量进行全方位评价（图 17）。

为落实三标考核，徐景慧书记和他的团队着重规范以下六个步骤：第一步是学生申请毕业鉴定，顶岗实习考核合格的学生向学校教务处递交毕业鉴定申请，教务处分专业进行毕业鉴定统计。第二步由教务处提交毕业鉴定学生名册，以书面形式向对外合作办报告需要进行毕业鉴定的学生名单。第三步是学生接受行业执业（职业）标准考核。对外合作办组织学生参加专业对应行业执业（职业）资格标准考核，获取执业（职业）资格证书。学校要求学生至少取得一个行业执业（职业）证书，未通过行业执业（职业）证书考核的学生需重新参加下一轮行业执业（职业）资格标准考核，直到获证为止。第四步是学生接受企业岗位标准考核。对外合作办组织已经获取行业执业（职业）证书的学生参加企业的用人双选会。每名学生需要与一家企业签订至少一年以上的劳动合同。第五步是学生接受学校毕业标准考核。学生持企业一年以上的《劳动合同》参加德育处的毕业学生个人素养鉴定，持《毕业学生个人素养鉴定合格证明》参加教务处组织的基础知识毕业考试，最后持《毕业学生基础知识合格证明》参加教务处组织的专业技能毕业考试。第六步是学生持《毕业学生专业技能合格证明》到教务处领取毕业证书。

图 17 "三标考核"流程示意图

"一体驱动、三段进阶、三标考核"的中职现代学徒制人才培养模式的实践及广泛运用，取得了较为显著的成效。

一是毕业生质量明显提升。2020 年毕业生一次性就业率超过了 96%，毕业生初次就业工资平均达 4606 元，学生技能水平大幅提高，参加省市技能大赛获奖人数和等级实现了历史性突破。升入本科学习学生人数达 48 人，较 4 年前有很大提升。学校将成果"三标考核"的经验应用在各专业的毕业鉴定中，严把毕业出口关，提高了学生学习动力，毕业生质量得到了行业、企业的高度认可（图 18）。

图 18 学生技能大赛获奖证书

二是专业影响力显著提高。在长达 4 年的成果应用、检验期里，他们将成果在本校 11 个专业、省内 8 所中职校以及重庆 3 所中职校部分专业推广应用。大英县中职校将成果运用到《汽车运用与维修专业"一体驱动、三段进阶、三标考核"的现代学徒制人才培养方案》中，成功立项为省示范专业建设项目。遂宁、潼南等中职学校积极运用这种模式，相关专业育人质量显著提高，专业影响力大幅提升。

三是学校办学水平得到提升。作为基地校的大英中职校办学整体实力明显增强，教师专业成长速度加快，双师型教师、名师、工匠人数增多。2019 年学校汽车运用与维修专业成功立项为省"示范专业建设"，获国家和省财政拨款 300 万元。2021 年学校成功立项"四川省教育教学重大项目"，2021 年徐景慧书记和团队的科研成果荣获遂宁市教育教学成果特等奖、省政府一等奖。

四是园区活力得到激发。大英中职校旅游服务与管理专业借鉴了成果中的"三方协同的'一体驱动'人才培养运行机制"运行策略，极大地激活了大英县文旅产业园区管理委员会在校企合作中的"政府主导、统筹"作用，在大英文旅管委会的主导下，学校与四川环球丝旅、中国死海、浪漫地中海签约校企合作人才培养（图19），专业企业互相支撑，协调发展，效果显著。

图 19   徐景慧书记与企业签订校企合作协议

"一体驱动、三段进阶、三标考核"的中职现代学徒制人才培养模式是在四川遂宁、重庆潼南等区域学校的实践探索基础上形成的，具有较强的生命力，在广大农村中职学校特别是遂潼地区中职学校有推广价值。2017年开始，该育人模式在基地学校校内汽车运用与维修专业等11个专业、省内8所中职校以及重庆潼南等多所省外中职校推广应用。对各学校如何深化校企合作、实施双元育人等具有较强借鉴意义。《中国教育报》于2021年6月25日第8版以《加快"一体驱动"助推现代学徒制人才培养》为题，2021年9月23日以《三段进阶＋三标考核确保人才培养质量》为题，对这种模式和成果进行了宣传和推广。2021年7月，《"一体驱动、三段进阶、三标考核"的中职校现代学徒制人才培养模式构建与实践》科研专著由云南科技出版社出版发行，向全国推广。《创新"13223"订单式人才培养模式的内涵与策略研究》等19篇论文被国家级教育核心期刊刊载发表。2017年6月，遂宁市中职校现代学徒制试点工作成果交流会在大英中职校召开，来自四川、重庆等省市的十多所中职校来校考察学习现代学徒制实践经验。此外，川渝劳动与研学实践教育公益联盟成立大会以及地方电视台、网站和微信公众号等对这一育人模式及成果进行了宣传推广，影响力日益扩大（图20、图21、图22）。

图20 《中国教育报》和《教育导报》对学校育人模式和成果进行报道

图21 成果在重庆潼南职教中心推广

图22 成果在全市现场会上推广

徐景慧书记和他的团队积极响应教育部《关于推进现代学徒制试点工作的意见》，遵循《国家职业教育改革实施方案》，结合遂潼一体化发展先行区的实际，探索出了具有地方特色的中职学校人才培养模式，在现代学徒制人才培养内在机理的认识上有了创新，同时在人才培养的操作性上也有突破，例如"一体驱动"的人才培养运行机制、晋级式"三段进阶"人才培养推进路径以及贯通式"三标考核"的人才培养评价实施策略等。这一模式以成渝双城经济圈建设为背景，以"遂潼一体化"人才培养为推进策略，为遂潼地区中职学校提供了操作参考。

但是，该模式的推广应用还存在较多短板和制约因素：一是需要地方政府层面有力统筹。这一探索多是学校自发行为，学校探索动力主要还是学校发现这种人才培养模式有巨大价值，但一直缺乏政府层面的有力支持，会造成学校孤军奋战，难以形成真正意义上的一体驱动。二是该育人模式在企业的实际操作方面存在障碍，企业更多的是被动参与，会受到企业生产任务重、实训实习项目受企业生产制约、企业师傅参与积极性不高等因素影响。

下一步，为完善和推广这一育人模式，首先要在如何化解学校与政、行、企的矛盾上下功夫。从时间上必须贯穿人才培养始终，从合作培养层面上必须使校政企作为一个整体系统一体驱动。从空间上需要提供一个更广阔的、更适合的政策和市场环境。二是要进一步厘清职责。政府要提供资金支持，为学校和企业开发课程、培训人员、实施项目提供专项资金支持，鼓励学校打破学年制和学时制局限。学校要明确模式推广实施的专业范围和领域，进行专业与课程改革，更新管理方式和手段，重新分配教学时间，配置教学资源。企业要树立育人主体意识，处理好育人与企业效益的矛盾，改革人事制度，增强师傅参与的积极性和主动性。三是强化考核的科学性、有效性。企业关注点在于人力资源的获取，不在于育人，学校对企业员工没有约束力，这就是这个模式实施推广的难点所在。实施三标考核，需要建立科学合理的质量评估考核体系，需要各考核主体严格执行，否则容易降低考核标准，甚至使考核流于形式。

结束语

海阔鸥击翔，风动一帆扬。在习近平新时代中国特色社会主义思想的指导下，职业教育面临历史未有的大好发展机遇。随着职业教育利好政策的陆续出台以及各地区域职教中心建设的深入推进，相信不久的将来，徐景慧书记将带领他的团队用踏实的工作作风和丰硕的工作成效，为打造遂潼一体化发展先行区职业教育新高地再立新功！

黄晓平　侯燕

一片痴情系教育　满腔热忱为职教

——四川省中和职业中学校长黄宗良办学治校纪实

黄宗良（图1）三十六年的教育生涯，经历了两次重要转变，有二十一年的光阴奉献给了职业教育。

第一个转变是从英语教师转型为教育管理者。黄宗良1986年7月中师毕业后在四川省双流县三星初级中学担任英语教师，由于教学质量优异，1994年9月被任命为三星初级中学校长，扎根中学教育事业。

第二个转变是从普教转向职教。20世纪末，受高等教育扩招影响，职业教育发展遭遇瓶颈，黄宗良主动担当，肩负起发展职

图1　黄宗良校长

教重任，于2001年调任为四川省双流县中和职业中学校长，把中和职中从一所招生困难的学校建成成都第一所五星名校。现在的黄宗良是一名中共党员，正高级教师，第四届黄炎培职业教育奖杰出校长、四川省第一批省级中小学名师名校长工作室领衔人（中职唯一）、四川省中小学名校长、四川省涉藏地区免费中等职业教育工作先进个人、中国职业技术教育学会职业高中教育专业委员会优秀校长、四川省督学、四川省政协教育咨询专家、成都市督学、成都市职业技术教育学会副会长。

"教育，就是让每个孩子都发光"。从教师到专家，从普教到职教，在黄宗良校长的心中，他始终以发展的眼光，关心学生的思想道德修养和心理健康状况，与学生保持良好的师生情感，重新以责任心和爱心认真帮助每一个学生学会认识自我，恢复自信心，对未来怀有梦想和希望。学校先后获得了全国教育系统先进集体、全国创先争优先进基层党组织、国家级重点中等职业学校、国家中等职业教育改革发展示范校、四川省第一批中小学省级名校长工作室领衔人单位。2022年10月，学校被评为四川省首批中职五星名校。成都中和职业中学发展沿革见表1。

表 1　成都中和职业中学发展沿革

序号	校名	发文机关	发文字号	文件名	时间	荣誉			备注
						名称	时间	颁发机关	
1	四川省双流县中和职业中学	—	—	—	1987	—	—	—	《双流县志》P678：1987年，由初级中学改制为中和职业中学
2	四川省双流县中和职业中学	成都市教育委员会	成教发职字〔1989〕003号	关于建立双流县中和职业中学的通知	1989.1.16	四川省重点职业中学	1995	四川省教育委员会	
3	四川省双流县中和职业中学	双流县人民政府	双天府函〔2000〕102	双流县人民政府对县教委关于恢复中和镇初级中学承兴镇初级中学的请示的批复	2000.10.10				
4	四川省双流县中和职业中学	双流县人民政府	双天府函〔2002〕5号	双流县人民政府对县教育局关于将双流县中和镇初级中学恢复为四川省双流县中和职业中学的请示的批复	2002.1.9	四川省校风示范校 国家级重点职业学校	2003 2004	四川省教育厅 教育部	
5	四川省成都市中和职业中学	成都市高新技术产业开发区	成高材编办〔2010〕4号	成都高新区机构编制委员会办公室关于中和中学等六所学校及幼儿园设立和更名的通知	2010.8.13	全国创先争优先进基层党组织 四川省中等职业学校内务管理示范校 全国教育系统先进集体 国家级中等职业教育改革发展示范校	2012 2013 2014 2018	四川省教育厅 四川省教育厅 人力资源和社会保障部、教育部 教育部、人力资源和社会保障部、财政部	
6	四川省成都市中和职业中学	四川省教育厅、四川省人力资源和社会保障厅、四川省财政厅	川教函〔2022〕463号	四川省教育厅四川省人力资源和社会保障厅四川省财政厅关于公布四川省中等职业教育各校名专业实训基地建设工程立项建设名单和开展项目建设工作的通知	2022.9.30	四川省"三名工程"五星级学校	2022.9.30	四川省教育厅、四川省人力资源和社会保障厅、四川省财政厅	

心怀教育，理念先进——做"有爱心"的教育人

在三十六年的教育教学生涯中，黄宗良校长始终以发展的眼光，关心学生的思想道德修养和心理健康状况，与学生保持良好的师生情感，为教学服务。在班级管理上他深入钻研班主任工作，在教学活动中，他注重借助丰富的案例对学生进行思想品德教育，让他们树立科学的世界观、正确的人生观和价值观。落实以情感人、以理服人的教育理念，促进后进生的转变。注重养成教育、情感教育、意志教育、理想道德教育、"三观"教育、社会主义核心价值观培育以及承受挫折教育，让学生学会做人、学会学习、学会生活、学会创新、学会承受挫折，并且内心充满希望。到中和职中工作后，他提出了"愉快·希望"的办学理念和"踏踏实实做人，认认真真做事"的校训，并坚守至今。他始终以人为本，不管是当班主任、团支部书记还是校长，始终坚持德育与智育相结合的育人原则，善于从细微处引导学生，在对学生的培养和教育中，德育培养理念先进、教育实践经验丰富。1991 年担任班主任的 92 级 4 班荣获"双流县学雷锋、树新风先进集体"，1992 年在《双流教研》上发表了论文《充分相信学生，自己管理自己》，1994 年被双流县委县政府授予"优秀教育工作者"称号，1995 年被成都市教育局评为成都市德育先进工作者，2019 年 11 月撰写的论文《个性张扬与教育本质的回归》被评为中国职业技术教育学会全国城市职教中心研究会第三十一届年会论文评比二等奖。

黄宗良自 2001 年担任中和职中校长以来，一直非常重视学校的德育管理，也一直担任着学校德育工作领导小组组长，探索和实施了学生自主管理方案，为学生搭建了成长平台。2009 年，学校成了四川省首批接收涉藏地区学生免费职业教育的学校，2017 年又成为目前四川省内唯一一所接纳青海省玉树西藏政策班学生的中职校，因学生德育工作成效显著，学校 2003 年被评为四川省校风示范学校，2006 年被评为双流县德育工作先进单位，2006 年荣获成都市中学德育研究成果一等奖，2012 年被评为四川涉藏地区免费职业教育先进集体，2013 年被评为成都市文明单位标兵、四川省中等职业学校内务管理示范校，2019 年被评为四川省民族地区"9+3"免费教育计划工作先进集体，中央电视台新闻联播、央视 4 套、央视 13 套先后 3 次报道学校的"9+3"教育。

引领示范，辐射多校——做"有责任"的职教人

2018 年，四川省黄宗良名校长鼎兴工作室成立，工作室在全川遴选成员 15 人，涉及川东、川西、川南、川北、成都的 5 个片区，覆盖全川 14 个市（州），成员学校是

14 所公立学校和 1 所民办学校（绵阳理工学校）。领衔人黄宗良校长带领工作室成员认真研读职教政策 6 条、专著 6 本；积极开展教学科研活动，加强师资队伍建设和资源共建共享，成员及其学校科研成果丰硕，参与省级课题研究 7 项、市级课题 6 项，在国家、省、市级刊物发表和获奖论文 71 篇，指导编写校本教材 6 本，公开出版专著 5 本。成员学校取得国家和部级荣誉 16 项，省级荣誉 36 项，市级荣誉 75 项，县级荣誉 84 项；成员个人取得国家或部级荣誉 3 人次，省级荣誉 11 人次，市级荣誉 16 人次，县区级荣誉 16 人次。工作室创新解决职教难题，示范引领有力：探索网络教研活动，研讨解决中职招生难题（遂宁船山职业学校 2020 年超招生计划 50%）；积极推动成员学校开展 "1+X" 试点，研讨解决对口升学教学工作的难题；聚焦当前职教改革的热点和难题带领工作室成员单位成立课题研究组，并以《新形势下中等职业教育综合改革研究与试点》开展研究；送培送教助力脱贫攻坚。

潜心钻研，成效突出——做"有担当"的引领者

从事教育教学工作三十六年，黄宗良校长始终如一地以研究和学习的态度对待自己的教学工作和管理工作。2001 年 1 月他临危受命，到了现在的这所当时已被双流县教育局降回初级中学的学校，当时职高在校生仅 400 多人，而职高教师 100 余人。黄宗良校长通过调查了解发现，当时需要首先解决的问题是转变教师对学生的观念，因为当时教师们都一致认为职高生不想学、不好教、教不好，学不好都是学生的问题。于是他组织全校教师认真学习《多元智能》一书，对照实际情况开展学习交流和座谈，邀请专家到校为教师开展讲座，进行座谈，统一了全校教师的思想和认识，求真务实，认同并坚持"踏踏实实做人，认认真真做事"的校训，以及"愉快·希望"的办学理念。渐渐地教师们对学生的观念有了转变，重新以责任心和爱心认真帮助每一个学生学会认识自我，恢复自信心，对未来怀有梦想和希望，学校也加强了德育管理，实施了学生自主管理措施，搭建了很多学生活动平台，让学校成了学生学习和生活的乐园，学生愿意来中和职中读书了，社会、家长、企业反响也好了，2001 年 7 月学校又被双流县教育局恢复了双流县中和职业中学的校名。

学校于 2018 年 5 月搬迁到了现在的新校区，占地 153 亩，建筑面积 11.6 万平方米，基建投入 6.5 亿，设施设备投入 1.2 亿。学生规模达 4000 人。形成了德育自主管理、创业教育与实践、国际化办学、一专一企产教融合等特色，搭建并完善了毕业生六条出路：参加对口高考、参加单招考试、出国留学、3+2 大专、成人高考和就业创业，让每一个中和职中的学生都找到人生目标。学生笑容满面，积极向上，阳光自信；创业理论课覆盖率 100%，校内外创业实践率 32.8%，毕业生创业率 6.6%；出国留学生已达

150 人，职高生也能实现出国留学梦想；一专一企产教融合课程化，师生技能水平大幅提高。这在社会上产生了强烈的反响和良好的社会效应。学校各方面的工作也得到了上级主管部门和领导的充分肯定，学校的创业教育取得了很好的效果，先后被 CCTV13（央视综合频道）、中国青年报等媒体专题报道。由黄宗良校长主持的省级课题《新形势下中等职业教育综合改革研究与试点》，带领全省 12 位校长共同探究在新形势下中职学校的改革与发展，取得了良好的效果，让各学校在转型期明确了办学方向，走出了困境。

结束语

习近平总书记指出，在社会主义现代化征程中职业教育前途广阔、大有可为。职业教育是国民教育体系和人力资源开发的重要组成部分，肩负着培养多样化人才、传承技术技能、促进就业创业的重要职责。从一名英语教师一路走来，黄宗良校长带领中和职中师生，二十六年深耕职教，始终坚持社会主义办学方向，坚定不移走类型特色的发展道路，把习近平总书记对职业教育"大有可为"的殷切期盼转化为"大有作为"的生动实践，将中和职中建成了家长满意、社会认可的中职学校，为社会培养了大量的高素质劳动者和技术技能人才，点燃了中职学生成长成才的希望。

龙海燕　侯燕

择高处而立　寻宽处而行

——四川省旅游学校校长赵晓鸿办学治校纪实

赵晓鸿校长有很多引人瞩目的身份：教授、硕士研究生导师、国家社科基金项目主持人、中国康养休闲旅游专业教育开创人、中国旅游协会旅游教育分会副会长、中国旅游职业教育十大突出贡献人物、四川省名校长（图1），工作业绩在多家媒体报道（图2）。

图1　赵晓鸿校长在名校长工作室开展工作

他在不同层级的教育领域深耕三十余年，他是一名优秀的学者，主持基金项目，出版著作教材，培养高级人才，服务科学决策，样样不落人后。他更是一名优秀的旅游职业教育管理者，讲求教育回归，推行名师立校，注重产教协同，强调文化创新。他让一所老牌旅游学校重焕生机，赢得了"高等学府"的社会评价。他带领团队完成多个国家级专业教学标准的制定，在全国首创的"康养休闲旅游服务"专业被纳入教育部《中等职业教育专业目录》，蹚出了一条足可借鉴的中国旅游中职教育发展

图2　电视台记者在项目现场采访赵晓鸿校长

之路，引领四川省旅游学校朝着一流的旅游全产业链服务院校方向阔步前进。

不管是旅游行业，还是职业教育，赵晓鸿都名声在外。每当有人请教他"旅游+职业教育＝旅游职业教育"吗？"薪火相传"传的是什么"火"，"燎原之火"该如何"燎"？赵晓鸿都会邀请他先来四川省旅游学校实地走访，寻找答案。

作为全国最早建立的旅游专业院校之一,四川省旅游学校自1979年建校以来,历经了四十多载风雨的洗礼,已成为为全国旅游专业标准制定单位、全国旅游行指委委员单位、中国旅游协会旅游教育分会副会长单位,是一所国内闻名的旅游名校。这些年来学校的发展都离不开校长的办学理念,而当前,赵晓鸿的办学理念更是贯穿于学校教育教学的始终。

筚路蓝缕谋发展,甘做"传递炙热火种的人"

思路决定出路,智慧决定机会。2013年,在省内一所本科院校担任二级学院院长的赵晓鸿接到四川省旅游局的新任命,到四川省旅游学校担任党委书记和校长职务。这可能是全省屈指可数的教授级别的人物来担任中职学校一把手的调任函了,但那时候的四川省旅游学校真的太需要一位可以乘风破浪的掌舵人,赵晓鸿无疑是最佳人选。

他原是一所大学经济与管理学院院长,同时也任教于其他大学,丰富的高校教育教学经验,使得他理解人才培养的阶梯形态,虽然之前没有接触过中等职业教育,但是他了解旅游教育从中职阶段往上的层级,他说:"系统化的教育理念和教育理解,是我来到这里大施拳脚的底气。"

当时的职业教育被贴上许多标签,有人质疑赵晓鸿到四川省旅游学校是"大材小用",也有人预言他会"水土不服"。赵晓鸿坦然面对各种声音,他自觉自己的知识、文化、管理、经营素养还不错,但这些,都比不上正确的教育认知所带来的鼓励和信心。他笃定:中职教育不是低层次教育,而是低年龄段的职业教育。职业教育的本质是靠技术技能阻断贫穷和愚昧,是一部分孩子成长中必需的教育。

回忆彼时的全省旅游职业教育,专业低水平、同质化发展初现端倪,就业门槛的低端化尚未引起警觉,赵晓鸿那时却慧眼如炬地看到了中职学校旅游专业发展的弊端。他认为合格的旅游专业毕业生应该具有经济思维、管理理念、服务意识。问题恰恰是中职学生虽然服务技能过关,但对于经济、商务、商业、经营等方面的知识素养,却几乎是空白。

受命于危难之际的他经受了严峻的考验,需要解决的生源问题、新专业的设置、新校区的搬迁……他都绞尽脑汁,在巨大的压力面前,不畏不缩、不等不靠,冷静思考,沉着应对,开始了他筚路蓝缕振兴学校的一系列措施。

一、摸清家底,顶层设计谋求发展

赵晓鸿校长2013年"受命于危难之际",当时学校的状况可想而知,34亩的校园环境,3个旅游类专业的设定,每年不到400人的新生入校,学校的发展不仅滞后于全国其他兄弟旅游学校，也滞后于全省旅游产业发展的新形势。他对四川省旅游学校的现状进行了认真细致的分析，提出自己的看法："专业无特色，技能无特长，方向不明，信心不足。"

至此，赵晓鸿想明白了自己来省旅校要传递的火种——"旅游职业教育"的本质，要让旅游教育回到旅游行业规律上来，借职业教育的"势"和"式"，让学校登上更高的发展平台，让学生走向更远的发展天地。

为此他深入社会，走访群众，认真调查了解，在虚心听取各方面意见和建议后，他确立了"党建引领、思政先行、文化浸润、德技并修"的办学指导思想，明确学校职能为"人才培养、教科研究、文化传承、社会服务"，以"培养具有良好职业精神与综合素养的基础性技能型人才"为人才培养目标。

二、夯实基础，踔厉笃行打造品牌

职业教育要有新的发展就必须要加大投入，不断推进办学条件的改善。为此，他殚精竭虑谋建设，一心一意创名校，想方设法争资金、立项目。排除万难，整体校区搬迁至黄龙溪，校园面积近 300 亩，建成校舍面积 9 万多平方米。重新搬迁后的校园，环境幽雅、舒适、宜人，被赋予四川省"最美职校"美誉（图 3），对进一步扩大办学规模、提升办学层次、拓宽办学专业、提高办学水平，做大做强四川省旅游学校职教品牌，为推进四川旅游职业教育的和谐发展，具有重要的意义。

图 3　"最美职校"展示图

三、优化专业，推陈出新彰显特色

职业教育的发展必须适应现代社会的发展，必须适应职业教育的发展规律，必须适应人才培养目标的要求。他打破传统的教育模式，本着"以专业链对接旅游产业链，适应旅游新业态的发展"的指导思想进行专业设置和调整，同时结合业态发展，做强特色产业，拓展新型专业，改造传统专业，其中，高星级饭店运营与管理专业以对接"现代高端酒店"为特色，旅游服务与管理专业以专注"研学旅游"为特色，中餐烹饪专业以"创新川菜"为特色，休闲体育服务与管理专业突出"旅游＋体育＋康养"的专业发展特色，艺术设计与制作专业以"旅游商品"为特色发展目标等，形成了以服务旅游全产业链为主的特色专业群。改革有力地推动了学校的可持续发展，学校的品牌效应也逐渐树立。

四、狠抓招生，突破瓶颈扩大规模

赵晓鸿校长高度重视学校的规模建设，并把学校的招生就业工作放在头等重要的位置，每年的招生工作方案、招生简章、招生广告和宣传展板他都亲自指导制定，每年都亲自带头到全省各生源学校入校宣传，同时不辞辛苦积极投入到市场中寻找、建立实习就业基地，推荐学生实习就业并实行跟踪服务管理，学校社会影响力和美誉度迅速提高，对学生和家长的吸引力不断增强，几年来，在他的有力带领下，学校招生人数持续稳定上升，学校的招生捷报频传，新生入学达到1800人，出现了"爆满"现象，办学规模空前壮大，又为学校狠抓内涵建设，实现高质量发展、特色发展奠定了坚实基础。

五、校企共建，深度融合互惠共赢

学生就业是学生学习的出发点和原动力，也是职业教育服务经济、回报社会的很好体现。基于这样的认识，赵晓鸿校长大力倡导校企"共建、共管、共赢"机制，在建立能满足"校内学生实训、企业员工培训和校外学生顶岗实习"的实训实习基地建设思路指导下，近年来优化改建校内实训室10个，新建实训室6个，新增4个校外实训基地和1个校外企业课堂。开启"校中店"尝试，校企共建多个"校中店"，与成都天骄国际旅行社共同设立"四川研学旅行研究院研学旅行产品开发中心"；与空港文旅集团共建"新四川文化旅游研学旅行基地校园景区校中店"，学校规划设计研究院、旅游管理系、旅游建筑系、康养旅游系、旅游餐饮系与空港文旅集团共同规划设计，策划制定了校园景区食、宿、行、游、购、娱等各个板块的运营方案，教师们依据方案指导学生开展专业生产性实践教学，实现了产教融合全产业链的创新实践。与四川奥菲克斯建设有限公司、四川迈进信息技术有限责任公司合作建设的"智慧型装配式移动酒店研发重点实验室"（图4），在建设中积极研发校企合作实训实习基地的新项目新技术装备。学校与城市名人酒店共建的校外实训基地"企业课堂"已于2021年3月29日正式在企业建成挂牌（图5）。

图4　智慧型装配式移动酒店重点实验室研发的装备

图5　成立国际金钥匙学院川旅分院

精诚所至，金石为开。短短数年间，在赵晓鸿校长的带领下，全校上下齐心协力，学校招生规模从2013年的400多人增长到2022年的近2000多人；专业从5个增加到18个，形成3大专业群；校园面积从34.6亩扩大到近300亩。将学校从岌岌可危的生存边缘拉回并转向高质量发展之路，2018年成为省级示范建设学校，2021年成功入围四川省"三名工程"建设学校，实现了办学史上质的飞跃，驶上了平稳、协调、可持续发展的快车道。

薪火相传拓天地，迈向"教育择高处而立的路"

面对成绩，赵晓鸿校长没有满足，他深知职业教育只有起点，没有终点。没错，到"更高"的地方去！赵晓鸿校长从各个角度去验证自己的中职教育理念，发现这与旅游行业的规律完全契合。

在现代教育中，德育和技能对于职业学校的学生，就好比人的左手和右手，二者都至关重要缺一不可。然而在赵晓鸿校长的理念中，中职学校的学生智商情商还没有形成好之前，只去培养他们的技能是无效的。十五六岁，束发未弱冠的年纪，是一个人的个性形成的关键时期，半幼稚和半成熟、独立性和依赖性、冲动性和自觉性等交错发展着，在赵晓鸿校长的眼里，孩子们此时的健康成长是首要的，"技能差了些可以以后再学，但品性不好影响的就是一生的发展"。但良好的素质不是三两天就可以养成的，它的培养贯穿在学生们整个十五六岁的黄金成长阶段。"如果办学不走出职业教育只重视技能忽视素质的误区，将会给我们国家的职业教育带来致命的冲击"。

一、以德树人，文明礼仪花开校园

第一个"高"必须是品德高。说起教书育人，赵晓鸿校长一直倡导：教书的人，要在传授专业知识的同时，以自身的道德行为和魅力，言传身教，引导学生寻找自己生命的意义，实现人生应有的价值追求，塑造自身完美的人格。四川省旅游学校对于学生教育要大力以德育为重为主，构建德智体美劳"五育并举"人才培养体系，致力于把学生培养成有技能的高素质文旅行业接班人。

他曾经做过形象的比喻："害怕孩子打破花瓶，就把花瓶藏起来吗？花瓶放在高处不被打破是管理，放在低处不被打破是教育。"利用旅游专业思维，他最先启动的是"环境教育法"。赵晓鸿校长在学校里做了很多"好玩儿"的尝试。他粘贴了一张 100元人民币在教学大楼一楼门厅的桌子上，创设"拾金不昧"的真实情境，这么些年，钱币仍在原处。一百块钱，虽然不是太大的金额，但是通过这一百块钱，赵晓鸿校长让学生主动意识到了"有些东西不是你的不该拿"，通过实际的实践教育努力让学生学会克制，深刻理解人生有尺，做人有度。"当我们渐渐学会了克制，就会体会生命之盛大"。他把"开学第一课"设置为劳动教育课，和学生一起拔草、挖坑、清淤泥，"以劳代玩"不亦乐乎，而且每个班每周都要参加一次集体劳动，校园里随时都干干净净。他打造园林式校园，在草坪上、湿地里养了一对黑天鹅（图6）。黑天鹅第一次繁衍颇为轰动，到了第二天，树下的天鹅蛋就不见了！学校发动全校师生找蛋，原来是好奇的学生把蛋带回寝室玩了，经历这一次风波，全校学生自觉成了"护蛋使者"。如今，学校里天鹅越来越多，野鸭、大白鹅、孔雀和鸽子也"住"了进来，人与自然和谐相处——无须多言，它们验证着赵晓鸿校长教育理念和方法的正确性。

图 6　校园明星——黑天鹅

二、三全育人，德技双修硕果累累

第二个"高"当然是专业素养高。在四川省赵晓鸿名校长鼎兴工作室里有这样一句标语，随时提醒着他不忘初心："择高处而立，寻宽处而行。"赵晓鸿本科学院的任教经历，使得他对于办好职业教育有着独到的见解。他一直认为，有一群专业度极高的行业专家作为任课老师，高素质好品德的学生们的专业技能何愁不高。近两年来，5 名学生获得国家奖学金，参加全国旅游院校技能大赛囊括一二三等奖，2 名学生被成都市学生联合会授予"成都市优秀学生会工作人员"荣誉称号，2 名学生被省直机关团工委授予"优秀共青团"荣誉称号。艺术系在校生张铭然，兼职网易签约外包设计师，其网易游戏"阴阳师"皮肤概念设计作品被选中，获 30 万奖励；高星级饭店运营与管理专业实习生蒋佳瑾在北京市工会组织的"发扬工匠精神，争做岗位能手"中餐宴会摆台比赛中获得一等奖，并获得了一套 70 平方米北京市公租房资格奖励，等等。

三、教学相长，行健致远铸造名师

学校的育人成效显著，学生综合素养得到全面提升，这些成绩的取得，得益于四川省旅游学校教师队伍的整体锻造。任四川省旅游学校校长以来，赵晓鸿用了许多时间和精力来培养教师们的学术研究能力。他认为，一位优秀的中职教师，也应该是一位学识丰富和具有研究能力的人，应该具有追踪学科学术动态的能力，应该具有一定的学术研究的兴趣和能力。因为只有这样，才能保证他的课具有独创性，能够起到启迪学生智慧和发展学生才识的作用，能够保证授课的逻辑清晰严谨、能够吸引学生和得到普遍的好评。事实证明，对学术理论问题的思考和相对丰富的学科专业知识能够极大地促进教学研究的深入。

2016 年，赵晓鸿发现中职阶段还没有对应的专业能够培养优秀的康养休闲旅游行业人才，于是，他带领团队展开了扎扎实实的调研。2017 年，学校向教育部提交设置康养休闲旅游服务专业的可行性研究报告，使其最终被纳入《中等职业教育专业目录》；2020 年 9 月，学校开设康养休闲专业，招收第一届学生；2021 年 8 月，全国首套康养休闲旅游系列教材首发式举行，第一期 8 本教材的面世结束了全国无此专业教材的局面，以省旅校教师为主的编著团队已经启动了第二期教材的撰写（图 7）。历时 5 年，赵晓鸿牵头推动康养休闲旅游专业设置一事颇为轰动。荣誉过眼云烟，他看重的是实际效用："设置新专业是掌握了行业规律之后的顺势而为，还有很多这样的缺口值得去发现。老师们看到了真正的行业市场，了解了培养目标，把见识和阅历形成教学成果，带学生一起了解行业发展的未来。这既是旅游教育的规律，也是职业教育的规律。"

图 7　康养旅游系列教材

赵晓鸿坚持将师资锻造融入产业发展进程中，以专业建设为核心，优化师资队伍的结构，重视师资队伍建设的顶层规划，通过大师引领，打造了一支专兼结合、结构优化、素质优良，符合高素质技能型旅游人才培养目标的精良师资队伍。目前四川省旅游学校藏龙卧虎，王少农教授，中国夏布画创始人，中国夏布画研究院院长，其发明的中国书画夏布被列为国家原创性科技发明专利；旅游艺术系画家景志龙，四川省旅游书画院院长，中国美术家协会会员，其创作的年画和国画作品在国家级画展赛事中连续获奖；川菜泰斗级名厨蓝其金担任学校美食学院教师；青城派掌门人刘绥滨担任学校巴蜀武术养生学院院长等。除了学校现有的师资力量，目前正在打造有 100 位专家的教师工程项目，以顶级的师资水平教授学生，为学校的师资建设锦上添花。

全校教职员工里，中、高级职称教师占专任教师总数的 70%，学校教师有的被授予"全国教育系统劳动模范"称号，有的被评为全省"十佳服务明星"，有的担任联合国教科文组织世界自然遗产保护委员，有的担任教育部旅游职业教育教学指导委员会委员，有的担任劳动和社会保障部职业资格培训教材专业委员会委员等。不少教师被派遣到旅游企业承担管理或顾问工作，学校同时拥有教师资格证书和职业资格证书的"双师型"教师占教师总数的 80% 以上。毫不夸张地说，四川省旅游学校的师资队伍甚至可以与一些大学相提并论。以行业专家（如导游、A 级景区、四川省旅游饭店省级星评员等）作为教师任教学生，更是四川省旅游学校的一大特色。

溯源而行，择高而立，从赵晓鸿校长抛出这个概念并实施一系列令人耳目一新的行动计划起，四川省旅游学校便开始焕发新机，呈现出了让人大吃一惊的"高校范儿"：匹敌 3A 级风景区的校园环境建设、3 个专业群 18 个专业以二级单位的体系存在、旅游相关行业国家级大师坐镇、引进博士服务团、承接各级政府和企业规划与文创项目……至此，一条以瞄准"建设一流学校，锻造一流师资，培养一流学生"为发展目标，以"产教深度融合，以专业群对接产业链"为特色办学格局的内涵式发展之路应运而生。

燎原之火前景阔，建好"产教融合贯通桥"

产教融合是职业教育最基本，同时也是最重要的教育教学形式，赵晓鸿校长再一次发现了问题所在："旅游行业人才分布不平衡，要么集中在服务这一块，其就业门槛很低；要么去做研究，根本没进入旅游实操层面。"

作为行业专家，赵晓鸿否决了单纯提供服务型人员的校企合作模式，他要用四川省旅游学校的实际探索来重新"定义"旅游职业教育产教融合的内涵。

一、彰显特色，打造旅游界的"黄埔军校"

作为行业办学典范，四川省旅游学校尤其注重专业特色。围绕"全域旅游"发展理念，以专业供给侧结构性改革为手段，以建设新专业群并实现专业群之间协同发展为目标，构建了一种创新型的"1+1+1"产教深度融合办学模式，即"一个专业群＋一类产业研究机构＋一类产教融合平台"（图8），为建设全国一流的旅游全产业链服务特色院校奠定基础。目前学校已经建成旅游管理、酒店管理和文化创意3大专业群，分别对应产业研究机构12个、产教融合平台10个，实现了专业群与产教融合工程协同发展。其中，学校高星级饭店运营与管理专业被教育部确定为首批国家级示范专业。学校还是全国旅游饭店总经理、部门经理定点培训基地、中央财政支持的旅游专业实训基地、全省中职学校旅游专业骨干教师培训基地，教育部景区服务与管理专业、旅游服务与管理专业、康养休闲旅游服务专业的专业标准制定单位。四十多年来，学校先后为四川省乃至全国培养了十万余名各类旅游专业人才。

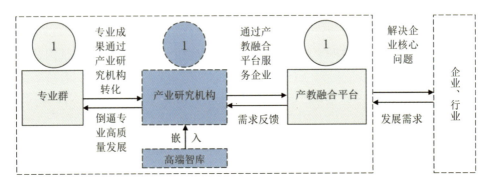

图8 "1+1+1"产教深度融合办学模式

二、专注科研，服务中国西部旅游产业经济

"产学研，目前，我省中职学校一般都是'学'，'产'的不多，'研'的就更寥寥无几了。"赵晓鸿一针见血指出中职教育阶段产教融合缺漏的环节。经过认真思考，他开始布局，走出了一条不寻常的路：学校囊括12个研究机构，尽出高端国家级研究成果。

四川省旅游学校是全国旅游职业教育教学指导委员会委员单位，是中国旅游协会教育分会的副会长单位，也是全国旅游中等职业教育七金联合体骨干成员单位，在四川乃至全国的旅游职业教育与科研工作中有引领作用。作为四川省旅游业岗位培训中心，四川省旅游学校承担了全省旅游行业的干部培训和从业人员培训任务，同时还新设有四川省旅游标准化促进中心、西部旅游产业拓展中心、四川省彝区旅游发展研究中心、青藏高原旅游发展研究中心、川菜研究开发中心，建有中国夏布画研究院、四川省旅游书画院、四川深度规划设计研究院等科研机构（图9），致力于全省及中国西部地区的旅游产业发展。

　　学校创建"双示范"建设工程成果推广中心，以建设名校长工作室为载体，定期举行学术论坛交流活动，组织开展学校建设和双示范建设研讨会，充分发挥四川省旅游学校对周边学校的辐射与示范引领作用。举办"川派旅游首届峰会"，开启了四川旅游如何高质量发展探索之路。筹建"川派旅游发展研究院"，与四川大学管理研究中心、四川省社会科学院田园牧歌研究中心、成都信息工程大学管理学院、黄龙溪古镇景区管理局等行业单位合作，为弘扬川派旅游文化、塑造川派旅游品牌、树立川派旅游旗帜、凝练川派旅游理论、总结川派旅游经验，促进四川旅游高质量发展献智献策。建立"博士服务团"，致力于四川特色的旅游产业发展模式研究，总结具有鲜明四川地域特征的旅游发展经验，并力求归纳、提炼出更适合四川旅游产业发展的路径、方式、模式。成立的社会服务机构——四川深度拓展规划设计研究院，是学校"研究旅游、引领发展、服务产业"的重要平台和前沿阵地。

　　特别是四川省旅游学校的3块"金字招牌"：川派旅游发展研究院、规划设计研究院、博士服务团。前两者在产教融合和专业平台间架起了一座桥梁，主要解决合作中"产"与"研"的问题；而后者则显示出四川省旅游学校的影响与魄力，赵晓鸿校长招来8个博士做智库，负责"产学研"一体中的科学决策、核心知识以及成果形成。

图9　部分科研机构展示图

如此统筹，使得四川省旅游学校有了承接大型项目的实力，由研究院、规划设计院、博士服务团组成的"综合体"完全把"产学研一体化"践行下来。一次项目实施，就是一次生动的产教融合实践，学校在产教融合中拥有了更多的话语权。赵晓鸿总结为："过去，旅游职业教育被行业牵着鼻子走，现在，旅游职业教育要做行业的'先行军'！"

赵晓鸿会亲自参与做项目（图10），带领老师们去发现旅游行业产教融合到底融合什么。他没有给出答案，而是让老师们在"产学研"一体中自行挖掘并总结，再通过课堂传递给学生。

龙门4A级旅游景区规划设计　　　　　　　　现场勘查

图10　赵晓鸿带领团队参与项目建设

城市名人酒店企业课堂　　　　　　　　"天府乡愁"规划与建设

图11　规划建设项目

"天府乡愁"的规划与建设、雅安金熊猫旅游服务评价标准的研制、城市名人酒店企业课堂的开设、A级旅游景区的总体规划设计……项目种类繁多（图11），涉及了旅游、文创、规划、建筑、生态等一系列产业链，赵晓鸿自豪地说："省旅校18个专业全部匹配了适应、适合的项目，不仅打造出了全产业链服务人才，还可以根据新业态进行动态调整。"

三、文化浸润，"新四川"本土文化培根铸魂

作为四川优秀文化遗产的传承单位，四川省旅游学校把物质和非物质文化传承作为一种职责而不是一种任务。四川省旅游学校的院系全是为旅游产业链而设，院系设置为酒店与航空旅游系、旅游管理系、旅游建筑系、旅游艺术系、旅游餐饮系、康养旅游系等。赵晓鸿说，要以"新四川"（川茶、川菜、川酒、川武术）的创新模式传承历史文化，对巴蜀文化进行传承、凝练与弘扬，形成了充分展示学校个性魅力和"新四川"办学特色的校园文化，陶冶学生的情操，改变学生的气质，拓宽学生的视野，启迪学生的悟性，激发学生的灵感，开发学生的智能，健美学生的身心（图12）。

图 12　学生茶艺展示

结束语

"前辈筚路蓝缕，吾将薪火相传"。作为中国高品质职业教育的探索者，赵晓鸿校长十年磨一剑，始终践行着"择高处而立、寻宽处而行"的初心、理念。正如他常常对师生所说，未来的旅游产业和旅游职教，唯有创新才是唯一信仰。坚持创新、坚持发展、坚持产业化方向……做职业教育的火炬传递人，赵晓鸿一直在路上。

李学锋　姜光丽

创新产教融合模式　服务区域经济发展

——自贡职业技术学校党委书记、校长李浩平办学治校纪实

《国家职业教育改革实施方案》（国发〔2019〕4号）中明确指出：促进产教融合校企"双元"育人，推动校企全面加强深度合作，逐步提高行业企业参与办学程度，健全多元化办学体制，全面推行校企协同育人。自贡职业技术学校创新产教融合模式，着力打造现代职业教育升级版，与中国核电、中国中车、中国五冶、重庆长安、一汽丰田、东方锅炉、自贡兆强等优质企业建立了长期紧密的校企合作机制，并实施"订单培养、工学结合"的人才培养模式，联合举办焊接、数控技术应用、工业机器人等专业订单班，通过提质培优与增值赋能，学校既能定向培养专业技术技能人才，又可通过研发和生产向重庆齿轮箱有限公司、重庆清平机械厂等多家企业提供舰用齿轮、风电齿轮和密封件产品，直接服务于自贡老工业城市转型升级和成渝双城经济建设。此举实现了职业教育与产业发展同频共振，做强了校企资源共享和产教融合发展。

实施背景

李浩平，男，56岁，汉族，中共党员，西南师范大学汉语言文学教育本科毕业，四川师范大学研究生课程进修结业（中外教育思想与教育管理专业方向），现任自贡职业技术学校党委书记、校长。在学校任职期间，从事职业教育工作三十五年，其中担任县、市中职学校领导职务二十五年，先后被评为自贡市名校长、自贡市"三星级"校长、自贡市职教先进个人、自贡市德育先进工作者、自贡市优秀党务工作者、富顺县十大杰出青年、富顺县十佳教育工作者、富顺县优秀教师、中国安全教育学会会员、四川省人社厅颁发的中级人才测评师，全国职业教育管理创新校长。他还是川南职教集团副理事长，四川省现代畜牧业产教融合联盟副理事长，四川省第一期新时代中小学卓越校长培养培训班成员，自贡市政协15届委员，自贡市人大18届代表。

　　自贡职业技术学校是自贡市教育和体育局直属的一所国家级重点中等职业学校，由原自贡市工业学校、农业学校、财经学校、职工中专和釜溪职高五校合并组建而成，

现有在校学生 7361 人，教职工 296 人。近年来，在李浩平校长的带领下，学校先后建成国家中等职业教育改革发展示范校学校、全国职业教育先进单位、教育部全国职业院校关心下一代工作联系点学校、省级文明单位、省创建文明行业工作先进窗口单位、省级校风示范学校、省级内务管理示范校，还是全国第二批节约型公共机构示范单位，四川省现代学徒制试点学校，自贡市产教融合制度建设试点项目学校，中德合作职业教育试点推广项目——航空及燃机零部件制造、汽车机电维修试点学校，教育部和信息产业部确定的"计算机应用与软件技术专业领域技能型紧缺人才培养培训基地"，四川省第二批 1+X 证书制度试点学校。学校发展历程（图 1）。

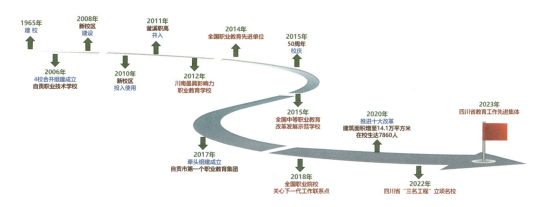

图 1　自贡职业技术学校发展历程

在新时代新征程中，李浩平同志作为学校党政一把手，心系学校发展事，肩扛职教改革责，团结带领全校教职工心往一处想、劲往一处使，紧紧抓住自贡老工业城市转型升级发展和成渝地区双城经济圈建设带来的机遇和挑战，以优化产教融合育人环境为基础，精准切入、主动出击，在深化人才培养模式改革、夯实人才培养模式实践等方面进行了一系列尝试与探索，结合校内十大改革，深度开展"校企合作、产教融合"实践研究，纾中职教育之所困，解行业企业之所需，找出了制约职教深改的难点、堵点。

一是校企合作产教融合机制不健全，企业合作积极性不高。

二是校内实训条件有限，校外实训成本过高，"实景实岗"教学环境难以形成。

三是学校实践教学体系与一线职业岗位所需能力脱节，未能紧跟行业、企业的技术进步。

四是人才培养服务地方发展的应变能力不足。尤其在抢抓成渝双城经济圈发展机遇和服务产业发展上还有明显短板。

学校基于校企合作、产教融合的，以"现代学徒制"为特征的（双元融合）人才培养模式，加强与东方锅炉、中国核电、一汽丰田、自贡兆强、自贡全州彩灯等企业深度合作，将焊接、数控技术、彩灯等专业打造成为国家和省级产教融合示范专业，助力老工业城市转型升级和成渝双城经济圈建设。

主要做法

针对上述问题，李浩平同志以多年的职教生涯经验水平，带领学校加大改革力度，深化了办学理念"成人成才成功"：立德树人，树立正确三观；学好文化专业，具备技术与技能；就业合格，努力创业，奉献社会。走好升学就业两条路，落实"三全六会六特色"，深入产教融合，提升校中厂和厂中校的融合度，提高实训和经济双效益，实现五对接的生师水平的提高；服务好社会，加大工农人员培训量，加大为地方和企业的订单培训，开放学校一切资源，示范引领，服务经济民生。对校企合作、产教融合模式进行了深入的研究、探索和创新，总结积累了一些好的经验和做法。

1. 深入调研市场需求

为探索产教融合新模式，摸清企业用人需求，更好地与行业、企业深度对接，提高人才培养的精确度，服务成渝经济高质量发展。针对近年自贡人口数量减少、老龄化偏高、流出量增大和人才结构性短缺等问题，学校组织专家团队、一线教师和合作企业等，对自贡市人才结构、人才培养、企业用工需求状况等进行了深入调研，分析出当前技能人才短缺、企业用工缺口增大，影响产业转型升级发展等问题，并提出了相应的改进建议。此举为学校调整专业设置、修订人才培养方案、重构专业课程体系、深化落实"三教改革"和提高人才培养质量提供了科学依据。

从调研了解的情况看：自贡作为老工业城市，工业基础扎实，新兴产业渐起。全市现有工业企业 2568 户，其中规模以上工业企业 611 户。2021 年年底，全市有技能人才 19.53 万人、占常住人口 248.92 万人的 7.85%，其中高技能人才 3.09 万人、占技能人才的 15.82%。从调查数据可以看出，自贡市技能人才，特别是高技能人才严重不足（图 2）。

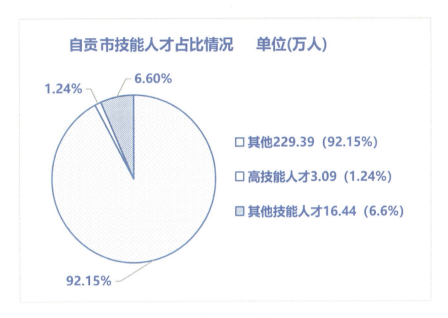

图 2　自贡市技能人才占比图

从专业技术职称情况来看，全市规模以上企业从业人员 34597 人，其中高级职称 1188 人，占比 3.43%；中级职称 2399 人，占比 6.93%；初级职称 2616 人，占比 7.56%（图 3）。

图 3　自贡市规模以上企业从业人员职称结构图

从对自贡市部分企业问卷调查数据来看，163 家企业缺人才 1289 人，其中缺技术工人 966 人、专业技术人员 323 人（图 4）。

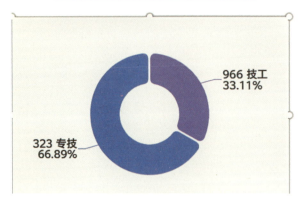

图 4　自贡市技能人才缺口图

2. 优选合作企业

在调查研究的基础上，为抢抓成渝地区双城经济圈建设这一国家战略机遇，推动机械制造类专业融入其中，学校经多方考察筛选，最后确定东方锅炉、中国核电、中国中车、中国中建、中国五冶、重庆长安、一汽丰田、自贡兆强、自贡全州彩灯等企业为深度合作单位，校企联合打造"焊接""数控技术与应用""工业机器人""彩灯设计与制作"专业升级版。如焊接专业是原东锅技校的品牌专业，企业用工需求量大，市场发展前景好，与自贡职业技术学校联合办学后，学校投资 800 多万元更新建设焊接专业实训设备，建成了全市一流的焊接实训基地。数控专业是学校的一个老专业，有 40 多年的办学历史，也是国家和省级重点专业。为使这一老专业在服务成渝双城经济圈建设中焕发新生机、实现新作为，学校选择与自贡兆强科技公司合作进行数字化改造，赋予数控、工业机器人等专业发展新动能。自贡兆强公司是一家从事密封件生产、新型密封件研发和新材料开发的新型企业，对数控加工技术人才需求量较大，且该公司长期与重庆齿轮箱有限公司、重庆清平机械厂等央企合作生产加工舰用齿轮、风电齿轮、密封件等产品，可直接服务成渝双城经济圈建设。

3. 共建了校内产训车间

依托良好的专业口碑、实训环境及场地优势，学校引进优质企业，校企共同投资，在校内按"校中厂"模式共建"兆强产训车间"。为实现真改深改，学校班子有担当有作为，勇于自找动力，敢于自加压力，多方投入 2500 万元，校企共同投入 3000 万元改造资金从德国进口了价值 2000 多万元的磨齿轮机床等数控加工设备，使产训车间实现全新升级换代，集教学、实训、生产、研发于一体，成为全省一流的机械加工产训车间。这既满足了校内数控专业教学和实训需要，又生产出了舰用齿轮、风电齿轮等，发往重庆齿轮箱有限公司和清平机械厂深加工，产生了直接经济效益，学校的贷款、投入亦能从分成收益中逐年偿还，实现了真正意义上的校企互利共赢。校内产训车间加工的所有工序均实行独立核算，初步估算，正常生产后该合作项目每年可产生纯利润 300 万 ~ 500 万元，学校年净收入 200 万元以上，实现了技术技能培养和校企合作收益双丰收。

4. 校企联合订单办学

订单办学是实现学校人才培养与企业用工需求"零对接"的有效途径。近年来，学校加大订单办学力度，订单班数量和质量不断提升。如学校与一汽丰田（成都）汽车有限公司合作，在学校设立"一汽丰田焊接定向班"，企业为鼓励学生学好知识和技能，专门设立"丰田奖学金"奖励优秀学生。近年来，公司已累积发放奖学金 51 万元。目前，有近 300 名订单班学生在该公司从事焊接工作，成为企业技术骨干和中坚力量。此外，学校还与军工企业重庆长安工业集团有限公司合作设立"长安工业定向班"，输送的学生在该企业作为技术骨干被分批派到国外学习、负责安装和调试，深受业内外好评。

5. 创新了"三阶递进"学徒模式

自贡兆强公司利用现有的 5000 多万设备，通过引校入企形式，与学校合作共建"梯次递进、产教融合"综合平台，建设厂内基础实训、综合实训、生产车间三台阶递进式实训场地——"厂中校"，推进工学"双循环"、校企"零对接"（图 5）。

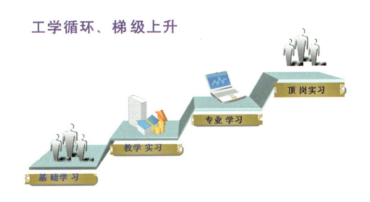

图 5　三阶递进模式图

实施过程中，采取"221122"学徒交替培养方式运行，使"三阶递进"落实到位。即订单班学生在 3 年学制中，2.5 年在学校和企业交替完成相关课程学习和专业实训，也就是每学期，2 个月在学校学习文化专业知识，2 个月到企业或校内产训车间练习实操技能，1 个月回校学习巩固所学知识和技能，1 个月休假。最后 0.5 年由公司安排在本企业和成渝生产企业，如重庆齿轮箱有限公司、重庆清平机械厂等企业顶岗实习和就业。

"三阶递进"模式实施过程中，学校与兆强公司共同修订人才培养方案、优化产教融合课程标准和教学安排、提升教学团队水平、深化课程教学改革、改善专业教学条件、提升服务地方能力，开发基于典型生产任务的活页式校本教材和工作页，建设教学资源库，努力将数控专业打造成为省内一流、全国有影响力的品牌专业，形成了一套较完善的产教融合校企协同育人的方案和样本，提升了人才培养质量。首届"订单班"招收的两个班86名学生，正按"三阶递进"模式有序进行教学和实训，通过工学交替，实现知识和技能"双提升"。

6. 推进了"双元制"有效实施

学校在总结中德合作开展"汽车机电维修"、数控"航空燃机与零部件维修"等专业的教学与实训经验的基础上，继续探索德国"双元制"职教模式的应用，促进学生把在学校所学习到的理论知识和在企业中所锻炼到的实践技能紧密地结合起来，培养更多高素质的专业技术技能人才。为使"双元制"在学校落地生根、开花结果，李浩平同志与德国专家反复洽谈交流，将德国"双元制"模式与推行现代学徒制试点有效对接，突出校企双主体育人。现代学徒制试点的推行，使学校的育人模式、培养方式发生了质的改变，学生不再是单纯的经验学习，而是工学交替与理论实践并重，培养目标也从培养熟练技术工人发展为培养理论联系实际的高素质技能人才。2019年，学校开始与中国核工业建设有限公司合作，校企联办"中核焊接现代学徒制试点班"，采用"双元"现代学徒制模式培养学生，即第1—3学期，学生以"2+2"（两周理论 + 两周实习）的模式在校内完成基础课程学习，第4学期通过考评选拔合格的学生，由中核集团派企业焊接专家驻校培训，完成考焊接核级资格证基础理论技能培训的学生享受企业1000元 / 月生活补贴。第5—6学期，试点班学生集中到中核企业焊接培训中心或项目部完成核级资格考证培训并考证（按核工业部要求，考取焊接核级资格证人员须有核电企业1年的工作经历），培训考证期间，企业每月给学生4000元的生活补贴，培训考证合格的学生直接录入中核公司就业，月收入5000 ~ 15000元，学生满意，家长高兴，企业欢迎。

7. 加强了教学团队建设

兆强公司与学校契合四川省首批教师教育教学创新团队（数控技术应用专业）建设，实行企业与学校人员双向互动，把企业需求有效转化为学校育人标准和方案。公司选派技术人员和员工进校培训教师、指导实训；学校安排教师进企业实践，参与企业生产经营活动，提升教师实践技能。校企共同开展各类培训和技术服务，共编新型工作页式省规教材。团队加强校本研修，组织教学能力大赛和专业技能大赛，推广中德合作试点成果，转变教育教学理念，丰富教学方法手段，提升信息化能力水平。并狠抓课堂教学、企业实践、教研教改、课题研究，不断提高教学团队的"双师素养"，培养出了一支师德师风高尚、双师能力突出、教学科研水平较高、专兼结合的教育教学创新团队，促进校企合作产教融合落地落实。

成果成效

在李浩平校长的引领和带动下，学校的教育教学、产教融合、改革创新、建设发展、人才培养、社会服务等各方面取得了显著成效，在市教体局年度综合考评中，连续三年被评为全市教育系统优秀单位。其主要成果成效如下。

1. 形成校企合作产教融合典型案例

通过校企合作共建数控技术应用专业、共育制造业技术技能人才的实践，促进了产教融合长效机制与提质培优行动计划的有机结合，形成了具有地方特色的校企合作产教融合自贡方案和自贡经验，实现了职业教育与企业用工需求、生产实训、产品加工的无缝对接，有效地融入成渝地区双城经济圈建设，并可供复制借鉴。2021 年 10 月，学校总结提炼的《产教融合提质培优 服务双城经济圈建设——自贡职业技术学校数控技术专业产教融合发展案例》正式报省教育厅宣传推广。2022 年，学校总结形成的《背靠优质大企业，推进校企合作办学效果好》《自贡职业技术学校、自贡兆强环保科技股份有限公司多方合作办"数控技术应用专业"产教融合效果实、前景好》《自贡职业技术学校与四川大西洋集团有限责任公司合作建设自贡市高端焊接技能人才产教融合实训基地方向好、待推进》等案例被选入自贡市政协、自贡市知联会 2022 年度调研报告，报市委、市政府决策参考。

2. 形成基于现代学徒制的工学交替"三阶递进"学徒培养模式

一是校企共建机械加工基础实训、综合实训、生产实训车间三台阶、递进式实训场地，实现了"两对接三转化"，即学校与企业、学生与员工对接，实训教学师徒化、实训基地管理企业化、实训成果产品化。二是"三阶递进"人才培养模式的实施，形成了产教双循环、校企零对接，为学生校内、校外实训搭建了一个循序渐进的实操平台。基本实现了"四个合一"的目标，即课堂与车间合一、教师与师傅合一、学生与学徒合一、作业与产品合一。三是缓解了合作企业技工短缺问题。学生通过"三阶递进"培训学习、实操历练，能很快适应企业岗位用工需求，且学生分批不间断交替在企业跟岗实习和顶岗实习，毕业考核合格，便直接转为正式员工，从根本上缓解了企业技工短缺问题。

3. 形成专业建设服务地方、融入双城经济圈建设的实施路径和办法

通过学校与中核集团、重庆长安、自贡兆强等企业的深度合作，共建专业、共筑

基地、共育人才，初步形成了融入成渝双城经济圈建设和再造产业自贡的实施路径和办法。并借助专业项目建设，在服务地方经济发展方面发挥了积极作用，形成了成渝地区 8 家企业抱团发展的基础平台和桥梁纽带，直接为成渝多家企业提升了技术技能和生产加工齿轮、密封件等系列产品，助推了成渝双城经济圈建设。同时，学校结合自贡老工业城市转型升级发展战略，主动与自贡市彩灯行业商会、四川轻化工大学彩灯学院、自贡市全州彩灯公司合作，通过"学校＋学院＋商会＋企业"的运行模式，共同培养彩灯专业技术技能人才，共建产、学、研彩灯教学与生产实训基地。在实践中形成"两定两化一结合"人才培养模式，即企业订单培养与升学定向培养相贯通，教学内容职业化与常规管理军事化相融合，技能人才培养与非遗文化传承相结合。并成功建成省级特色（示范）专业，为自贡彩灯业的发展提供了有力的人才和技工支撑（图 6）。

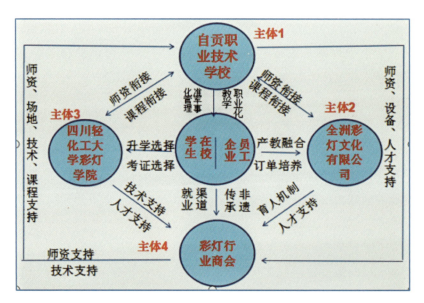

图 6 "两定两化一结合"人才培养模式运行图

4. 初步形成"产学研一体化运行机制"

自贡兆强环保科技股份有限公司长期从事密封件生产、新型密封件研发和新材料开发，2019 年荣获国家技术发明二等奖。学校与该公司合作，发挥各自优势，初步形成集生产、教学、研发于一体的运行机制，促进了创新科技成果的转化和应用，也带动了学校的教学科研课题研究，由校企共同承担的省级重点课题《任务驱动教学法在机械加工技术专业中的应用》获得 2018 年省级二等奖。学校与自贡兆强科技公司共同申报的《现代学徒制服务成渝双城经济圈数控技术应用产教融合的实践与研究》被立项为省级重点科研课题，正在研究中，已取得初步研究成果。与自贡全州彩灯公司合作申报的省级重点课题《中职学校传承地方非物质文化遗产的实践研究——以自贡彩灯传统制作工艺为例》，已完成研究并通过专家组验收顺利结题，其研究成果被评为2021年省政府教学成果二等奖。

5.通过校企合作锻造了一支素质优良的专兼职教师队伍

（1）校企合作组建"双师型"教师教学创新团队。

学校十分重视"双师型"教师队伍的建设。以校企合作为契机，学校以名教师、骨干教师和青年教师，企业以工程师、车间管理人员和技师联合组成"双师型"教师教学创新团队，该团队数量充足、专兼结合、结构合理、具有较高的理论与实践水平。在实际工作中，这些团队教师又按项目、模块、就业与升学的不同教学内容创建成不同的教学创新团队。学校以省教师教学创新团队为平台，定期组织这些团队交流、学习和总结，有效地提升了团队成员的教育教学水平和科研水平。

（2）推动了学校"教师"与企业"技师"的双向流动。

校企双方深入合作，实行人员互聘互派，搭建教师成长平台。例如，学校数控专业，教师深入企业与师傅共同参与生产和管理学生。教师参与到企业，既有效地管理了学生、缩短了师傅熟悉学生的时间，又达到了教师了解企业生产实际的目的。同时，根据教学和企业产品状况，企业工程师和师傅定期和不定期到学校担任教学或讲座，把企业的生产工艺、生产管理和新技术传授给学生。企业工程师和师傅参与到学校，既了解了学校的教育教学规律和管理学生的方法，又提前熟悉了学生，为后续教学和管理奠定了基础。在教学中"教师"与"技师"达成了产教融合、以真实企业生产任务为载体的任务教学模式的共识，校企双方的"教师"与"技师"均成了"三师型教师"（教师、技师、导师）。

（3）优化了教师评价标准，激发了教师积极性。

学校对原有的教师评价标准进行了优化。在新标准中特别注重支持教师到企业实践，把企业生产项目实践经历、业绩成果纳入重要考核指标；把教师实施课程思政，培养学生综合素养的能力作为重要考核指标。通过优化评价体系，在产教融合中，学生学习积极性的提高，教师自身能力的增强，唤起了教师心中对学生的爱，对教育的情怀，以及对自身职业的荣誉感，教师们激发了工作和学习的积极性，理论、实践技能得到了提高，教学理念得到了改变。形成了专业课教师、思政课教师和企业技师交流合作的局面，做到了教育与教学并行，知识、技能要素，职业素养和思政元素并重。

通过校企双方的努力，构建了一支适应性强、综合素质高的"双师型"教师队伍，推动了学校教育教学和企业生产经营活动的开展。学校专业教师被派到合作企业生产车间进行实践锻炼、课题调研、学习技术，一方面促进了实际操作技能和分析解决问题能力的提高，另一方面也发挥了自身的专业优势，为企业开展技术咨询与服务，参与企业技术革新与攻关产品的研发，协助企业解决了技术难题，对促进企业生产发展起到了一定作用。特别是教师通过企业的实践锻炼，素质和能力得到了有效提升。企业派到学校的专业人员、技术工人、能工巧匠，成为学校的专业教师或实训指导老师，将企业的新技术、新工艺传授给学生，促进了学生操作技能和动手能力的提高，取得了校企协同育人的良好效果。

总之，在产学研一体化实践过程中，通过校企人员互聘互派，促进了学校教师队伍整体水平的提高。近年，学校有 2 名教师成长为市级教育专家，5 人为市级学科带头人，6 人分别为市级学科名师和骨干教师。机械加工技术专业和财经专业分别组建了市级名师工作室，彩灯专业组建了四川省职业院校紧缺领域技艺技能传承创新平台，数控专业组建了四川省职业院校教师教学创新平台。其中机械加工技术专业名师工作室领衔人毛建力同志被评为四川省特级教师。企业选聘到学校的兼职教师中，6 人先后被评为"天府工匠"和"盐都工匠"，成为企业和学校的技术骨干。

6. 提升了学生职业技能和就业能力

近年来，学校学生参加国家和省、市技能大赛获奖达 100 多项。在 2020 年"科云杯"全国职业院校中职组财会职业能力大赛全国网络赛中，学校获团体一等奖、二等奖各一个。在 2020 年全省中职学生技能大赛中，学生共参加七个赛项，获得竞赛团体一等奖 1 个、团体二等奖 1 个、团体三等奖 2 个；个人二等奖 2 个、三等奖 5 个。2022 年，学校焊接专业的 2 名学生参加全省技能大赛以第一、二名的成绩获得一等奖，学校工业机器人学生团队参加"一带一路暨金砖国家技能发展与技术创新大赛工业机器人数字孪生技术应用技能竞赛"，获得中职组中国区决赛三等奖。直接促进了就业率的提高。据学校招生就业科统计：近三年，毕业生一次性就业率达 95% 以上，一年内就业稳定率保持在 80% 以上，其中校企合作联合培养的学生，在该企业就业率达 98% 以上，成了企业"用得上、留得住、干得好"的技术技能人才。如获全省中职学生焊接技能大赛第一名的郭世林被中核五公司（上海）作为优秀技能人才引进，奖励 6 万元现金，安排到中核工程研究院工作。校企合作培养的学生升入高职院校学习后，专业知识和职业技能得到了有效提升，人生出彩的机会增多，合作企业更欢迎这些学生毕业后到该单位工作就业，给予了更高的工资福利待遇，以吸引和留住人才。如获得省机器人竞赛一等奖和国赛三等奖的毛干毓，通过教师帮助他分析学科知识、技能的优劣势，有目的、有重点地参与到学校的班级学习和竞赛训练中，在实践中把理论和实践技能有机结合，把理论和技能不断反复结合，实现了螺旋上升，该生到高校后成为学校重点培养对象，学习成绩优异，获国赛一等奖，被大型国企录取。通过订单办学和现代学徒制模式以及学校和企业的联合育人，学生的学习更有目的，学习积极性得到了激发，教师更能把握教学中的重、难点，提高了学生的学习效率。根据学生的实际，帮助学生选择就业和升学，然后有针对性地进行教学安排，有效地处理了升学和就业这一难题。

7.凸显了学校社会服务与培训功能

学校校企共建有数控、焊接、汽修、彩灯、烹饪等专业5个市级产教融合实训基地，校企共建的数控、汽修、彩灯、烹饪等专业产训车间（生产实训基地）在承担教学、生产实训和产品加工的同时，还面向社会开展培训服务。校企双方共同制订培训计划、确定培训项目，以高端化、定制化、特色化培训，为本地现代制造业企业培训员工62人，为其他职业院校培训数控专业教师16人，为四川轻化工大学培训机械加工专业学生192人。承办市、区、企业职工技能竞赛5次，接待中小学生职业体验1745人次，为服务地方产业升级发展、人才培养做出了积极贡献。

以上主要成效、成果的取得，与李浩平同志及班子成员的正确领导、科学决策、担当作为、真抓实干密不可分。特别是作为班长的李浩平同志团结带领班子一班人和全校教职工，有效应对自贡老工业城市转型升级发展对技术技能型人才的需要，及时抢抓2021年11月中共中央 国务院印发的《成渝地区双城经济圈建设规划纲要》带来的机遇和挑战，因势而为，顺势而谋，以奋发有为的精神状态，沿着学校"一路一桥一校"发展思路，坚定不移地走校企合作、产教融合之路，搭建中高职人才培养的"立交桥"，推进现代职业技术学校建设，如期完成了学校预期发展目标任务，成为自贡市职业教育改革发展的标杆。

经验总结

学校在创新产教融合模式，服务成渝双城经济建设实践中，初步探索、形成了工学交替"双循环"、人才培养"双元制"、理实一体"三阶梯"的现代学徒制培养模式和"两定两化一结合"的人才培养方案，突破了传统的学科教育"三段式"培养模式，是一种技能型人才培养模式的新尝试，符合认知规律和教育规律，符合中职学校教学改革实际，具有一定的推广应用价值。但具体运行过程中，还存在以下一些不足。

一是产教融合机制不够健全，企业的担当责任有待提高，学校主动求变不够。学校及教职员工主动应变的积极性不够，"等、靠、要""不愿改变"的思想客观存在，主动出击向市场、向企业找出路的成效也不太明显；专业设置与产业对接不够紧密，同质化较突出。

二是企业参与度不够。校企合作虚多实少，企业有的没动力，有的没能力，有的没精力参与校企合作。合作中"校热企冷"问题未根本解决。

三是政府对产教融合型企业在金融、项目、税收、土地等的具体优惠上缺乏政策实施细则，支持力度不够。

四是及时将行业企业新技术、新工艺、新规范纳入教学标准和教学内容，强化学生实习实训还有一定差距，需要在实践中不断改进完善，推进校企合作、产教融合走深走实。

结束语

奋进新征程，扬帆再出发。党的二十大擘画了全面建设社会主义现代化国家，全面推进中华民族伟大复兴的宏伟蓝图。按照习近平总书记在二十大报告中提出的"统筹职业教育、高等教育、继续教育协同创新，推进普职融通、产教融合、科教融汇，优化职业教育类型定位"要求，当前和今后一个时期，学校要全面贯彻落实党的二十大精神，坚持走校企合作、产教融合之路，在持续实践中探索，在不断改革中创新，为服务成渝双城经济圈建设，为建设社会主义现代化国家培养更多的德技双馨的技术技能人才，为学生创造更多的人生出彩机会，为实现中国式现代化，推进中华民族伟大复兴贡献力量。

侯燕　李学锋

继往开来新征程　不忘初心续辉煌

——四川省德昌县职业高级中学校长许德权办学治校纪实

"志之所趋，无远弗届，穷山距海，不能限也。耿耿园丁意，拳拳育人心；身于幽谷处，孕育兰花香。"这是现任四川省德昌县职业高级中学党总支书记、校长许德权的自画像。许德权大学本科学历，中学正高级教师，扎根教育三十余年，始终不忘初心、牢记使命，莫问收获、但问耕耘。许德权校长自2012年起进入德昌职中，十年来带领德昌职中不断发展壮大，尽力谱写对职业教育的忠诚，奏响新时代职业教育嘹亮的凯歌。先后被评为德昌县优秀教师、德昌县优秀共产党员、德昌县优秀教育工作者、凉山州安全管理先进个人、凉山州优秀教育工作者、四川省优秀教育工作者。

许德权校长作风务实、为人正派、砺德砺行、敢于开拓，不断更新教育理念，坚持做到与时俱进。积极探索职业教育新形势下文化管理、文化育人、文化润德的新举措、新路子，全力构建新型的校园文化，营造师生健康成长的良好环境。形成了鲜明

图1　许德权校长

155

而富有特色的内涵外延同步发展的办学之路，提升了学校的办学层次与育人水平。鲜明的办学特色吸引了州内外教育考察团到学校学习考察，多次受到四川电视台、云南电视台、凉山电视台、四川日报、凉山日报等省内外媒体的采访（图1）。

德昌职中于1985年建校，创办初期，困难重重。1985年经德昌县委、县政府申请，州人民政府批准，"五一乡初级中学"成了从事中等职业教育的"德昌县五一职业中学"，学校占地仅26亩。学校地处大凉山，此地地域狭小，人口数量不足，处在经济较为发达的攀西中间，挤压的态势较为明显。受成绵地区高质量教育的影响，普职生源流失严重，加上社会对职业教育的偏见，学生或外出求学或务工，对职校产生了致命的打击。曾经的德昌职中直到开学还在为生源奔波，学校迫切需要走出招生困境，扩大办学影响，提升服务社会的功能。

长期以来，学校本着"按市场规律办学，按教育规律育人，以市场为导向，以服务为宗旨"的办学思想；以德育为抓手，以规范为准绳，立德树人，对学生推行"高标准、严要求"的准军事精细化管理；坚持"知识和技能并重，升学与就业同举"，为社会培养了大批应用型人才。

三十七年来，学校历经两次跨越式发展，一是于2010年创建为省级重点公办中职学校，二是2018年获批成为四川省首批立项建设省级示范校，现校园占地128亩，建筑面积5万余平方米，实训设备价值5000余万元。开办有电子、数控、汽修、烹饪、计算机、幼儿保育、旅游服务与管理、电子商务等8大优质专业。

一、治理学校的理念及主要做法

（一）治理学校的理念

许德权积极探索职业教育新形势下的学校治理，从文化管理、文化育人、文化润德到内涵发展的新举措、新路子，全力构建新型的校园文化。

1. 筑地基，强党建

以强化党的领导为核心，以抓牢意识形态工作为重点，以推进党建标准化、规范化为依托，创新党组织活动与党员教育管理，通过进一步完善落实党组织议事规则，打造"党耀中华——出彩人生"党建品牌，鼓励引导党员成长为各级各类名师（大师），把非党员名师（大师）发展成为党员，强化名师（大师）引领，充分发挥基层党组织战斗堡垒作用和党员先锋模范作用。通过开展评价体系改革，健全和完善评价机制，将党建和思想政治工作评价指标全面纳入学校事业发展规划、专业质量评价、人才项目评审、教学科研成果评估中，切实发挥党组织在学校的领导核心和政治核心作用。

2. 重内涵，促发展

（1）强化德育管理。重新修订《德昌县职业高级中学学生德育管理办法》等制度，加强常规管理，坚持"四规范""三会一课"和周一国旗下讲话等育人形式，形成良好的育人氛围。

（2）提高教学质量。重新修订《德昌县职业高级中学教育教学质量奖惩制度》，坚持升学就业双通道，努力提升教学质量。2014年乘着职教改革的东风一举打破高考僵局，师生各级技能大赛捷报频传。

（3）改善办学条件。加强设备设施建设，美化校园环境，提升了办学条件。

（4）拓展就业渠道。广交朋友重考察，引入优质企业拓宽学生就业之路。学校推荐就业，达到升学与就业同举，实现解决一人读书、带动一人就业、富裕一个家庭的目标。

3. 培师资，重保障

（1）建立教师培养机制。加强"师徒结对"的传帮带的作用；完善目标管理和绩效考核多元评价机制。

（2）坚持"校企共育"，全面提升"双师"素质。与区域企业共建"双师型"教师培养培训基地，专业教师走进企业参与实践，提升技能；优化教师企业实践制度，完善兼职教师聘任办法和管理制度。

（3）坚持"高端引领"，加强专业带头人、骨干教师培养力度。

（4）坚持"四有"标准，以社会主义核心价值观为引领，加强师德师风建设，提升教师政治素养。

（5）坚持"能力为重"，组建教学创新团队、名师工作室和技能大师工作室，提升教师教学教研能力，培养在区域内具有影响力的教学名师。

4. 提站位，重服务

围绕"二主干、六协同"目标（即：以"三名工程"中两个名专业建设为主干，带动其他六个专业协同发展的专业特色发展思路），协同发展特色专业；构建"校、企、行"融通机制，打造人才培养模式体系；对标行业标准，省级示范要求，打造优势特色。巩固凉山脱贫攻坚成果，助力德昌乡村振兴。整合县内外各类培训项目，发挥专业技术和设备资源优势，面向企业职工、现（退）役军人、失业人员和高素质农民等开展适合的职业教育和培训，建成县内企业员工培训示范基地和乡村振兴实用人才培养优质学校。与国内外高水平职业院校（机构）开展项目合作，开发在线培训教学资源，创新培训模式。

5. 建合作，广拓展

依托凉山职教联盟，增加专业合作企业数量，扎实推进产教融合，深化校企协同育人；学校与企业共同实施人才培养方案，评价培养质量，聚焦产业发展共建特色名专业。打造汽修专业新能源汽车智能网联，建设烹饪专业"4+6"川派餐饮服务体系；学校、各专业积极参加各行业职教联盟，实现优质资源共建共享，推行校企深度合作；深化订单式人才培养模式，汽修、烹饪专业实现 1～2 个订单班的建设，并探索企业新型学徒制。

稳定对接四川机电职业技术学院、成都航空职业技术学院、四川旅游职业技术学院等高校，畅通学生升学道路；对接国内名优企业，学生就业门路拓宽，实现稳定就业，稳岗率逐年高升。为积极推进校企合作、产教融合，学校骨干专业与有影响力的企业，如成都柴门餐饮、成都净和餐饮、西昌西波鹤影、凉山宾馆、德昌大冯汽修、德昌茂源长食品等 20 余家企业合作建立了运行良好并有保障机制的校外实训基地。

（二）主要做法

许德权校长探索出鲜明而富有特色的内涵外延同步发展的办学之路，提升了学校的办学层次与育人水平。

1.抓住机遇，办学规模迅速扩大

在县委、县政府和州县教体局的正确领导下，学校乘职业教育改革之东风，送技下乡，送政策入户，宣传成才典型，以职业教育宣传周为契机，大力宣传党和国家的各项惠民政策，宣传职业教育，初中毕业生入学率不断增高，学校规模迅速扩大。近年来，学校打破招生难的僵局，历时一天半便招满 1400 余名新生，为德昌县普及高中阶段教育，促进教育公平做出了应有的贡献。

2.创新发展，办学特色逐步形成

（1）创新模式，教学质量逐年提高。

为让有升学意愿的学生升学，有就业意愿的学生就好业，一方面学校确立了"一个专业外聘 1～2 名专家，对接 1～2 所高校，依托 1～2 个大型企业"的专业建设思路，另一方面采用"大赛引领、理实一体、赛训结合"教学模式，进一步提升教学质量。近年来，学生参加对口高职和单招考试，升学率达 97%，就业率达 100%。参加凉山州中职学生技能大赛，连续 8 年获团体一等奖。

（2）立德树人，习惯教育成效凸显。

学校将社会主义核心价值观、学生行为习惯养成教育作为德育工作的重点。学校经过多年探索总结，特别是示范校建设以来，将学校一以贯之的经验做法总结提炼并优化创新，构建了"12345+N"三全育人模式，即：紧扣一个目标（落实立德树人根本任务），狠抓两个习惯（学习习惯、行为习惯），倡导"三自"教育（自我管理、自我服务、自我教育），坚持四个规范（仪容仪表规范、教室规范、校园公区规范、寝室内务规范），实现"五育"并举（德智体美劳全面培养），做好 N 项活动，打造 N 个品牌

（全方位的 N 类活动贯穿于育人全过程）的立体育人模式。

一是紧扣一个目标、突出党建引领。学校始终坚持党建引领把方向，紧扣落实立德树人根本任务，把抓好党建作为最重要的本职工作，扎实推进党建、业务"双融合、双促进"。

二是狠抓两个习惯，铸就出彩人生。学校以"修身、励志、笃学、力行"为校训，将"行为凝聚习惯，习惯塑造品德，品德成就人生，人生创造幸福"作为学校的主要育人导向，坚持学习习惯和行为习惯两手抓，突出养成教育，在把牢思政课程的基础上全面推进课程思政改革，着力构建思政育人大格局。

三是倡导三自教育，服务终身成长。学校以学生会为依托，强化思想引领和组织领导，充分发挥校团委组织领导功能，通过生活部、纪检部、学习部等学生会职能部门深度参与学校学生服务管理（站位、跑操、升旗纪律考勤管理，周三大扫除卫生督察管理，校内大型活动服务管理等），着力构建学生自我管理、自我服务、自我教育新格局，为学生终身发展增值赋能。

四是坚持四个规范，立足全面养成。学校自 1985 年建校，从一所不足百人的小学校发展到逾 4000 人的优质职业高中，在发展中探索，在挫折中总结，形成了坚持近三十年的"四规范"（"仪容仪表规范、教室规范、校园公区规范、寝室内务规范"）做法，内涵得到显著提升，学校也因此荣获"四川省首批内务管理示范校"的称号。

五是五育并举，促进全面发展。在突出德育为先的基础上，坚持技能为重，突出能力本位，促进学生德智体美劳全面发展。以突出"升学、技能"双导向，"本科、大赛"双引领促进教育质量提升；通过每天"三操"（早操、课间操、眼保健操）、每周"两位"（周二、周四站位）、每年"两会"（5 月专业部际篮球运动会、11 月学生冬季田径运动会）等坚持引导学生每天锻炼 1 小时，确保体质测试全通过；以上好音乐鉴赏、美术课为基础，连年开展艺术专业毕业汇报活动（手工、绘画展和文艺演出），打造缤纷社团，美术、手工、书法社团三社联办迎新年画展活动深化美育教育；以坚持落实每天"四规范"卫生、内务常规要求，每周周三大扫除、值周班两次轮流整治校园周边环境卫生为基础，通过"植树节志愿绿化""清明志愿扫墓""五一志愿劳动服务月"等形式广泛开展劳动教育。

（3）示范引领，内涵建设稳步提升。

①健全内部治理体系。

以贯彻落实习近平法治思想为根本，对标国家职业教育标准，坚持依法治校，突出章程的引领水平，构建以《四川省德昌县职业高级中学办学章程》为核心的现代职业学校制度体系并严格考核落实，构建完善的自我管理，自我约束机制。

②优化内部治理结构。

以推进"校—部"二级管理模式改革为切入点，以制度的形式优化各处室、专业部职责及工作流程，理顺管理体系；建立校级专业建设委员会和教材选用委员会，明确工作职责和流程，强化工作落实，有效指导专业建设及教学改革。

③加强干部队伍建设。

制订管理干部队伍培养培训计划，并按计划全覆盖，组织开展管理干部队伍集中培训和轮训；同时强化制度约束，制定并完善管理干部考核评价办法，促进管理队伍专业化水平明显提升。

④发挥技术优势，促进管理水平提升。

完成人事档案管理系统的部署及推广应用，建立完备的人事档案数据库并定期更新；优化校园现有的 OA 办公系统和智慧校园系统，加大平台的推广使用力度，实现学校常规管理考核全覆盖，促进信息技术和智能技术融入学校管理全过程，决策更加科学精准。

⑤彰显民主治校特色。

完善教职工代表大会制度工作机制，细化明确工作职责和流程；加强指导培训，提升教代会代表议事水平，确保教代会广泛深入参与学校治理，充分发挥其作用，形成民主治校特色。

⑥加强教学诊改，发挥质量保证主体作用。

建立并完善学校教学工作诊改制度和质量年报发布制度，定期发布年度质量报告；建立教学诊改平台并推进诊改落实，提升诊改科学化、现代化水平。

（4）多措并举，师资队伍建设成效显著。

采取"请进来、走出去、入企业、结对子、促教改、抓科研、重比赛"七个举措培养教师。

①请进来，引思想，转理念。每年邀请一些知名企业家、高校专家、兄弟学校名师到校开展讲座，面对面交流碰撞，让老师们接受新思想，不断转变自身教育教学理念。

②走出去，变观念，阔视野。一直以来把培养"专家型教师、学术性教师、研究型教师"作为教师成长的抓手，三年来先后派出 300 余人次到同济大学、浙江师范大学、省内高校参加专业带头人、骨干教师、"双师型"教师培训，转变了教师观念，开阔了视野。

③入企业，提技能，强功底。教师到企业实践是教师在职培训的重要形式，是提高教师专业技能水平和实践教学能力的有效途径。学校制定了《四川省德昌县职业高级中学教师企业实践制度》，组织实施"3 个 1 工程"，即专业教师深入一家企业，对接一个师傅，每年深入企业锻炼学习合计不少于一个月。通过到企业深入学习，筑牢

专业课教师基本功。

④结对子，传帮带，共提升。学校长期以来注重对青年教师的"传帮带"工作，开展"青蓝结对"，加大对青年教师的培养力度，从师德、业务、技能、班级管理等方面引导青年教师，努力使他们的业务水平得到稳步提升。

⑤强内涵，建模式，促教改。根据学校特点，以专业部、教研组为单位开展教研教改活动，研讨适合本专业特点的人才培养模式。如："小师傅"模式。

⑥重联手，抓科研，促发展。通过参加课题研究，提升教师内涵，使教师成为有品位的老师，学校搭建平台——校企合作、校校合作，使教师在平台上得到锻炼。

⑦重比赛，增能力，铸名师。鼓励教师参加教学能力比赛、技能大赛等各种比赛，不断提升教育教学水平，努力打造教书育人名师。

3. 勇于担当，助推服务地方经济

近年来，学校在保障学历教育的基础上积极开展社会服务，积极加强与凉山水电、工矿企业等会员单位的校企合作，开展技师（高级技师）的培训与鉴定，为凉山本土企业人才储备、高技能人才建设贡献力量。学校还长期承担农牧民创业增收带头人培训等各级各类社会培训服务工作。完成企业职工、农民工、退役军人、农牧民创业增收带头人、贫困村致富带头人、移民、乡村幼儿园保育员、高级技工培训、其他社会培训上千人次，农村实用技术培训5000余人次。掌握了一技之长的他们，正活跃在凉山乡村振兴的各条战线上，有的已成为当地的致富带头人。学校近几年连年承办地方桑葚节DIY大赛，有效促进了德昌"桑"产业的发展和农民增收。组织电子商务专业师生帮助农户销售特色蔬菜和水果，在培养小导游、小厨师、小经理的同时有力助推了地方经济建设。

二、成果成效

（一）党建引领定方向，立德树人重养成

学校扎实推进党建、业务"双融合、双促进"，坚持"月度提醒、季度研判、半年总结"，下沉式狠抓廉政建设，充分发挥党建引领作用；坚持以德育为先导，以规范为准绳，着力构建课程思政的育人大格局，切实推进"三全"育人，全面落实了立德树人根本任务。

（二）大浪淘沙显特色，示范引领重内涵

学校务实推进省示范校建设工作。一是"外聘专家，对接高校，依托企业"的专业建设思路和"大赛引领、理实一体、赛训结合"的教学模式使教学质量逐年提高。二是"现代学徒制"双元育人，"技能小师傅"协同育人，"大师工作室"模范育人等探索使得专业特色更加鲜明，学校现有"张宇大师工作室"及"杨鼎华大师工作室"

为引领。三是信息化建设，使得规范办学制度体系和监督机制进一步完善，教学诊改更加深化。在省教育厅中期评审中，2019 年获 A 等、2020 年获 B+ 等，成为省教育厅面向社会公开推荐的 24 所优质中职学校之一。四是组织教师参加各级说课比赛、技能大赛、论文评选、业务素质考试和指导学生参加科技创新大赛、技能大赛、艺术展演及各类征文比赛等，实现了"以赛促学、以赛促教"。仅近三年，教师参加国家、省、州大赛获奖 116 项，其中获国赛一等奖 5 项。五是强化软件建设，实现了教学效率和效果的双提升。六是大力开展职业技能社会培训，每年培训超过 1000 人次。现代职校社会服务功能不断增强，社会影响力不断提升。

（三）脱贫攻坚有成效，巩固成果重落实

学校始终秉持"培养人才，服务地方"的育人理念，坚持精准助学带动致富，坚持以促进就业为导向，注重以岗导学、工学结合，服务学生终身发展，坚持拓宽升学就业双通道。

（四）乡村振兴开新局，服务发展重延伸

一是发挥各专业优势，助力乡村振兴，推进文化产业繁荣。二是发挥"校—地"合作联络人优势，助力德昌特色产业发展。

宝剑锋从磨砺出，梅花香自苦寒来。有付出终有收获，近年来，学校荣获全国教育系统先进单位、全国国防教育特色学校、四川省文明校园、四川职业教育改革创新先进单位、四川省首批示范性中等职业学校建设单位、四川省脱贫攻坚先进集体等 60多项荣誉（图 2）。

图 2　先进集体荣誉奖状

三、经验总结

一是学校招生产生了从量变到质变的飞跃，助力了学校的改革发展，学校抓住了国家大力发展职业教育的重大机遇，坚持规范办学，充分发挥教师的主观能动性，从而做到提质升位。

二是学校经过多年探索总结，特别是示范校建设以来，将学校一以贯之的经验做法总结提炼并优化创新，构建了"12345+N"三全育人模式。

三是引入餐饮企业文化，聘请行业精英进校，成立"技能大师工作室"，开展理实一体教学，推进"现代学徒制""老师傅＋小师傅"育人模式。

建成理实一体实训室，开展"四位一体"即"学生→学徒→准员工→员工"的专业人才培养，确保学生毕业就能上岗，切实提高毕业生就业质量。实现在校有"小师傅"，企业跟岗有"老师傅"。深化校企合作共同编写地方特色菜校本教材——《民族菜谱·彝族傈僳族菜品制作技术》，成功将川西南餐饮特色融入"川派餐饮文化"，为民族地区中职学校深化产教融合蹚出了一条路径。

以大师工作室为引领，协助政府承办县桑葚樱桃节大赛等赛事；完成贫困村创业致富带头人、农牧民增收创业培训、"控辍保学班"技能培训，助力脱贫攻坚。

下一步学校将推进校企合作向纵深发展，加强教学模式改革，全面提升规范办学力度，加大教师综合能力提升，完善现代职校体系。

四、推广应用及影响力

（一）招生有策略，模式广宣传

学校成功的招生经验及由此产生的办学效益吸引了攀西地区中职学校的观摩学习，云南省派出专门人员到校进行跟踪拍摄，并在云南电视台进行播报。2021年5月，学校党总支书记、校长许德权在全省职教工作会议上作经验交流，学校办学经验被同级同类学校借鉴学习。由此，学校的成功办学经验在省内外得到了推广，特别是对凉山中职学校的推广更为全面。本案例适合经济欠发达、教育发展相对滞后地区的学校在开展招生工作、提升规范办学方面借鉴、参考。

（二）校企共育"小师傅"，技能培养挑大梁

推进现代学徒制"小师傅"育人模式，创建"技能大师工作室"，校企共育小师傅"五式"合作学习模式，因材施教。

选拔3～5名学生进入紧密合作型企业，由专业部指定教师和企业师傅对其开展单项、专项和岗位技能的现代学徒制培养，校企共同考核合格后聘为"小师傅"，成为技能训练环节的帮助者、指导者以及实训基地课后管理者，形成"教师主导—小师傅指导—学生主体"技能教学训练模式。

校企共育"小师傅"，开展理实一体化教学，采用"五式"学习方式，缓解了实训教师人员紧张和因材施教难的问题。

（三）多措并举促发展，提质培优铸师魂

通过建立"五机制"，采取"七举措"，打造了一支"示范引领、名师带动、双师主体，德艺双馨，结构合理"的师资队伍。

围绕"学生求品质、教师有品位、学校铸品牌"，强化师资队伍建设，着力培养专业带头人、骨干教师、双师型教师、省级及以上名师、兼职教师队伍，形成了健全的培养机制，师资队伍历练提升，教育教学水平提高。学校还注重对教师的科研引领，科研硕果累累。

确立了"引进、培训、研改、励赛、管理"五大培养机制。

通过校校实地交流，省州会议分享，开展校园参观、职业技能体验、座谈讲座、优秀毕业生汇报、学生技能展演、办学成果展示等活动，"德昌职中人"形象初步形成，赢得了学生、家长、社会和各级兄弟学校的高度赞誉，德昌职中也被喻为"凉山职教的一面旗帜"。

结束语

人生万事须自为，跬步江山即寥廓。习近平总书记在中国共产党第二十次全国代表大会上的报告中指出："我们要办好人民满意的教育，全面贯彻党的教育方针，落实立德树人根本任务，培养德智体美劳全面发展的社会主义建设者和接班人，加快建设高质量教育体系，发展素质教育，促进教育公平。"乘着职业教育发展的春风，扎根职业教育，许德权乐以一身粉尘两袖清风为荣，以三尺讲坛一生相伴为豪，不忘初心，继往开来，续写新辉煌。

龙海燕　侯燕

做有情怀的校长　办有温度的学校

——德阳通用电子科技学校校长徐程际办学治校纪实

　　"一个好校长就是一所好学校"，人民教育家陶行知这句话用在德阳通用电子科技学校校长徐程际身上再恰当不过了。作为地处小县城的民办中职学校校长，他始终坚守"为党育人，为国育才"的信念，情怀与担当交织，智慧与真情交融，二十六年耕耘不辍。也正是这一信念支撑了德阳电子科技学校师生筚路蓝缕、敢为人先，创造了一个又一个改革创新的发展奇迹，成为四川省中职学校高质量发展的领跑者（图1）。

图1　徐程际校长

　　徐程际校长毕业于电子科技大学，管理学硕士，正高级讲师，作为德阳通用电子科技学校的主要创建者，现任学校党委书记、校长，是四川省徐程际卓越校长工作室领衔人，四川省职业教育与成人教育学会理事，四川领航两新组织培训学院客座教授、"领航智库"研究员，德阳市罗江区政协委员，罗江区人民政府"专家智库"成员。他先后被省市教育部门遴选到国家教育行政学院、香港职业训练局、新加坡工教局（ITE）参加职业教育培训，并到美国科罗拉多州、通用汽车公司等地考察学习美国职业教育和现代企业管理经验。徐程际校长熟悉国家职业教育政策，拥有先进的办学理念和丰富的学校管理经验。

徐程际校长担任德阳通用电子科技学校法人代表，学校位于德阳市罗江区，校园占地面积 306 亩，有各类在校学生 6400 余人，其中包括彝族、藏族等 15 个少数民族学生 2600 余人。从事职业教育二十六年，他用敏锐的眼光、高尚的人格、稳健的作风、创新的精神，带领学校师生共同经历了四个发展阶段，实现了学校发展的重大突破。

千磨万击还坚劲，笃定方向跟党走

期初创办阶段。2003 年创建学校之初到 2008 年 4 月，五年艰苦创业发展成为拥有 8 个校区，在校生规模近万人的中职大校。学校两次成为四川省职业教育大会的参观现场，被教育部、人社部评为全国职业教育先进单位。

灾后重建阶段。2008 年"5.12"汶川大地震到 2012 年年底，学校在地震中遭受重大损失，经过四年多的灾后重建和布局调整，学校在德阳市罗江区凤雏路建成现有的新校区。

内涵发展阶段。从 2013 年初到 2018 年底，学校进入内涵发展阶段，坚持依法办学，全面规范办学行为，聚焦课堂教学质量，提升技能竞赛成绩，树立学校良好形象，成为区域内中等职业教育的引领者。

示范建设阶段。2019 年初，学校顺利进入"四川省示范中等职业学校建设计划项目"，经过三年努力，全面完成建设任务，在项目专家组前两个年度的现场考核中，均得到 A 档的评估等级，并获得省教育厅和财政厅的奖补资金 500 万元，开启了学校高质量发展的新纪元（图 2）。

建校以来，徐程际校长和学校党政班子始终保持着清醒的认识，学校作为一所民办中职学校，地域优势不明显，中考失利后的学生成为新生的主要来源，学习基础差，前进动力不足，不少学生的思想和生活习惯还存在很多问题，加之少数民族学生占比较高，教育教学和管理的难度增大，任重而道远。培养担当中华民族伟大复兴重任的时代新人和大国工匠，首要的是坚定跟党走的办学方向，以党建为引领，助推学校快速发展；智慧创新，促进教师专业成长；真情付出，帮助学生多元成才，这一办学指导思想成为"通用人"的共识。

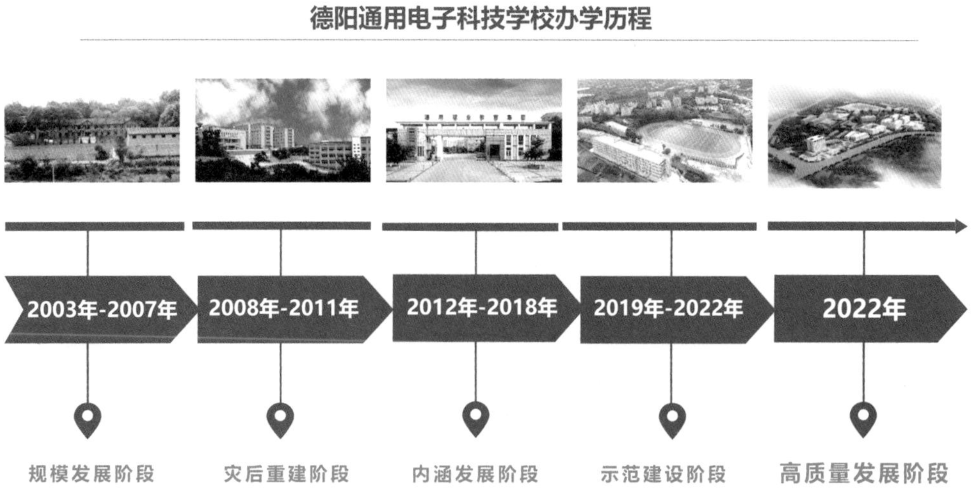

德阳通用电子科技学校办学历程

2003年-2007年	2008年-2011年	2012年-2018年	2019年-2022年	2022年
规模发展阶段	灾后重建阶段	内涵发展阶段	示范建设阶段	高质量发展阶段

图2　学校办学历程图

发展理念导行动　综合治理见成效

一、办学理念

徐程际校长遵循习近平总书记的"学校要以解决好培养什么人、怎样培养人、为谁培养人"的教导，学校全面落实中共中央办公厅《关于建立中小学党组织领导的校长负责制的意见（试行）》精神，秉持"德育为先、技能为重、素质为本"的办学理念，实施"五个坚持"的办学举措。

坚持党的领导。完善、坚持和加强党对学校工作的全面领导，强化党的创新理论武装，全面贯彻党的教育方针政策，落实省委、市委和区委关于党的建设要求，确保正确的办学方向。

坚持五育并举。坚持以树人为核心，以立德为根本，育人和育才相统一，建立健全"五育融合"推进机制、评价机制和保障机制，完善"五育课程"体系，探索"课程五育"机制。

坚持课程思政。加强师生爱党爱国爱社会主义教育，开展形式多样的思想政治教育，充分发挥基础文化课的育人功能，深入挖掘专业课程思政元素，积极探索课程思政有效途径。

坚持改革创新。面临成绩稳中有进、面临困难敢为人先、面临机遇拐点突破、面临短板无中生有、面临竞争错位发展。

坚持系统推进。加强前瞻性思考、系统性谋划，统筹就业与升学教学资源的配置，教学与实践人才培养方式的改革，推动学校各类事业协调发展，促进专业链、人才链、产业链、创新链四链融合。

二、办学模式

学校实行"'3+2''5+0'"五年贯通培养的长学制和综合高中升学培养的办学模式。五年贯通培养"3+2"是指，在中职学校完成三年中职学历教育，后两年在合作高职院校完成大专学历教育；五年贯通培养"5+0"是指，五年在中职学校完成三年中职和两年大专学历教育，学生通过长学制的系统化学习，掌握文化知识和专业技能，取得全日制大专学历。综合高中是为初中毕业生提供对口高考升学的一个优质平台，通过"文化素质"+"职业技能"的职教高考，帮助学生实现大学梦想。

三、治理体系

2021年3月，学校党组织升格为党委，下设五个支部，将支部建在系、处，加强组织建设。根据学校发展需要、社会对人才的需求，严格贯彻国家职业教育大会和各级相关政策文件精神，以提高管理效能和提升办学质量为核心，调整了学校组织机构和职能，新增了信访维稳办公室、民族宗教办公室、督导办公室、专项资金管理和使用办公室等，整合招生办、就业培训处和社区学院，组建成立招生就业处和培训处，优化党委+行政的双"扁平式"管理模式（图3），各职能部门运转高效，学校治理水平大幅提升。

四、治校举措

徐程际校长的"为党育人，为国育才"的信念，将党建与教育教学工作有机融合，经过多年探索和实践，构建形成了"1210"党建工作模式，即一个"红色领航，四心融合"为主题的党建文化，实现党组织对全体教职工和学生的两个覆盖，推行"党建+师德师风建设""党建+民族学生管理""党建+高考升学"等10项"党建+"工程。主要做法如下。

1. 党建＋思政教育

积极推进思政课程与课程思政同向同行的育人模式。每学期初，书记、校长坚持讲"思政教育第一课"；每周一，值周领导在国旗下讲话（图4）；编撰印发《党铸初心，德蕴花开》《法制教育》等校本讲义，并进入早读课堂。围绕庆祝建党100周年开展系列思政活动，扎实推进党史学习教育，举行"百年党史进课堂"主题活动，开展《习近平新时代中国特色社会主义思想》示范课竞赛和"喜迎党的二十大"思政课程展

中共德阳通用电子科技学校委员会
组织机构图

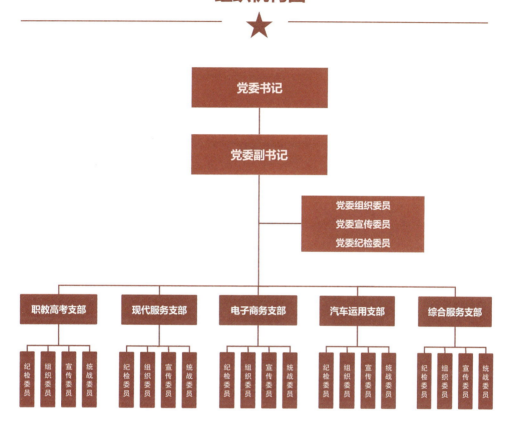

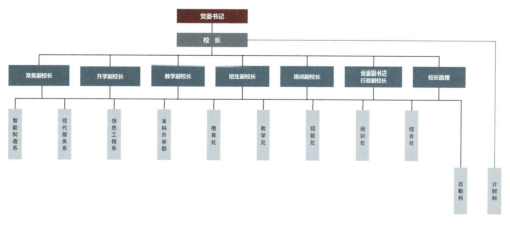

图3　党委＋行政的双"扁平式"管理模式

评活动。

邀请名家进校开展优秀传统文化讲座，邀请技能大师进校开展职业精神、工匠精神、劳模精神讲座；组织学生开展自我教育、自我管理和自我服务（"三自"）活动；举行家长开放日，推行家校协同育人，邀请家长走进校园，观摩学生的学习生活情况，感受学生的成长变化；举行运动技能文化节，让学生增强体育锻炼，展示专业技能和综合才艺。

（a）升旗仪式　　　　　　　　　　　　（b）校长思政第一课

图 4　升旗仪式与校长讲话

2. 党建 + 少数民族学生管理

学校是彝区 "9+3" 免费教育计划实施学校，各类少数民族学生近 2000 人，包括彝族、藏族等 15 个少数民族，少数民族学生人数占比较大。学校提高政治站位，牢牢把握少数民族学生管理工作的主动权，实行 "党建 + 少数民族学生管理" 工作方式，成立少数民族学生培养工作领导小组，党委书记、校长任组长，分管民族宗教工作的副校长为副组长，各系（处）负责人为主要成员，下设民族宗教办公室（管理专班），由党员、分管副校长叶永平负责日常工作，配置专班人员，彝区 "9+3" 驻校干部协助开展工作，各系配置民族学生工作联络员，直接对接班主任和少数民族学生，建立了少数民族学生管理和培养工作组织网络。

探索 "113" 少数民族学生管理模式，即坚持 "铸牢中华民族共同体意识" 一条主线，紧扣 "红色领航，'四心'融合" 一个主题，推行 "强制、认同、内化" 德育三部曲，将少数民族学生与内地学生混合编班，实行混班混住，统一管理，一视同仁。

多种方式真情关爱，助力少数民族学生成长。教师学习熟悉民族政策，尊重民族风俗和习惯，多种方式关心关爱少数民族学生的生活和情感。周末，班主任组织少数民族学生参加集体活动，或邀请少数民族学生到家中做客，感受家的温暖；师生同庆端午、中秋等传统节日；每逢彝历新年，组织彝族学生吃坨坨肉，举行篝火晚餐，感受节日氛围（图 5）。2016 年，"9+3" 学生韩波身患白血病，学校积极组织师生爱心捐助，争取上级部门爱心资助，同时学校给予特别资助，分管副校长与班主任将 5.25 万元爱心款专程送到雷波县大坪子乡的韩波家里，鼓励他树立战胜病魔的勇气和信心。后来韩波同学康复返校继续完成学业，考入四川职业技术学院。学校每年资助家庭经济特别困难的少数民族学生，近五年有 143 名同学受到资助，合计金额 11.4 万元。学校积极寻求社会组织和爱心人士资助贫困学生 5 万余元，帮助他们顺利完成学业。

（a）举行彝族年活动　　　　　（b）承办德阳市铸牢中华民族共同体意识主题教育
　　　　　　　　　　　　　　　　　　　实践活动试点工作现场会

图 5　活动承载对多民族学生的关爱

实施分层教学，突出专业技能，注重成才过程个性培养。组建少数民族学生分层教学班，补齐他们的文化基础知识。重视培养少数民族学生的专业技能，选拔培养少数民族学生参加技能大赛，近五年，学校有田茂熙（彝族）、呷呷约布等 5 名 "9+3" 学生获得国家奖学金，12 名少数民族学生在省市中职学校技能大赛中取得优异成绩，涌现出木呷热胡、木呷尔合、银子寒等获得省赛一、二等奖的少数民族学生。经过全校师生共同努力，各民族学生交流融合，像石榴籽一样紧紧抱在一起，校园更加平安和谐，营造了少数民族学生成长的良好氛围。

3. 党建 + 高考升学

党建助力高考升学。新修订的职业教育法明确了中等职业教育实行升学与就业并重，打通了学生从中职—高职专科—本科—研究生的升学通道。学校抓住机遇，2015 年，成立综合高中系，组建高考升学班。对口升学工作的支部书记邹声念带领党员教师冲在高三第一线，大胆进行课堂教学改革。党员、副处长周志全冲在教学第一线，年年任教高三年级数学课，作为教学工作负责人，组织教师开展教学研究活动。2021 年，高考本科上线 61 人，实现了重大突破，近三年，学校先后有 159 名同学考入四川农业大学等本科院校（图 6）。

4. 党建 + 技能竞赛

党员、副校长刘明军负责技能竞赛工作，注重机制建设，强化过程管理。通过

（a）综合高中学子

（b）高考表彰

图6　打通升学通道，助力学生实现理想

"以赛促训，以赛促学"，根据参赛项目，结合教师的专业，遴选出罗顺良、李波等专业教师，分别作为计算机网络社和计算机数据恢复社等社团的负责人，同时也担任竞赛项目的指导教师。学校请专家到校指导学生的同时，教师也和学生一起接受培训，学习新技术和新方法。学校还安排指导教师本人参加省级比赛，了解比赛流程、把握比赛要点，更好地锻炼指导教师队伍。以目标为导向，挖掘师生潜力。将竞赛成绩与教师评职称评优、教师积分考核挂钩，并作为最美"通用人"的遴选条件。

实施学生竞赛成绩冲抵专业课程学分的办法，并将获奖成绩作为参与评选优秀学生、评定奖学金的重要条件。打造"校园明星"文化墙，将参加国家和省级大赛获奖师生照片进行陈列展示，对参加各级大赛获奖的师生在全校进行表彰。

学校组建各类学生社团70余个，包括计算机硬件维修与组装社、计算机网络社、动画制作社、图形图像处理社、CAD绘图社和计算机数据恢复社等，每年有300余名学生参加社团活动。通过"选、训、展"，推进社团活动开展，注重学生信息素养、计算思维和信息社会责任的培养，强化信息技术基本技能，初选参加校内竞赛的苗子。

国赛引领，社团小将化茧成蝶。把在国赛的舞台上能有"通用人"的身影作为奋斗目标。网络搭建与应用和计算机检测维修与数据恢复项目，多年连续突围市、省赛，有6名从社团培养出来的小将参加国家级的比赛，其中2020年，社团选手冯金川、王子亦参加全国职业院校技能大赛"网络搭建及应用"赛项取得第八名，获二等奖，这也是代表四川省在本项目参加全国大赛取得的最好成绩（图7）。

（a）获奖　　　　　　　　　　　　（b）比赛中的学子

图 7　技能大赛取佳绩

5. 党建 + 专业建设

汽车运用与维修专业支部书记胡宁带领团队推进"名专业和名实训基地建设"。2020 年 5 月，汽车运用与维修专业教学负责人陈军带队到成都川和容达汽车有限公司、成都美凯爱车驿汽车服务有限公司、成都银隆新能源有限公司等企业进行调研座谈。模式赋能：创新模式，赋能素养提升。通过教学研讨会和专家论证会，学校创新了评价模式，构建了"双主体、双核心、双过程"评价模式。信息支撑：开发系统，形成动态分析。校企合作共同开发"双主体、双核心、双过程"评价管理系统。实现学校、学生、教师、企业师傅等多视角的评价统计与分析功能；实现不同课程、不同学期的数据对比与分析功能等。2021 年 11 月，学校汽车产教融合实训基地建设项目被列入《成都都市圈发展规划》。

6. 党建 + 青蓝工程

学校每学期组织教师学习师德师风材料，签订《师德师风承诺书》，要求教师要"以德立身，情感育人"，修师德、练师能，内强教师自身素质、外树学校良好形象。做好党员发展工作，把思想成熟的青年教师吸收入党，组织入党积极分子参加罗江区委党校的培训。提高党员队伍业务水平，培养更多的青年党员教师成为"骨干教师"和"名师"，发挥党员先锋模范作用（图 8）。近三年，将尹玉境等党员培养为骨干教师和专业带头人，将王俊莲等 10 余名骨干教师发展为党员。

（a）师德师风培训现场　　　　　　　　（b）签订《师德师风承诺书》

图8　注重师德师风建设

实施"党建＋青蓝工程"，抓好青年教师培养（图9）。一是统筹培训计划。根据年度"青蓝工程"培训计划，完善《青年教师成长实施方案》，实施"青骄计划"，将青年教师培训工作细化到每周。今年6月，学校党委副书记周小平带队，组织50余名青年教师到仁寿新科综合高中学校参加为期一周的跟岗培训。二是突出青年教师业务培训。培训突出师德师风教育、学术诚信教育等，引导新教师了解学校、热爱教育，培养职业认同感和献身教育的荣誉感。

（a）青年教师学校文化培训　　　　　　（b）青年教师国防教育

图9　党建引领实施"青蓝工程"

三是开展师徒结对帮扶工作。为新教师选派指导教师，指导教师从区校级骨干教师、专业带头人等优秀教师中遴选，每年3月和9月举行拜师仪式，师徒结对，共促成长。

党建引领三坚持，融合发展开新局

学校全面加强党的领导，坚持立德树人，坚持内涵发展，坚持提质培优，先后荣获全国国防教育特色学校、四川省社会组织党建示范单位、四川省民族团结进步模范集体（图10）、四川省民族地区"9+3"免费教育计划工作先进集体等20多项国家级省级荣誉。

四川省首批社会组织党建示范单位　　　　　　四川省民族团结进步模范集体

图10　党建引领　索玛花开

学校被省教育厅、省人社厅和省财政厅公布为四川省四星级中等职业教育名校名专业名实训基地（简称"三名工程"）首批立项建设单位。

由徐程际校长主持的科研项目研究成果《"四共四段四进多元"校企协同培养中职电子商务高素质技能人才的探索与实践》获得2021年四川省政府教学成果二等奖。成功申报成德眉资等7市职教联盟科研课题6项，其中由徐程际校长主持的《探索"党建＋"融合工作模式，引领学校高质量发展》被列为重点课题。

近三年，党员教师担任国赛省赛指导教师和裁判，参加教师教学能力大赛获得15个省级奖项；今年，学校有4支教学团队冲进全省决赛。2021年，党员袁野参加班主任能力大赛获得省级二等奖；2022年，黄小龙老师荣获四川省中等职业学校班主任能力大赛一等奖。学校连续12年荣获德阳市中职学校技能大赛团体总分一等奖；先后有100余名学生参加国家级和省级职业院校技能大赛，获得国家级奖项18个，省级奖项68个。郑玉娇等3名同学被评为全国和全省"最美中职生"。

建校以来，学校已培养了全国妇联代表林红梅等3万余名高素质劳动者和技术技能人才，积淀了深厚的办学底蕴，具有鲜明的办学特色，人才培养质量和办学成就获得了社会广泛赞誉。

徐程际校长在2019年全省中职学校德育工作培训会上作经验交流发言；在2020年德阳市民办教育协会成立大会上，徐校长作了"党建＋德育"工作经验发言；在2021年德阳市铸牢中华民族共同体意识主题教育实践活动试点工作现场会，徐校长作"党建引领民族学生管理"工作经验发言（图11）。

（a）徐程际校长在 2019 年全省中职学校德育　　　　（b）徐程际校长 2020 年在德阳市民办教
工作培训会上作经验交流发言　　　　　　　　　育协会成立大会上作经验交流

图 11　辐射带动　示范推广

　　徐程际校长从事职业教育二十余年，作为管理者，他经历了无数的艰辛，见证了师生的成长和学校的发展，对如何做好一个职业学校的校长做了深深的思考和探索：

　　坚持党建引领，形成融合发展格局。坚持学校党委政治核心作用，充分发挥党管全局、把关定向的作用。健全党委会决策机制，将党建工作融入学校管理和发展全过程，实现党建与人才培养工作有机融合。

　　健全治理体系，优化内部治理结构。采用"扁平式"组织架构，灵活调整干部队伍结构，健全干部队伍多途径选拔机制和多方位培养机制，实行处级领导干部轮岗制，中层干部一年一聘，采用"3 级—2.5 级—2 级—1 级"干部梯队培养模式。坚持以制度管人、按流程办事，形成健全规范的制度体系。

　　优化激励机制，激发教师积极性。不断完善、优化各类激励考核机制和干部任免制度。根据学校发展及师生目标，提出共同愿景。学年初，各部门制定《年度目标责任书》，学年末学校根据目标任务完成情况进行绩效考核，真正体现多劳多得、能者上的原则，不断激发教职员工的工作积极性。

做有情怀的校长　办人民满意学校

　　学校"1210"党建工作模式已经成为较为成熟的经验做法，是全省社会组织党建示范单位，适用于省内外各级各类学校党建工作，社会组织、群团组织等可借鉴学习阵地建设。学校占地 300 余亩，阵地建设范围广，便于打造，营造出了丰富的党建文化氛围（图 12），其他学校（单位）可根据自身情况，因地制宜，打造特色党建文化。

图 12　学校党建文化广场

抓学校发展，一定要以管理机制重建、组织架构重塑为突破口。学校采用"扁平式"组织架构，政令畅通，大大提升了治理效能，系部相当于二级学院，有较大的自主管理权，把干部派到一线去，拉近了与教师之间的距离，可以更好地服务教育教学。这种管理体系可推广到规模较大的学校，对管理干部的综合能力要求更高，学校在任用系部管理干部时要严格把关。

学校的德育工作管理经验和成功做法，徐程际校长在 2019 年的全省中职学校德育工作培训会上作交流发言，受到参会领导和中职学校校长的认可。学校典型案例《创新"3+3"育人模式，彰显"123"管理成效》被评为德阳市"一校一案"德育工作典型案例，在全市中职学校推广。2022 年 7 月，学校民族学生管理案例《党建引领 五大转变 德蕴花开》被推荐参评全省"三全育人"典型案例。本案例适用于四川省所有承担"9+3"任务的中职学校，注意与学校少数民族学生群体特点的结合，因地制宜、因材施教。

学校打造特色师资队伍，优化"1+3+N"教师培养机制（图 13）和"4+4+4"教师进阶式培养工作体系（图 14），校企共建"双师型"教师培训基地，建立名师大师工作室；实施"党建＋青蓝工程"、党员教师"双向培养"、名师名校长和名班主任工程；发挥民办学校机制体制灵活的优势，创新教师评价、考核和激励机制，创新开展教师量化积分考核，提升教师队伍动力，师资队伍建设模式可供民办学校借鉴。

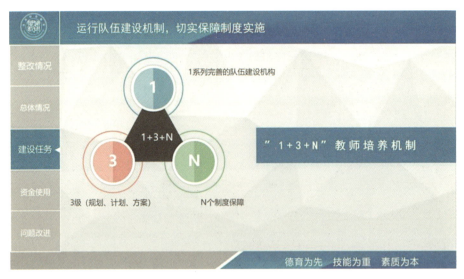

图 13 "1+3+N" 教师培养机制

图 14 "4+4+4" 进阶式培养工作体系

学校充分发挥示范引领作用，积极带动和帮扶川内职业学校发展。派出教师 17 人次到 28 所中职学校指导技能大赛等工作。与广东梁𫐄琚职业学校签订战略合作协议，与重庆市两江职教中心、高县职校签订专业合作协议。近三年有 67 所职业院校到学校考察学习，重庆市两江职教中心和眉山实验高中到校跟岗交流。上海、江苏、陕西等全国八省（区）教育报联盟记者走进学校，采访报道德育工作。近两年，《人民日报》先后报道彝区"9+3"学生吉木次呷、木呷尔合的成长历程。

结束语

　　办学近二十年来，徐程际校长带领着德阳通用电子科技学校一次又一次抓住发展机遇，凤凰涅槃，探索出"通用发展模式"。全国各地的同行纷纷到学校参观取经，很多民办学校甚至想完全复制"通用发展模式"。学校发展的最大特点就是通过党建引领推动学校各项事业全面发展。职业教育承载着培养高素质技术技能人才，实现"技能强国"的职责，新时代的职业教育需要一大批卓越校长，卓越校长不仅要拥有先进的办学理念，具备丰富的管理经验，能带出一支优秀的教师队伍，更要有深厚执着的教育情怀，徐程际就是这样一位有着坚定教育使命和职责的卓越校长。他坚守教育初心，正带领通用职教人，朝着将学校建成综合实力强、社会认可度高、西部一流、示范作用突出的全国优质中等职业学校目标，逐梦远行。

李学锋　侯燕

扎根羌乡"双引领 绘就职教多彩图"

——北川羌族自治县"七一"职业中学校长李颖办学治校纪实

李颖（图 1）是个土生土长的北川羌族汉子。在 2008 年的"5.12"特大地震中他幸运逃过一劫，朋友安慰他"大难不死，必有后福"。随后的十多年里，他不忘初心牢记使命，在学校无区域优势、天生办学实力不足等重重困难下，带领全体教职员工励精图治、砥砺前行，让北川七一职业中学得到了前所未有的繁荣发展。从某种意义上说，有这样的校长，正是千万学子之福，是山区职教之福。

李颖扎根山区教育已有三十六年，与职教结缘十五年。2008 年"5.12"特大地震发生时，他已在北川县职业中学当了一年多校长。地震中学校 109 名师生不幸遇难，所有设施均被损毁，李颖的一双儿女也不幸遇难。忍着悲痛简单处理了两个孩子的后事，李颖在 5 月 13 日就咬牙投入到学校幸存师生的安置工作中。他说："学校不能垮，孩子们需要我，无论如何我也要挺住！"

灾后重建中，中央组织部拿出 9000 余万元特殊党费援建北川县职业中学。学校与北川新县城一起异地重建时，恰逢李颖再生育的孩子呱呱坠地。一边是学校的建设离不开他这个校长，一边是孱弱的家庭又急需他照顾。没有纠结，没有犹豫，李颖选择了舍小家顾大家，将

图 1 李颖校长

全部身心都扑在了学校的重建上。李颖也先后获得全国青少年普法教育"先进个人"、第四届黄炎培职业教育奖"杰出校长"、四川省"优秀教育工作者"、绵阳市"职业教育先进个人"等光荣称号。

北川羌族自治县"七一"职业中学（原北川职业学校），是 5.12 汶川大地震后由中组部特殊党费 9923 万元援建，山东聊城承建的一所凝聚全国九千多万党员的无私大爱，是集学历教育、成人教育、技能培训、技能鉴定为一体的公办中等职业学校，占地 136 亩，建筑面积 46490 平方米，现有师生 3200 余人，主要有以民族音乐与舞蹈为主的服务类和以新能源汽车为主的智能制造类两大专业群，是四川省双示范建设学校，四川省三名工程四星名校建设学校。四十载风雨兼程，砥砺前行铸辉煌。历经 5.12 特大地震重创，三次搬迁，五次更名。

学校始建于 1983 年（图 2），前身是北川县陈家坝中学农技班（高中班），1983 年在全县范围内招收农业技术学生 83 人两个班，设在陈家坝初中，同时在北川县城茅坝新建北川县职业学校，占地 8 亩，1984 年，迁入新学校，招生 4 个班 151 人，成立学校党支部。1987 年更名为北川县职业中学。1998 年再次更名为北川县职业高级中学。2003 年随着北川成立全国唯一的羌族自治县，学校再次更名为北川羌族自治县职业高级中学，在校师生 300 余人。2006 年成立北川羌族自治县职教中心与学校两块牌子一套班子。正值学校良性发展时，突如其来的 5.12 汶川大地震，一瞬间，学校设施设备全部被毁。直接经济损失达 3000 多万元，师生遇难 109 人。震后第一时间，校长李颖带领 600 余名幸存师生于 2008 年 5 月 13 日步行转移至安昌镇，后乘救灾车，天黑时全部转移至绵阳市九洲体育馆，开启漫长的抗震救灾，同时寻找失联师生，安抚遇难师生家属，救治受伤师生，一边寻找复学复课之路。在友好学校绵阳市旅游学校的倾情帮助下，师生转移至绵阳旅游学校。爱心企业为师生搭建帐篷，山东德州为师生搭建板房，又在山东、四川两省省委省政府及两省教育厅的关心下，406 名学生，分四批到山东四市五所职业学校，开展为期三年免费的异地复课。2009 年学校剧增至 2000 余人，又在绵阳南山双语学校旁建九洲板房学校，设分校区，复学复课的同时，又开启灾后重建。经历无数次的奔波、争取、协调，历时十个月的努力，终于确定由中组部拨特殊党费 9923 万元进行援建。北京建筑设计院设计，山东聊城承建，选址新县城青山路 2 号，2010 年学校破土动工，建设者们全力付出，用时 8 个月全部竣工。9 月 9 日竣工暨学生迁入新学校开学典礼。2400 余名师生为铭记党恩，将"七一"写进了校牌，至此学校更名为北川羌族自治县"七一"职业中学，没有共产党就没有新学校，坚定不移以党建促发展的办学理念，标志着开启进入快车道建设发展时期，2012 年为高质量培养技能技术人才，首创开展技能大师进校园活动，推动了学校技能大赛。2013 年又与绵阳职业技术学院开展院校合作，高校领航联合办学。推进了学校内涵发展。2018 年里程碑意义的四川双示范建设，迈进了高质量发展的新征程。如今，北川羌族自治县"七一"职业中学办学规模不断扩大，已从当初的几百名师生发展到拥有3000 多名师生；办学质量不断攀升，绵阳市技能大赛蝉联"十一连冠"，并多次在国赛省赛上斩金夺银；办学品牌日渐凸显，是四川省三名工程四星名校建设学校。

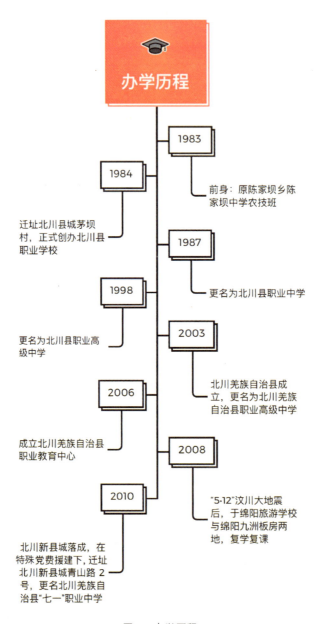

图 2　办学历程

党建引领提质、文化引领赋能

作为全国唯一的羌族自治县里唯一的职业技术学校，北川羌族自治县"七一"职业中学始终坚持全面贯彻执行党的教育方针政策，旗帜鲜明讲政治，坚持"感党恩永奋进，党建引领促发展"的办学思想，确立"国际视野、民族情怀、大爱教育、多彩未来"的办学定位，践行"修德、强技、感恩、奋进"的校训，创建了"党建引领提质、文化引领赋能"的"双引领"模式，学校由此驶入了高质量发展快车道，民族地区职教品牌效应也日渐彰显。

一、党建引领，"三全"模式提质培优促发展

坚持以党的建设为核心，积极扩大视野、拓展思维、创新模式，以人为本抓党建，凝心聚力促发展，与时俱进地开展工作，坚持把党建引领作为办学治校的根和魂，通过充分发挥"党建＋"育人模式，聚力"三全"党建品牌建设，落实立德树人根本任务，为党育人，为国育才，为技能强国提供技术技能人才支撑。

1. 党建引领全覆盖

（1）健全党的组织。学校坚持党对教育的全面领导，全面加强党的组织建设，建立以党总支领导机电、电子、综合三个支部，让党组织的堡垒覆盖学校所有专业、每个学科、各个领域，确保了党组织在办学治校、管人用人、三重一大等方面的核心领导地位，让党组织发挥始终统揽全局的作用，确保了正确办学方向。

（2）完善全员党员制度。学校是由特殊党费援建，全体师生不忘党恩，建立全员党员制度，不论是党员教师还是一般群众，每名师生都按照党员的高标准、严要求来进行自我管理，人人参与《学习强国》、党课等党建学习，人人都讲党的故事，人人进行党性教育。

（3）加强阵地建设。学校充分发挥"全国共产党员党性现场教育点"和"中央社会主义学院爱国主义教育基地"作用，全面加强党性教育基地建设，建设展示厅、智慧党建宣传平台、党员活动阵地等，完善各类设施设备，为校内师生、校外各级人士提供党性教育活动场所，每年接纳前来接受党员教育人员达500人次以上（图3、图4）。

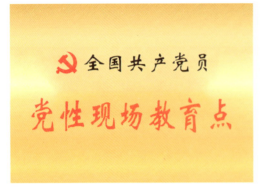

图3　全国共产党员党性现场教育点　　　　　　　　图4　党性教育

（4）建设服务队伍。学校组建红星志愿服务中队，设置以党员干部为组长，各专业教师、学生技能能手为队员的党员名师名技能大师工作室服务队、先锋队、党员辅导员服务队、礼仪队等10支服务队伍，为全校学生按班轮流设立校园实践服务岗，设党员示范岗，人人勇担当、做表率，为校内师生和校外广大群众服务。同时依托四川省李颖名校长工作室、卓越校长工作室成立临时党支部，辐射带动全省10个地市州20多所中职学校80余名成员共同成长，还与企业、兄弟学校、社区开展党建共建活动，形成"大党建"格局（图5、图6）。

图5　党员先锋队　　　　　　　　　图6　四川省李颖名校长鼎兴工作室

2. 党建融合全过程

（1）与学校治理融合。学校坚持把党建工作与学校治理相结合，特别是率先建立的党组织领导的校长负责制，修订完善《党总支会议议事制度》《师生员工党员化管理制度》等16项制度，充分体现党领导学校全面工作，确保校长在党组织领导下开展工作。

（2）与教育教学融合。学校实施党政干部交叉任职，让党的教育教学方针政策在教育一线有效落实，建立了由党组织领导的教育教学计划、教材选用、人才培养方案等教育教学工作的领导小组，全面审定教材、人才培养方案等重要教学文件资料，同时不定期组织党员为全校学生上"大思政课"，增强学生爱党、爱国的崇高品质。

（3）与班级管理融合。学校把党建与班级建设相结合，实行党员入班制，班班配备党员辅导员，主要对班级学生进行党性教育和思想政治教育。同时，开设时政学习课，由党员教师为班级学生讲时事新闻，组织学生收看新闻联播，关注党领导中国向富强和繁荣迈进的足迹。

（4）与后勤服务融合。学校把党建工作融入后勤服务工作，全面领导后勤服务，切实做好"吃住行"等师生最关心、最迫切的保障。建立党员生活服务制，全体党员主动作为，每名党员排班定点到宿舍进行走访，到食堂进行查看，把党员活动阵地建在宿舍和食堂，及时解决师生生活问题。

3.党建育人全方位

（1）全员全程育人。"没有共产党，就没有新学校"。学校的一砖一瓦、一花一木都是全国共产党员的爱心的具体表现，在此学习、生活、工作的每一个人都沐浴着党恩，由此，学校全员参与育人工作，全程进行党性教育，形成人人都听党话、跟党走的氛围。

（2）全时全事育人。学校实施思政教育，成立以党组织支部书记为组长的思政教育领导工作小组，加强思政课程与课程思政建设；实施专业育人，深入挖掘专业中的党建育人元素；实施实践育人，紧扣提升学生综合素质这一主线，为学生创造校内外实践平台，让学生在潜移默化中立德修身，全时全事都进行党建育人（图7、图8）。

（3）全域全境育人。学校以红色为基调，从运动场到活动广场，从教室到实训室，从食堂到寝室，从黑板报到宣传栏，到处都有党建文化、红色烙印，整个校园都营造了红色育人环境。

图7 党性教育基地　　　　　　　　　　　图8 党史讲坛

二、文化引领，"三大"精神增值赋能铸品牌

学校将校园文化建设作为办学的本和基，通过汲取、弘扬中国共产党人的精神谱系，汲取大爱精神、民族团结精神、工匠精神等精神力量，构建、形成学校"大爱、

大同、大匠"三大校园主流文化，润物无声地引领学生成长。

1. 打造"大爱文化"，培育优质土壤

（1）以红色文化为基调营造特色文化氛围。学校把红色文化教育贯穿始终，努力营造"知党恩、感党恩、铭党恩"氛围：坚持上党史课，编写《红色教育》教学教材，定期邀请老红军、老党员上党课，定期开展党的知识竞赛和演讲比赛；在校内建设"感恩文化广场""羌人感恩"雕塑、"党恩永驻"文化石、"感恩橱窗""感恩走廊"，将学校食堂也取名为"思源餐厅"；在校党总支和学校共青团的组织下积极开展"感恩奋进大家唱""感党恩，唱红歌""走进新校园、争做文明人"等教育活动，利用校园网、广播、电视等各种宣传手段和设备宣扬红色文化。

（2）以特殊党费精神为抓手树立正确三观。学校坚定以传承"大爱、责任、担当、奉献"的特殊党费精神为抓手，从新生入校就教育他们"懂校名、知历史、展未来"，帮助学生系好第一颗扣子，厚植"大爱感恩、无私奉献"的精神，用言传身教培养学生"一方有难八方支援""天下兴亡匹夫有责"的责任与担当，教会学生学会做人、学会学习、练就技能，牢固树立为中国人民谋幸福、为中华民族谋复兴的价值观。

（3）以德育教育为关键助推健康发展。长期以来许多职业学校给外界的印象是片面追求学习技术而忽略德育教育，导致学生有才无德、难于管理、礼仪缺失、道德败坏，对此，学校通过"六抓"行动全面推行德育教育：一是抓思想铸就育人基石，培养中职学生爱党爱国爱校情怀（图9）。二是抓传统丰富育人内容，培养学生系列文明礼仪行为。三是抓小事落实育人细节，形成事事皆德育的管理方法。四是抓活动拓宽育人渠道，让学生在各种活动中获得成长。五是抓课堂夯实育人阵地，把思政课程和课程思政有机结合，建立"人人都是德育员，科科都是德育科，节节都是德育课"的教育模式。六是抓管理打造育人标准，将企业化管理模式引进学校，按照学生就是员工、上学就是上班、上课就是上岗的管理模式，落实以"整理、整顿、清扫、清洁、素养、节约、安全"为标准的"7S"管理（图10）。

图9 老红军上党课

图10 学生实践周

2. 打造"大匠文化"，点燃发展引擎

（1）"三进"结合。一是党员技能大师进校园。学校邀请企业、行业技能大师到校指导学生技能，帮助指导教师提高指导水平，帮助学生提升技能。二是高校党员教授进课堂。学校聘请高校教授为客座教授，请他们不定期到校讲学、讲课，培养学校科学严谨的态度。三是能工巧匠进车间。学校邀请企业技师、行业专家走进学校实训中心，对各个专业的师生进行技能指导，优化工艺流程。

（2）"三带"并举。一是专家带教师。学校教师与高校教授、行业专家、企业技师结对子，建立长期指导教师成长机制，提升教师的技术技能水平。二是教师带学生。每个专业都选派数名学生与指导教师"拜师学艺"，形成"师徒"关系，学生课余时间都在指导教师处学习知识、锻炼技能，争当技能"小先生"。三是"小先生"带同学。各个专业的技能"小先生"指导班上同学技能，带领全班学生共同提高技能。

（3）"三领"共育。一是名师名家爱心引领。学校树立了名师名家引领技能提升、促进专业发展的理念，开展在"高校教师、行业专家、企业大师"引领下发展专业和提升技能活动，提升师生的技术技能水平，促进专业发展。二是专业技能教师无私引领。各专业指导教师甘为人梯，不畏严寒酷暑，长年累月，坚持不懈地指导学生训练，成就了一大批各行各业的技术能手。三是工匠精神引领。学校打造"校园星光大道""历年技赛荣誉墙""工匠雕塑"等工匠文化氛围，在潜移默化中用榜样引领全校师生形成勤学技能、苦练技术、争当工匠的校园氛围（图11、图12）。

图 11 五一劳动奖章获得者郑章辉

图 12 技能大赛"11连冠"

3. 打造"大同文化"，助推团结进步

（1）实施"三到"共同体意识培育方法。一是引铸牢中华民族共同体意识教育"到班级"。各班级名字都以"同"字开头，打造班规就是家规、班训就是家训的班级家文化，让各民族学生在思想上都统一到共同体意识上来。二是引铸牢中华民族共同体意识教育"到课堂"。各班级分期分年级均开设《习近平新时代中国特色社会主义思想学生读本（高中）》等课程，各学科充分挖掘所蕴含的中华民族共同体元素，在教学中把铸牢中华民族共同体意识教育贯穿于课堂中，增强五个认同意识。三引铸牢中华民族共同体意识教育"到活动"。学校以"元旦、国庆"传统节日和羌历年、藏族年等民族节日活动为契机，抓住"运动会、升旗仪式、社团"日常教育活动契机，抓住"周末、寒暑假"校外实践活动契机，从而引导学生树立"中华民族一家亲"的理念。

（2）建设"三园"共同体意识教育阵地。一是建团结一致心向党的"同向园"。学校以团结一心的向心广场、铸牢中华民族共同体意识教育基地、同心共筑技能强国梦家文化主题墙，让党永远在我们心中，各族儿女们永远跟党走。二是建心手相连同成长的"同心园"。学校以中华民族大舞台为中心，辐射学生幸福的"思源餐厅"与温暖"和谐、和睦、和煦、和美"四和苑，各民族师生在此手拉手、心连心，各民族学生在此同住同生活、同吃同交流，相互交往交融。三建技能成才强国梦的"同行园"。学校倡导技能宝贵、劳动光荣，创造伟大的社会风尚，大力弘扬民族工匠精神，以实训中心辐射技能大赛文化长廊、建技能大师团队，建以"共"字开头的专业实训室，各民族学生在此同训同练同竞技。

（3）创新"三平台"共同体意识培育载体。一是建"民族联谊会"自主管理平台。学校成立由汉、羌、藏、彝等各民族学生代表加入的民族联谊会，制定联谊会章程和管理制度，组织策划民族活动，各民族学生自我约束、自主管理，不仅锻炼了学生的能力，更增加了民族文化的交流与交融，厚植了民族团结土壤。二是建"中华民族大舞台"交融平台。学校依托中华民族大舞台这一平台，为各民族同学提供了展示民族文化、彰显民族魅力的表演空间，各民族师生在此同唱民族歌、共跳民族舞、齐话家国情，增进了民族文化的交流、交融。三是建"红星志愿者"服务平台。学校建红星志愿者服务队，通过各级各类志愿服务活动，传承"无私奉献"精神，弘扬中华民族助人为乐的传统美德（图13、图14）。

图13　民族联谊会

图14　民族大舞台

"双引领"办学模式彰显出"七一"职中办学特色

李颖同志带领全体师生，努力拼搏、勇毅前行，坚持以立德树人为根本，坚持"国际视野、民族情怀、大爱教育、多彩未来"的办学定位，践行"修德、强技、感恩、奋进"的校训，以党建引领和文化引领的"双引领"为抓手开展职教工作，取得了显著成效。具体体现在以下三个方面。

一、推动了办学规模蒸蒸日上

学校从地震前的占地 8 亩，建筑面积 8935 平方米，发展到现在的 136 亩，建筑面积 46490 平方米；教职工从原来的 48 人发展到今天的 260 余人；学生从地震前的 800 余人发展到现在的 3000 多人；办学品牌从名不见经传到省内有名，一张张奖状、一块块奖牌、一个个奖杯、一份份证书，都充分诠释着李颖校长及全体北川职教人的努力和奋进，北川羌族自治县"七一"职中也由此进入发展"快车道"，开启了高质量发展的新篇章。

二、大力促进了办学质量快速提升

学校视质量为生命，坚持内涵发展，落实三教改革，在高质量发展道路上收获了一个又一个喜悦。学生成长了，数以万计的毕业生梦想从"七一"职中起航，历年来对口升学率和就业率均达 95% 以上，培养了四川省五一劳动奖章获得者郑章辉、"全国最美中职生"魏鲜涛等一大批小工匠，学生技能大赛蝉联绵阳市技能大赛"十一连冠"，在国赛省赛斩金夺银；教师成长了，2 名教师晋升为正高级讲师，1 名教师被评为省特级教师，省市名师名校长达 6 名，省市名师、名校长工作室 5 个；教学能力大赛登上国赛领奖台；特色专业建设获得四川省特色专业项目建设 A+ 好评；出版"十四五"规划教材 1 本，典型教育案例被教育部、四川省教育厅收录为典型案例，教学成果荣获省人民政府一、二等奖。学校依托特有的师资、设施设备等优势，开展羌歌羌舞、羌民族非遗技术和周边企业职工技能培训，年培训 3000 多人次，为服务社会经济和乡村振兴提供了大批技能技术人才支撑。

三、逐步彰显了民族地区职教品牌

学校品牌进一步彰显，树立了绵阳中职教育的旗帜，成了民族地区职教标杆，成了全国共产党员党性现场教育点、中央社会主义学院爱国主义教育基地、绵阳市高技能人才培养基地，建成了四川省"双示范"学校，是四川省"三名工程"四星建设学校，荣获了全国国防教育特色学校、全国青少年普法教育先进集体、四川省内务管理示范学校、绵阳市办学质量特等奖、绵阳市先进基层党组织、绵阳市德育特色学校、北川县综合质量评估一等奖、市县铸牢中华民族共同体意识教育示范学校等100余项殊荣（图15）。

图15　学校荣誉（部分）

北川羌族自治县"七一"职中始终以科学前瞻的思想、特色创新的理念、务实规范的态度、勤奋进取的精神，结合学校由特殊党费援建及民族地区特色，不断提升办学理念、创新办学模式，倾尽全力改善办学条件，学校发展潜力持续提升，教育教学成果显著，赢得了师生、家长、社会各界的广泛赞誉和一致好评。

作为特殊党费援建的学校，为铭记党恩，将"七一"写入校名，确立了"修德、强技、感恩、奋进"的校训，确立了"国际视野、民族情怀、大爱教育、多彩未来"的办学定位，提炼出"感党恩、勇奋进、党建引领促发展"的办学理念。探索实施"党建引领提质、文化引领赋能"的双引领模式，推动学校高质量发展。形成"党建引领全覆盖、党建融合全过程和党建育人全方位"的三全党建模式，形成"大爱文化""大匠文化"和"大同文化"的三大校园文化。通过六个方面落实到教书育人、培养德技双修人才的全过程，推进了学校提质培优，办学实力不断增强，打造了学校品牌，并形成了北川羌族自治县"七一"职中经验，得到了社会各界广泛认可，获得了高度好评。

推广经验，发挥案例长效引导作用

本案例适用于所有中职学校，特别是民族地区中职学校。学校的成功经验和好的做法已在多个学校应用，反映效果好，推广和传播主要有以下途径。

一、工作室平台传播

学校依托四川省李颖名校长鼎兴工作室和四川省卓越校长工作室，以及付红梅德育工作室、技能大师工作室、党员名师工作室，在贵州、广东、江苏等省外多个职业学校交流经验，在省内20个地市州80多所中职学校分享经验，供同类学校参考借鉴。

二、现场交流平台传播

学校开放办学，积极主动接待来访交流学习的各单位，承办省级校园文化工作会、省级卓越校长培训班、国家级班主任培训等各级各类会议，向到校宾客展示办学成果，分享办学经验。

三、媒体宣传平台传播

学校找资源、搭平台，通过课题、论文、报纸、职教宣传周、四川职教电视台、融媒体智媒体等多种途径宣传学校办学特色、办学成果。

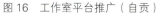

图16　工作室平台推广（自贡）

图17　现场会议平台推广

结束语

习近平总书记曾说，办好人民满意的教育关键在党，学校理应坚持党对教育的全面领导，始终将党的政治标准和政治要求贯穿于整个办学治校、教育教学的全过程各方面。坚定不移地感党恩、听党话、跟党走，以党建促进学校全面发展，落实立德树人的根本任务。培养担当民族复兴大任的时代新人，踔厉奋发，砥砺前行，为建设技能型社会贡献民族职教力量。

李学锋　　侯燕

"万人中职校"的思与行

——四川省宣汉职业中专学校校长冉启全办学治校纪实

在大巴山深处，有一所中职学校，在校学生近 1.3 万人，每年毕业生超过 3500 人，选择参加职教高考的 2500 人以上，选择就业的超 1000 人。连续四年以职教高考上线率 100%，创业、就业 100% 的"双 100%"的闪亮数字，不断刷新纪录，连续以职教本科上线人数占全省职教高考招生计划 10% 以上，位居全省第一并超第二名上百人、是第三名的两倍的好成绩，在行内传为佳话。每年都有通过职教高考进入大学学习的学生，每年都有近千人专升本，每年频传考研考博、上清华逆袭成才的典型；每年都有毕业生成为创业明星和就业明星闪亮各大媒体而走上领奖台的励志故事，每年招生场面火爆……各大媒体都抢先报道这所山区农村中职校的逆袭传奇。

低调坚守的掌门人，平凡中书写传奇

宣汉职业中专学校的井喷式发展，书写的逆袭传奇，都离不开学校掌门人冉启全的一生情缘，半辈子辛劳。冉启全校长（图 1）用大半生的人生经历，破解了中职教育的生存和发展困局，他用心、用情，锐意改革，致力创新，做大做优做强宣汉职业教育，推动了宣汉中等职业教育的高质量发展。他，从教四十年，当了三十五年校长，其中担任职业学校校长二十六年。他从一个边远的山区学校起步，一路拼搏、努力，成为现在在校生超万人的中职校的校长、高级讲师、北师大管理哲学博士、省人民政府督学、多个职业教育协会的副理事长、省智库专家、四川省首批中职卓越校长班学员、省卓越校长工作室领航人……这一串串头衔的背后是冉启全同志用爱与执着，用心与实干，在诠释着"职业教育前途广阔，大有作为"。他迁移三地，成就名校，书写了山区中职学校从一个专业招一个学生发展到如今万人职校的故事。1997 年他受命于职教发展最低谷的困惑期，从全市最年轻的优秀普通中学校长岗位调任一所面临关门的边远乡镇职业技术学校——毛坝职业高级中学的校长、书记。他任职教校长时恰逢职教发展的最困难时期，许多农村职业中学都停办改办初中或普高了，他硬是咬定目

标、艰难破局、弘毅精进、开拓创新、诚朴守政，从一个专业招一个学生（杨震）起步。当时的毛坝职高全年招职高新生不足 30 人，全校在校职高生不足 100 人，面对百余名教职工，很多教师因没有学生专业停办，而被迫放弃专业，抢着改教初中的历史、地理、生物、体育等初中所谓的杂科，一部分教师因校内没有课上，被迫走出校门自谋职业。在这样的状况下，他没有退缩，为了扛起农村职教的旗帜，他开始尝试春季招生，把那些初三辍学在家的贫困生招进来，让他们学技能，改变命运。春季招生让毛坝职业技术学校从困境中复苏，春招也成为宣汉职教主要的招生形式，一直延续到今天，从位于全县最边远的乡镇毛坝职业高级中学 3 个专业干起，发展成了现在的 19 个专业，每年招生突破 4500 人，在校生突破 13000 人的全省最大规模中职学校；从校舍破烂不堪，每学期聘请民工用废旧报纸糊教室、寝室墙，进入 21 世纪了学生还在教室改成的宿舍里睡通铺，搭建临时工棚搞校企合作的简陋校舍，发展到今天占地 500 亩，建筑面积 30 万平方米的现代化智能化校园。从为了生存跑遍千山万水，千方百计招职高生，抢初中生源，办小学、办幼儿园一揽子大杂烩学校，门前冷清，到现在划录取等级，托人托关系也难求一张入学通知书，每年 9 月开学招生注册时每天都有 500 余人在校门口等候考核补录；从濒于倒闭的幼儿园到成人大专的乡村杂烩学校，到今天的专业完善，涵盖全产业链的中职高职"3+2"五年贯通多学制的全国知名职业中专学校。从无人问津、招生困难，到现在的火爆场景，到当年职教高考本科上线突破 380 人，连续四年排名全省第一，地方党政表扬，家长到校放鞭炮，社会网络点赞爆棚；从社会认为中职生就是"混日子"，就是"打工仔"，到中职生也能考大学、考研读博

图 1　冉启全校长

进清华的成才典型；从被人瞧不起，老师坐出租车也不敢报校名的弱小无尊严，到现在理直气壮听乘客赞誉的四川知名中职学校；从不知名边远农村职中到省重、国重、全国示范校、四川省首批五星级名中职校；从单一的中职学校到现在的首批国家中职示范学校、国家重点中等职业学校、全国职业教育先进单位、全国教育系统先进集体、全国中等职业学校德育工作先进集体、全国国防教育先进单位、全国高技能人才培养示范单位……一路走来，他用平凡坚守铺就忠诚之路，用拼搏奉献书写更加闪光的人生岁月，用汗水和泪水书写宣汉职业教育的一个又一个传奇的故事。

山旮旯的学校，省内外的金口碑

四川省宣汉职业中专学校创办于1905年，几经迁址，多次更名，数次融合，于2018年迁入新址，现址占地500亩（图2），建筑面积30万平方米，总投资12亿元。开设有电子信息技术、旅游服务与管理、航空服务等19个专业，其中国家示范专业4个，省级示范专业4个，市特色专业4个，有各类校企共建实训基地80余个。现有教职工640余人，教学班260余个，在校学生超13000人。是首批国家中职示范学校、国家重点中等职业学校、全国职业教育先进单位、全国教育系统先进集体、全国中等职业学校德育工作先进集体、全国国防教育先进单位、全国高技能人才培养示范单位、省最佳文明单位、首届省文明校园、省民族团结示范单位、省中职志愿服务示范校，也是全国英语（计算机）等级考试考点学校、下岗职工再就业培训中心、劳务扶贫工程示范基地、劳务品牌培训基地、农村青年转移就业培训基地、专业技术人员职称计算机培训学校、公务员计算机应用能力教学点、职业技能鉴定站、普光经济开发区职业技能培训中心。

近三年来，师生参加各项技能大赛获国家级奖项近10人次，获省、市级奖项超2000人次；现代学徒制及1+X试点7000人次，取得证书近1000人；教师发表科研论文1000余篇，编写教材50余本；科研课题获国家、省、市等成果奖近30项；组建、参与万达开、城宣万等各类职教联盟和集团30余个；年技能培训超10000人次；与成都工业学院联办乡村治理大专班，人数近500人；与浙江鼎盛石化等企业联办石化冠名班，招生100余人，中西部职教合作"2+1"连续两年入选人社部技能扶贫典型范例；师生开展服务地方技术服务、进行文明礼仪、文艺汇演等志愿服务活动年均人数超1000人；就业推荐满意率超96%，职教高考每年考入本专科3000余人，本科上线连续五年全省第一，涌现出杨昌林等省级创业明星和王春莉、管方念、汤时蓝等考入重庆大学、清华大学博士、硕士等大批优秀毕业生；成功申报"中德汽车应用与维修"国际项目，省级提质培优行动计划项目30余个榜上有名，省级五星级中职名校已立项建设；学校迎接各级领导视察以及兄弟省、市、县领导、专家团队参观学习超 1000 人次，受到各级表彰超过 300 项次。

图 2　学校鸟瞰图

盯紧适应"五链合一"，立德树人做强做优

党的二十大报告指出，统筹职业教育、高等教育、继续教育协同创新。推进职普融通、产教融合，科教融汇优化职业教育类型定位。现代职业教育体系中的基础是中等职业教育，必须牢牢把握职业教育的类型特色、体系特征，在坚定办学方向、找准办学定位、创新办学模式中切实增强适应性，找到现代职业教育领域改革发展的出发点和落脚点，才能破解生存与发展的困局。

宣汉职业中专学校始终坚持"立德树人，服务发展、促进就业"的办学方向，秉承"传承文化、传授知识、传递技术"的功能定位，坚守"向高校输送合格新生、向企事业单位培养技能骨干"的目标追求，践行"按需设计，分类定制，适应大局，校企融通"育人模式，以办有作为的家门口职教名校为切入点，既着眼当下，紧贴经济社会发展，紧抓内涵发展要素，勇于创新、改革、实践，打造品牌建设，又能放眼未来，积极争取并完成学校迁建扩建，做大做强做优职业教育，探索出一条中职学校办学成长、发展、壮大的新路子。

办有作为的特色中职，就是要以"五个适应"（适应新时代新要求，适应专业发展的新需求，适应人才成长新规律，适应专业发展新趋势，适应技能强国的新战略）来举旗定向，立德树人，适应社会发展，服务地方经济，贴近群众需求，尊重差异，满足多元需求。学校以为高校选送文化基础合格、技能技术达标的优质生源为目标，以向企事业单位输送德、能、勤、技合格的专业技术技能骨干为己任，坚持升学就业两手抓，让每个选择职校的学生都能找到成才成功的路径。学校致力于提高学生专业技术技能，促进地方经济协调良性发展，助力毕业学生就业创业增加收入走上富裕之路，肩负起广大人民群众追求共同富裕的政治担当，以适应地方经济发展，满足民生的需求来办特色中职。

办好中职教育，必须坚持党的全面领导，坚持社会主义办学方向，践行为党育人、为国育才的初心使命，落实立德树人、德技双修的培养要求，也需要遵循技能人才成长的规律，适应新时代对技能人才的需要，适合学生成才的需求，满足家长"望子成龙，望女成凤"的美好需求。努力办优质的中职学校。完善"三全育人"工作格局，将育才与育人有效衔接，有机融合，将思想政治教育和品德教育全面融入专业建设、课程建设、教学实施、质量控制、评价改革、管理服务等方方面面。推动价值引领、文化传承、知识传授、技能传递、能力培养的有机结合，以服务学生成长成才为指向，充分满足学生多样化成才的需求，加强育人各环节之间的有机衔接和相关主体之间的协调，着力创设有情怀、有温度的良好育人氛围，有效落实"五育并举"育人要求，优化课程设计，深化"三教"改革，一体化推进德、智、体、美、劳五个方面的教育教学组织和育人模式创新，促进学生全面发展，促进学生健康成长，培育学生劳模精神、劳动精神和工匠精神，增强学生的核心竞争力和职场适应能力。深入构建以社会主义核心价值观为内核、以职业教育为文化底色，将地方文化和行业企业文化全面融入的"多维一体"的校园文化，增强以文化人的育人功能，凸显校园文化特色的辨识度、影响力、传播力，彰显其传承创新功能，构建"五链合一"育人新格局，做强做优中职教育（图3）。

图3　构建五链育人格局促发展

再塑学校文化链，以德为先。学校重构校园精神文化，将国家职教政策、成渝地区双城经济圈战略以及"传承文化、传授知识、传递技术""善创意、有乡情、感乡恩"等纳入学生精神文化教育内容，注重培养学生的精神面貌，邀请优秀毕业生、行业（企业）专家、技术骨干、高校教授到校举办讲座、举办论坛等活动；重构校园活动文化，举办"职教成果展""文明礼仪修身大演讲""职校故事讲述""美丽校园我讲解""技能成就人生、大国工匠有我"征文大赛、"强国必然有我"演讲大赛、"技能展示月活动""企望未来（参观企业展望未来）""未来工匠说"文明风采大比武、"榜样故事我来讲"故事会、"技能成才，强国有我"文艺汇演等主题教育活动，开展送技术、送产业、送文化、送服务的"四送"社会实践活动；重构校园环境文化，设置榜样墙、时事政策宣传栏、职教发展成果展示窗、大国工匠图片宣传栏，建农产品销售电子商务中心和综合实训中心，开通魅力职专短视频、美丽职专美篇展、宣汉职专小微抖音号、宣汉职专声音微信公众号等新媒体平台，拓展延伸校园文化链。创新实践"五声回响，三心感悟，五进服务，三岗递进"等品牌校园文化载体，学校、家庭、社会、企业协同育人，多措并举推进全员、全过程、全方位育人落地见效，构建多元系统、全时全程、协同育人新格局。

1. 师生联心"五声回响"炼行为

学校以理想信念教育为主线，深入推进习近平新时代中国特色社会主义思想"进课堂、进头脑、进教材"，大力开展"让掌声响起来，让歌声亮起来，让口号喊起来，让笑声爽起来，让书声朗起来"的校园"五声回响"活动。

2. 家校联谊"三心感悟"炼品质

学校积极开展线上线下"家校联谊"活动，创设家校协同励志提质培优活动新载体，强化感恩诚信教育，坚持课程思政与家庭育人相结合。

3. 社会联动"五进服务"炼形象

学校坚持服务发展、促进就业的职教宗旨，强化社会协同，下好职教宣传和人才培养先手棋。以提升社会服务能力为目标，将送温暖、技术培训咨询、职业启蒙教育及专业才艺展示等有机融入，创新"联镇到村进社区"产业学院，服务乡村振兴，大力开展"志愿服务进社区，技术咨询进乡镇、职业启蒙进学校、脱贫帮困进农户、职场展示进园区景区"等活动。以专业技术技能服务为导向，强调知识、能力、素养的"三养成"，促进理论、实践、文化的"三融合"，推动学校、社会、用人单位的"三协同"，通过全方位的社会服务，展示职业教育良好形象，提高社会对职业教育的认知认同度，提振师生信心。

4. 校企联盟"三岗递进"炼技能

学校深化产教融合、校企合作，校企共同制定人才培养方案，共建生产性实训环境，教师和师傅协同教学，大力开展基于岗位技能和工匠精神培育一体的"三岗递进"技能强化活动，探索实践现代学徒制和"1+X"证书试点，着力培养学生深厚的爱国情怀、崇高的工匠精神、精湛的技术技能。把劳动光荣的体验教育融入实习实训。"识岗观摩"强化职场认知，学生在"学中做"、在"做中学"，"虚、实、真"结合引导学生逐步认知专业理论，熟悉操作流程，掌握专业技能，锤炼职业精神，实现了从匠印、匠行到匠心的内化、升华。创新多方联动、典型引领、才艺展示三项对外宣传，营造职业教育前途广阔、大有可为的良好生态。

优置学校专业链，服务产业。学校围绕产业发展对技术技能人才的现实需求，建技能人才蓄水池、加油站，创新构建"按需设计，精准适应，适合需要"的精准育人模式，构建政、园、行、企、校五维联动，校企合作机制。依托区域产业需求不断优化更新专业设置，技能型社会建设与学校专业建设同频共振，共绘产教融合、校企合作同心圆，构建发展命运共同体。紧贴成渝地区双城经济圈产业布局调整和人才结构市场需求实际，调整学历教育专业人才培养方向，按"产业布局在哪，专业就跟进到哪，技术推广同步到哪，技能培训就办到哪，社会实践服务就延伸到哪"的思路。在政府部门领导下，主动对接工业园区、农业园区、专业合作社、厂商会、企业协会、龙头企业，推进设备、技术、师资、服务、文化、管理、信息的紧密融合，按照"跨界融通，共建共享，资源互补，协作支持"的思路，不断调整、整合专业，形成适应产业、服务精准、凸显优势、对发展有贡献的专业。改造升级传统专业，增设适应产业转型升级的新专业，形成涵盖一、二、三产业的 19 个专业。新增直播电商、化学工艺等专业，以满足数字经济、能源化工发展对人才的需求，给学生更大的专业选择空间。在全省率先组建有创意的农业服务乡村振兴的专业集群，形成了乡村振兴全产业链需要的专业集群。调整社会培训专业，开设创意种养殖、农业经纪人、乡村旅游、农村电商等中短期专业培训班。构建"双动态"专业调整机制，紧跟产业转型岗位更替、学生发展需求变化，更新专业课程设置与岗位技术升级的适应性，升级更新专业与课程内容。

中职教育增强适应性，体现在必须发挥产业融合，以专业产业共生为基石，实现校企合作的育人功能，立足宣汉，面向全川，融入经济，服务产业，融合发展，共生共荣，提升学校办学在区域经济社会发展中的参与度和贡献力，从而赢得相关部门的重视、社会的支持和家长的欢迎。

学校专业不能仅仅只由学校推动发展，甚至成为只是维系生存的办学单元，而应该成为学校与区域产业共生式发展的、能充分发挥功能体现价值的办学根基。要增强专业升级与产业的精准对接度和人才培养的契合度，校企互效互动有机融合提升学校发展的有为地位。

还要以产研用合作为助力，在地方实体经济发展乡村振兴中，主动发现需求，主动研究，把专业教师组织起来，为地方中小乡镇企业解决真实问题，开展技术难点攻关，以有为争有位，树立中职学校的存在感。

重构学校课程链，赋能强技。增强中职办学适应性，必须紧紧围绕产业发展对技术技能人才的现实需求，推进办学模式改革和人才培养创新。高质量创建区域产业技术技能人才，"蓄水池""加油站"为区域产业发展、升级持续提供支持，努力为构建区域企业终身服好务，集聚精准培养适应区域的技术技能人才。

精准对接需求，侧重"尊重选择、分类定制、校企融通"人才培养模式。"按需设计、精准适应、适合需要"以适应产业发展，适合个性化、多样化成才需要。以产业融合、校企合作为手段，为行业、企业、学生、学员定制不同的培养目标，定实施方案、评价标准。学校全面服务企业发展，企业全面参与育人过程，构建"双师双徒、双向服务"，分类定制校企融通、一体化多主体育人模式。

瞄准岗位链和学生发展诉求，设计"三阶段、四模块"课程结构和分层分类多维度办学格局，把岗位链中心新技术、新工艺、新规范纳入课程。按"培养能力，着眼未来，适应迁移，满足发展"的需求设计"三阶段、四模块课程结构"，一年级完成职业基础模块，二年级完成职业技能养成，三年级完成职业拓展提升。职业基础是为增长个人文化素养、树立职业道德、奠定专业基础而设。职业技能养成是为练就从事专业工作所需的岗位技能而设。职业拓展提升是为熟悉工作岗位就业秩序、工作规范、适应服务个性发展而设。遵循学生多样化、个性化职业成长和终身发展诉求，构建分层分类多维度发展，量身打造"升学、就业"个性化发展目标。学生依据自身的基础与发展意向，自愿选择就业或升学，学校通过技能定向培养、技能创新培养、中高职贯通培养和本科冲刺班等多种成才路径，多层次、多维度培养人才。增强办学适应性，必须挖掘专业核心课程服务成渝地区双城经济圈建设功能，在各专业增设时事报告等课程，将乡情教育、思政教育等融入专业教育全过程。开发校本教材、活页式教材，增加专业拓展课程教学内容，开发服务地方产业校本课程，如《农村电子商务》《农产品市场营销》《农特产品生产营销》等。建立服务乡村振兴社会培训课程库，如柑橘种植、生猪养殖、农家乐经营服务等课程。增加国学传统、礼仪等人文课程，课程课时设计满足赋能强技。

搭建学校平台链，创新竞先。遵循"设备生产化，环境职业化，现实一体化，实训企业化，作品产品化"理念，建设新校区，在500亩新校园内，建设了生产性实训基地，基地发挥通用能力训练平台，新技术职业化专业核心平台，产教融合综合平台，突出实用性、生产性、开放性、先进性、创新性。融实践教学、职业训练、技能竞赛、创新创业、文化融促、生产经营、技术服务、社会培训八大功能，推动课堂革命，创新"生产性项目体验教学"，结合"教学过程对接生产过程"，按企业生产组织方式，注重综合分析能力培养，融合专业特色创新推进"生成性项目体验教学"改革，如数控专业推行"生产性项目"企业产品全过程生产，汽车专业推行"模块递进教学"，电商专业推行"网络一体"，财会推行"模拟公司"，农学厂场＋农户实践教学等，强化教学成果生成效果。在项目教学中创新性增设"过程重现"环节，回顾过程，培养认知能力、合作能力、创新能力和职业能力，增强职业适应性。创新建立工匠联盟，有效对接多方资源，引进各类能工巧匠。开展技能培训技术交流及比赛。

牵头组建协同创新平台，成立"川东北农村经济产业教育联盟"，参加"万达开川渝统筹发展示范区职教联盟""中国乡村振兴战略研究院联盟"等，成立乡村振兴技能人才培养研究中心；建设电商直播基地、电子商务服务基地等；建设服务创新平台，建立乡村振兴人才培训基地、创意农业校村共建服务基地、全国第一个花田图书馆，与成都工业学院联办"乡村治理"大专班等。

重树学校管理链，练优内功。学校把打造高素质教师队伍视为学校发展的第一要务，坚持"发展学校，先要发展教师"的理念，树立"使用教师就要激励教师，激励教师的根本在发展教师"意识，大力实施教师"素质提升工程"，通过学校带动发展和教师自身发展"双轨并行"，多措并举，切实提升教师素质，提升学校整体实力。以"六段四步"培养培训高质量教师团队（图4）。

"六段四步"高质量教师团队培养培训模型

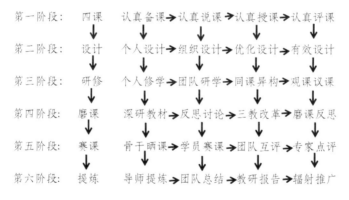

图4 六段四步教师团队培养培训模型

通过抓常规建立约束机制，添措施建立服务机制，促上进建立激励机制，常年开展教学名师、名班主任、名指导教师、名师傅的评选表彰，为教师成长提供制度保障；聚焦课堂练本领，参与活动提素质，定期举办师德师能师技师艺大比武，打造团队强能力，促进了教师内涵发展；与企业合作，选派教师挂职学习、顶岗实践，实现教师企业实践常态化，合作开发校本教材、生产性实训基地，提升教师动手实践能力；与名校合作，对教师开展教育教学理念、专业动手实践能力等培训，提升教师综合能力；通过选派教师出国学习和参加省、市培训，通过邀请知名教授、专家到校进行全方位指导、授课，使教师的教育教学理论视野更开阔、知识素养更全面，提高了教师课程开发技术、课程实施能力和课程评价能力；通过拓宽人才引进渠道公开招考教师、引进研究生、城区考调教师，从企业、行业聘请高技能能工巧匠作兼职教师，充实教师队伍；培养"握得住教鞭，拿得起扳手""讲得了知识，教得来技术""站得稳讲台，进得了车间"的双师型教师、创新型教师团队。学校教师参加全国、省、市教学技能大赛获奖 50 余人次，信息化教学能力大赛、思政教学团队 5 个，其中"奋进者"科研团队获省优秀团队称号。

加强教学团队、教学资源、教学组成方式的改革创新，改革评价模式，构建以"综合职业能力"为核心的多维多元评价体系，形成文化基础水准考评、职业技能参评、职业能力测评、职业素质测评四个一级指标，学习能力、操作技能、任务能力等15 个二级指标，评价主体、评价内容、评价方式、评价方法、评价标准等多元化，实现全过程、全方位、多样化和发展性评价，促进政园行企协同育人，改革教学实施，强化德技并修，工学结合，优化育人链条。

根据区域产业构建专业群和专业部管理单元；党建引领，把党的支部建在专业部，强化党的全面领导，创新宣传形式除壁垒，升学就业四同步，岗训结合强服务四举措。实施"条件达标，专业优化，教学改革，提绩增效，特色创建，品牌树立，社会服务"七大工程，多方协同建新格局，增强学校管理的有效性。

边思边行，边做边改，擦亮"万人中职校"品牌

党的二十大报告强调，要办好人民满意的教育，全面贯彻党的教育方针，落实立德树人根本任务，培养德智体美劳全面发展的社会主义建设者和接班人，加快建设高质量教育体系，发展素质教育，促进教育公平。党的二十大为职业教育的高质量发展指明了方向，办好人民满意的职业教育，推动职业教育的高质量发展。学校对育人功能、教育要素、立德与教学不断反思，边思边行，边做边改，让学校在发展中壮大。

一、对育人功能的再反思

随着职教高考、工匠人才地位的提高，逐渐改变了人们对过去的中职教育的认知。中办、国办印发的《关于推动现代职业教育高质量发展的意见》有效融合了教育链、人才链、产业链和创新链，推动社会优质资源向育人资源转化，为促进职业教育发展和人才培养提供了政策支持，促进了职业教育供给与经济社会发展的匹配。中职教育的终极目标也就是要让每个人都有人生出彩的机会，这个意见进一步明确了中等职业教育的基础定位。

中等职业教育是现代职业教育体系存在和运行的基础。中职教育要为学生进一步接受高等职业教育所需的技能基础、专业知识基础、文化知识基础和职业意识基础夯实根基，就是要重点培养学生的基础职业能力和基本文化素养，着重为高等职业教育输送具有扎实技术技能基础和合格文化基础的优质生源。这就强化了职业教育的育人功能，中等职业教育需按照多元智能理论因材施教、施策，让每个学生自主选择升学或就业，满足个体全面发展的需要。中等职业学校兼顾升学和就业，这是回归类型教育的育人功能。升学是满足人民群众随着生活水平提升对受教育层次上移的需求，就业是满足技能致富，追求幸福生活的需求。升学和就业不是对立的，而是不断丰富完善共同基础和内在关联。由原来的初次就业准备转向多次就业准备，提升就业的适应力与竞争力。促进职业生涯发展需要终身学习。升学的最终目标也是就业，就业后也可以继续学习，升学是为了高质量的就业，现代职业教育体系就是不断完善整合中等职业教育的升学功能和就业功能（图5）。为每个学生量身定制发展规划，不能放弃一个人，必须让每一个学生都有努力上进的机会，教会学生主动积极向上，不能断了学生的通道，不能灭了他们心中的奋进灯。纵向贯通，横向融合制度安排是要求中职学校以就业为导向转向就业与升学并重，促进高质量就业。为每个中职学生提升多元化成功成才的选择机会，让人人成才，人人皆可成才，每个人都有人生出彩机会的多样化选择。是尊重个体选择、体现以人为本的育人理念的制度安排。中职学校教育就应该面向每一个学生，把人生成长的选择权交给学生自己，点亮每个学生心中的灯，让每个学生眼中都有光。

尊重选择，因才引导，升学就业双标双轨育人-宣汉职业中专学校实践

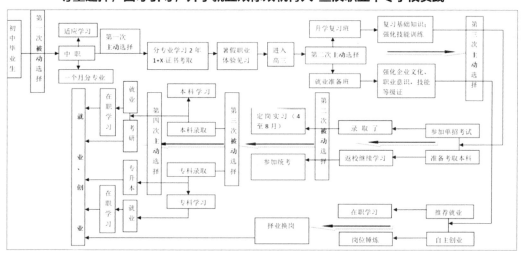

图5　宣汉职专升学就业双标双轨育人

二、对教育要素的再反思

职业教育供给与经济发展要求匹配，完善产教融合办学机制，创新校企合作办学机制新理念，深化教育教学改革等尤为重要。

1. 理念引领，强化适应性，催生高质量

中职教育必须牢记为党育人，为国育才的初心使命，树立适应社会主义现代化强国建设需要的责任担当，丰富适应地方经济社会发展需要的生存发展内涵，扣紧家长望子成龙，望女成凤的愿景和学生也渴望成功渴望被尊重的需求开展育人活动；坚持立德树人的办学方向，坚持把学校的发展融入地方经济社会发展的统一规划中，紧扣产业转型，以习近平总书记的系列指示、批示为指导，把社会主义核心价值观贯穿全过程，推进学校的高质量发展。

2. 专业支撑，促进模式创新

办好职业教育，办好专业，突出学业，强化职业，重视就业，引导创业，奠基事业，构建学校专业教育体系，以"政治素质、文化素质，职业素质、心理素质、身体素质、创业素质"多维度来制定毕业标准，办有质量的中职教育。把习总书记的劳动观、人才观、职教观贯穿育人全过程，以"岗课赛证"综合育人为抓手，以"与企业联盟、与行业联手、与园区联合、与统筹示范区联系、与部门联动"多元多能构建育人链条，推动中职教育品牌化建设。在专业优化设置方面，着眼新发展阶段，贯彻发展新理念，适应新发展格局，强化有效适应，应对"卡脖子""双循环"发展的时代需求，凸显所办专业面向国民经济生产生活，满足人民群众美好生活所需，为构建技能型社会服务，促进共同富裕的社会主义现代化强国建设。

要依托产业办好专业，服务产业。让专业依托在产业链和需求链上，不断更新、优化专业设置，与党政建设技能型社会同频共振，共绘产教融合、校企合作同心圆，构建发展命运共同体。这样才能让专业有生命力，也才能支撑起中职教育的高质量发展。

3. 双师团队，品牌建设的重要保障

要办好职业教育，教师是关键，推动职业教育高质量发展，必须要建设一支高质量、高素质的双师型教师队伍，要让中职教师队伍"活"起来，中职教师既要做传授知识技能的教书匠，又要做塑造品格、品行、品味的大先生，还要做技术技能传承创新的技师。要让教师人人有获得感、安全感，在幸福感中获得尊严，才能充分调动教师育人积极性，整合教育力，培养品德过硬、文化基础扎实、专业技能达标的新型匠师人才，让品牌教师支撑品牌专业，品牌专业支撑品牌学校人。

三、对立德与教学的再反思

教育的最大作用就是让人找到目标，明白要做什么，今天的教育就是要点燃学生心中的那把火，让学生眼睛放出光亮。

（1）增强德育的适应性，把德育内容生活化、职业化、趣味化、日常化、多样化。把学业教育和职业品质深入融合，以综合素质培养为目标，以能力可持续、可迁移、能转换为导向，把职业素养、专业素养、服务素养的培养融入真实的生产工作环境以及实践和日常生活中，职业素养和职业技能并重，融职业知识、职业技能、职业道德于一体。贯穿"执着专注，精益求精，一丝不苟，追求卓越"的工匠精神，让学生在生活实践中内省自律，感悟生命的价值和学习的重要、生活的美好。

构建"三联"架构强化教育延伸链条：师生联心（学生个人德行养护，德育导师护约，校领导平等对话）；家校联盟（家长委员会，定向帮扶，定期电话家访）；社校联动（与相关单位联合定期不定期开展各种活动使自己成长，邀请"劳模、技能大师、大赛获奖者、优秀毕业生、企业老总"进校园专题讲座）。变空动说教为行为践行，增强适应性。

（2）紧紧围绕"三教"改革，纵深推动课堂革命，强化教研组、备课组，常态化抓常规，认真开展课堂教学研究，把课堂教学与创新教学模式的研究常态化，把新技术、新工艺、新规范、典型生产案例纳入教学内容。把就业、职业、产业、行业和企业五业联动机制纳入教学标准。强化技能大赛，持续实施"1+X"证书的试点。有力推进"岗、课、赛、证"综合育人。有兴趣，再难也易，没兴趣，再易也难。以"趣"为抓手，低起点切入，设计高密度台阶，循序渐进，梯度推进，逐级闯关，设计教学计划，纠正习惯、恢复自信、培养兴趣，让学生学有兴趣，学有乐趣，学有成效，学有自信，打造活力课堂。提升育人质量，树立学校发展有势头，学生成才有奔头，家庭期许有盼头，社会认可有看头的中职学校新形象。

学校为每个人能够人生出彩提供了机会，实现了人人皆可成才，人人尽展其才，让每个人都有尊严地幸福生活着。

2016 年以来，学校共培养毕业生 13400 余人。其中，1000 余人考上四川农业大学等本科院校，8000 余人考上成都航空职业技术学院等专科学校。学校连续 8 年职教高考本专科上线率、录取率位居达州市第一名，毕业生就业率 100%、满意率 96% 以上。2019、2020、2021、2022 年职教高考本科上线分别以 188 人、231 人、338 人、380 人连续四年位居全省第一，连续四年不断刷新本科上线人数历史新高，以与第二名的差距越拉越大而成为全省的标杆。省内外党政领导率队，职业学校同仁组团来校学习交流超千人。用大爱和行动为初中毕业的 C、D 等级学生圆梦大学续写了传奇，用耐心、爱心、真心、诚心为低收入家庭子女实现人生跨越谱写了辉煌篇章。近 100 名毕业生先后取得研究生学历，如王春莉（取得重庆大学生物医学工程博士学位）、汤时蓝（现为清华大学医院管理学院的硕士研究生）等。书写了职业院校学生也能考研、考博，也能上清华的传奇故事，成为全省励志典型。成百上千的创业、就业明星闪亮各行各业岗位。涌现出杨昌林、黄富学等一大批省、市、县发展领头人。一大批能工巧匠，扎根实体经济建功立业，以踏实苦干、无私奉献、不甘已有、勇争一流的奋斗精神向党委、政府、社会交上了一份"职教改革发展的优秀答卷"，再次以实际行动和辉煌成绩向社会各界证明了"职业教育前途广阔、大有可为"。

破解生存与发展的桎梏，办有作为的中职教育

四川省宣汉职业中专学校在发展壮大中，走出了一条中职学校成长的新路子，学校校长先后在省、市上的各类会议上介绍学校的办学成绩和办学经验，分享学校的发展历程，为全省、全市职业教育提供了"四川省宣汉职业中专学校"发展方案。先后开展年均培训5000人以上的农村劳动力转移培训、乡村振兴及巴山大峡谷开发人才培训。还借助浙川东西部协作平台，先后开办东西部协作技能提升培训班（海员班）、东西部协作2+1培养班（机电班）、实践实训技能强化班（旅游班）、社会实践服务能力提升班（港口班）、经济百强人才储备训练营班（石化班）。先后培训300余人，学校的经验做法两次被人社部作为职教扶贫典型案例宣传、表扬，为技能脱贫贡献了自己的力量（图6）。

图6 学校获得的荣誉

2022年8月19日，习近平向世界职业技术教育发展大会致贺信说到，"职业教育与经济社会发展紧密相连，对促进就业创业、助力经济社会发展、增进人民福祉具有重要意义"，冉启全校长带领四川省宣汉职业中专学校从薄弱到壮大到优质，学校成为全省规模最大、环境最美、质量最优的万人超级中职学校。进入新时代，迈步从头越，宣汉职业中专学校"从万人中职校"起步，正大踏步向全省五星级中职名校、全国双

优示范中职校迈进。

踔厉奋发勇毅前行，放眼中职诗与远方

作为现代职业教育体系中的基础——中等职业教育，国家越来越重视，出台了一系列政策、提供了大量资金支持，习近平总书记在党的二十大报告的第五部分"实施科教兴国战略，强化现代化建设人才支撑"中，再次强调加快建设教育强国、科技强国、人才强国，办好人民满意的教育等，这为当前教育发展进一步指明了奋进方向。

现在的中等职业教育看起来很火了，不愁招生不愁升学，让很多人觉得中职教育终于迎来了好日子，终于走上了平坦笔直的康庄大道。但真正从事中职教育的职教人，必须要意识到生存和发展，始终是萦绕在中等职业教育头上的大事，尤其是在中职教育蓬勃发展的今天，在红红火火的大势中，在共同富裕的大局中，如何从发展中看准大趋势，如何培养时代需要的技术技能型人才，怎么样培养堪担民族复兴重任的社会主义建设者，还一直是职教人思与行的重要问题。冉启全校长和他的团队一直行进在追求光荣和梦想的征程中，为培养"有思想，有担当，能吃苦，肯奋斗"的新时代有为青年而踔厉奋发，勇毅前行。

李学锋　侯燕

参与是最好的教育　示范是最好的引领

——泸州市职业技术学校校长林子杰办学治校纪实

　　坐落于中国（四川）自由贸易试验区川南临港片区内医教园区的泸州市职业技术学校是国家级重点中等职业技术学校、国家中等职业教育改革发展示范校、四川省首批中职"三名工程"立项建设单位。随着泸州"三大千亿产业"优势持续凸显和办学基础不断夯实，泸州市职业技术学校大胆改革创新人才培养模式，为区域经济发展提供了一大批高素质技术技能型人才，特别是近三年来，学校教育教学成绩斐然，已成为泸州中职教育的一张亮丽名片。"泸州市新时代中小学名校长"林子杰（图1）正是这所学校的"当家人"。

图1　林子杰校长

1996 年 7 月，林子杰从原四川师范学院（现西华师范大学）化学教育专业毕业后，成为泸州二中（泸州老窖天府中学）一名中学教师，因其工作成绩优异，他先后担任泸州二中（泸州老窖天府中学）副校长、校党委专职副书记等职务。2019 年 7 月，由组织任命到泸州市职业技术学校任党委书记、校长至今。

从教二十五年，担任校级领导九年。从普教到职教，转身躬耕中职教育的林子杰，角色变了，人才培养的目标也变了，但是他对教育事业执着追求的精神没变。来到泸职校后，林子杰又把自己的一腔热情投入到了职教事业当中。他解放思想、抢抓机遇、笃行实干、开拓进取，团结带领师生员工奋力谱写泸职校高质量发展新篇章。

坚持办学思想、坚定办学理念，开启新征程

泸州市职业技术学校（简称"泸职校"）由泸州财经学校和泸州市树风职业高级中学于 2012 年 12 月 31 日合并成立（图 2）。原泸州财经校是一所全日制中专学校，曾被誉为泸州培养经济管理人才的"黄埔军校"，其前身是成立于 1954 年的宜宾财贸管理干部学校和成立于 1964 年的泸州财贸校。学校坚持"以市场为导向，以改革为动力，以质量求生存，以特色求发展"的办学思想，遵循"三爱"（爱校如家，爱生如子，爱业如命）与"四严"（严格要求，严格管理，严格监督，严谨治学）的校训，"培养有社会主义觉悟和时代进取精神的一专多能的普通劳动者"。早在 2000 年学校根据培养目标"降低两个重心"（降低教育工作重心，重学生行为规范养成教育；降低教学工作重心，重学生实际能力培养）。每周固定学时对学生开展站立行走训练、待人接物礼仪培训，培养学生学会做人。原树风职业高级中学校 1985 年由普通高完中转制为职业中学，1996 年被认定为国家首批重点职高，2011 年被批准为首批"国家中等职业教育改革发展示范学校"项目建设学校。学校前身是诞生于 1941 年的四维中学，先贤房益之先生邀乡里贤达共同出资办学，集蒙童而教"礼义廉耻"，旨在"救亡我民族，图存我国家"。1942 年更名为泸县罗汉乡私立树风初级中学。1951 年人民政府接管学校取名为四川省泸州市第三中学校，1985 年转制更名为泸州市树风职业高级中学校。学校以"育人为本，德技双馨，按需施教，提高质量，科研兴校，服务社会"为办学理念，

图 2　校园一景

"勤·实·活·新"为校训,树"严谨·活泼·求实·创新"的校风、"明德·循理·精业·爱生"的教风和"勤学·善思·强技·致用"的学风,坚持"以服务为宗旨,以就业为导向",为泸州经济社会发展培养和输送了大批合格的专业技术人才。

奋进新征程,建功新时代。学校牢牢抓住省中职"三名工程"项目建设机遇,以名学校建设为契机,充分协调各利益主体的发展诉求,全面提升党建水平,落实立德树人根本任务,持续深化专业内涵建设和产教融合,以产业对专业及人才的需求为标准和逻辑,深入实施"三教"改革,提升学校信息化建设水平,打造特色、优质专业(专业群),推动技术创新与社会服务,彰显学校办学特色,为四川省建设职业教育创新发展高地和泸州建设川渝滇黔结合部职业教育高地作出新的贡献。

一、办学理念

1. 守正创新,创建"竞·和"核心价值观统领的文化理念系统

泸职校在现代职业教育加快发展和泸州市建设川滇黔渝结合部教育培训中心的发展战略中应运而生,是强强联合、做大、做强、做优泸州中等职业教育的产物,学校在竞争中诞生也将在竞争中发展。学校文化建设和发展的逻辑起点是教育价值观和价值取向的提出和认同。针对新学校的发展愿景和过去学校的文化精髓,围绕创建"引领泸州、示范全川、闻名全国"的学校发展目标,通过对学校历史与现状的思考、对职校师生成长与发展规律的思考、对学校如何弘扬时代先进文化的思考,经过集思广益,反复琢磨,确立以"竞·和"作为学校的核心价值观,倡导"竞"的精神与"和"的品质,追求"德技双馨"的人才培养愿景。以"尚竞"培养学生安身立命、竞以立业,践行工匠精神;以"贵和"培养学生健全品格、全面发展,实现和以致远。"竞·和"文化是一种强者文化、可持续发展文化,更是一种多赢文化。它源于我国传统文化的基本精神之"自强不息"的进取精神与"贵和尚中"的和谐精神。在"竞·和"核心价值观的统领下,确立了学校"竞秀致和·立业树人"的办学理念;在文化传承上强调"崇德约礼·博闻竞技"(校训);在做人品位上强调"德技双馨·谦和竞秀"(学校精神);在道德践行上强调"竞逐向学·和美共进"(校风);在行为准则上强调"雅正勤业·善为善导"(教风)、"励志强能·明理践行"(学风),让师生在实践中"种好心田·健全人格"(德育理念),"师徒相长·学做融通"(教学理念),"依法治校·科学民主"(管理理念)。发挥文化滋养心灵、涵育德行、引领发展的功效,师生在"竞·和"文化的浸润下,以"竞"为路径、行动、精神,既学会做事,更学会做人,竞学、竞技、竞秀;以"和"为目标、素养、品质,促进和谐发展,造就和谐人生、和谐学校,成就学生、教师、学校的共同成长。

通过确立先进的办学思想与理念、价值与精神作为学校的核心竞争力,泸职校开

始走上了文化立校、文化养校、立德树人的发展之路。2013 年，学校创建为首批"国家中等职业教育改革发展示范学校"，2014 年获得"全国教育系统先进集体"荣誉称号，2016 年被授予"四川省职工培训示范点"，2017 年学校创建为四川省文明校园、依法治校示范校、艺术教育特色学校。

2. 自信自立，倡导"参与是最好的教育，示范是最好的引领"育人理念

"千万次说教，不如一次示范"。道德教育的实践活动是引导学生加强自我教育的重要途径，只有通过德育的实践才能促进和提高德育工作的实效性。因此在日常的教育教学工作中，林子杰校长非常注意教师团队在言行方面的示范作用。他也相信"千万次说教，不如一次参与"，因此他也非常重视学生的实践性教育和养成性教育，通过学生的

图 3　学生活动

自我教育、自我管理、自主学习成长实现学生的身心健康成长（图 3）。

养成教育是德育的基础。让学生通过参与和实践去养成一种良好的习惯，增强自身的能力。即使离开学校，仍然还需要从多方面接受再教育，还要进行自我的教育，其目的还是在于养成习惯，增强能力。在培养学生良好行为习惯的过程中，放手让学生自己去实践，把对行为习惯评价的权利交还给学生，促使学生在"我能做"的自信的基础上，再上升为"我会做"的更高境界。

二、办学实践

1. 构建主体协同课堂教学模式

主体课堂是根据课堂教育教学活动的主体来确定教育教学方法的一种课堂教学模式。主体不同则课堂类型不同，教学方式不同。如果是以学生为主体，则为学习课堂，学生自主学习；如果是以教师为主体，则为教学课堂，教师拓展讲授；如果是以师生共同为主体，则为交流课堂，师生交流探究。其中，学习课堂是核心，发现问题，提出问题；交流课堂是辅助，探究问题，解决问题；教学课堂是促进，反思问题，拓展问题。主体课堂的指导思想是以人为本、学生是主体；核心理念是"以学定教、教学相长、以惑导教、主客相生"；主要形式是"自主学习"；基本方法是教学设计明确学习目标，学生需求引导教学活动，质疑解惑提升学习能力，合作探究促进师生成长；教学流程是"导（课标引领、学习指导）、学（自主学习、合作探究）、论（师生交

流，教师点拨）、迁（创新拓展，迁移延伸）"；教学流程是指导设计—任务下达—自主学习—形成报告—分析准备—合作交流—总结延伸；辅助流程是处理教材—编印设计—整理报告—记录活动—分享成果—资料归档；改革目标是促进学生全面成长，促进教师专业发展，以课堂主体化促进教学质量的提高。

一是通过主体课堂构建的实践和研究，贯彻落实新课程理念，树立主体课堂教学观。在新课程改革全面深入推进的大环境下，在高效教育、优质教育的强烈要求下，学校依据新课程改革精神和学校实际情况，开展《主体课堂的构建与研究》。本课题研究的首要目标是新课程理念在教学实践中的有效贯彻，使全体教师形成主体课堂教学观，凸显学生主体，培养学习能力，提高课堂效率，全面提高教育教学质量。

二是通过主体课堂构建的实践和研究，形成具有泸职校特色的课堂文化。在主体课堂教学观的指导下，依照主体课堂的内涵重新审视课堂教学，探索主体课堂的实践模式，优化课堂教学技术，构建具有泸职校特色的课堂文化。

三是通过主体课堂构建的实践和研究，促进教师专业化成长和教研风气的形成。经过传承式教学模式和主体课堂教学模式的对比研究，通过课堂教学模式的改革，激发教师反思教学、研究课改、关注质量的兴趣和热情，进一步推进学习型校园的建设。

2. 以社团活动课程化为抓手打造美育校园

为深入贯彻落实立德树人根本任务，着力培养"有知识、有技能、有礼仪"的新时代中职学生，泸职校结合自身实际，不断整合教育资源，创新教育形式，持续推动艺术教育内涵发展，形成了"突出一个重点，加强两个基础，狠抓两个结合"的特色艺术教育工作新机制，为推动"五育并举"落实落地，促进学生德智体美劳全面发展打下了坚实基础。

一是"强"机构，提供有力保障。为充分发挥艺术教育陶冶情操、提高素养，促进学生全面发展的重要作用，泸职校明确以分管副校长为负责人，学校艺体科和团委为主要职能部门，专设艺术团干岗位主抓学校艺术教育工作。成立了由校外艺术教育辅导员、学校艺术教学骨干组成的龙涧溪艺术拓展中心，负责对全校艺术教育工作进行宏观规划与指导，同时下设各类教师、学生艺术社团，负责具体实施开展艺术教育各项工作。

学校先后制定了《泸州市职业技术学校艺术教育管理制度》《龙涧溪艺术拓展中心工作制度》《泸州市职业技术学校学生艺术社团活动制度》《泸州市职业技术学校艺术教育评价制度》《泸州市职业技术学校音乐、美术、舞蹈室管理制度》等十余项艺术教育工作制度，建立完善了艺术教育教学管理制度体系，每学期艺术教育均纳入学校年度工作计划和年度工作总结，进行目标管理考核，实施奖惩，形成了有效的激励机制。

二是"强"师资，奠定扎实基础。近年来，为提高艺术教师专业素养，打造高素质的艺术教育教师队伍，泸职校积极组织并鼓励教师参加各级各类的艺术专业培训，多次聘请市内外知名教育专家来校讲学，并对青年艺术教师进行交流辅导，通过探索实施"走出去，请进来"的培训模式，确保了学校艺术教师专业素质的有效提升。

学校坚持艺术教师培训与教学诊改相结合、与校本教研相结合、与课堂教学相结合。充分利用校本教研、教学诊改、课堂教学、专题讲座等形式，让艺术教师在工作中学会学习，学会合作，学会创新，学会发展。使艺术教师在参与教研、科研、课改、教学实践和自我反思过程中，不断提高胜任艺术学科教学和教研的能力与水平。

三是"优"设施，打造硬件基础。近年来，学校先后投资20余万元，不断建设和更新艺术教育教学专用设施，每年划拨专项经费100余万元用于艺术教育和开展艺术活动。

学校现建成多间音乐教室、美术教室，建成练功房、形体房、美术写生室，设备设施均配置齐全。同时，学校每年定期对艺术学科教学中消耗性器材及时给予更新和补充，保证了艺术教学和课外艺术活动使用需要。艺术教育教学专用设施的有效配置为艺术教育教学活动正常开展、促进学生进一步提升艺术鉴赏能力、推动打造艺术教育特色学校奠定了良好硬件基础。

四是"优"环境，营造艺术氛围。泸职校重视学校艺术教育与校园文化建设相结合，着力打造具有浓郁艺术氛围的校园环境。2016年秋，学校搬迁至新校区后，对整体校园文化环境建设进行规划，大力优化办学条件，提升艺术教育特色学校建设的硬件基础。

建设校园文化景点，营造艺术特色教育环境，校园里四季鲜花簇拥，绿叶映衬，景色秀美怡人。校园教学区整洁、美观。走进教学楼，各个班级独具特色的标示牌，每间教室里整齐的挂图都突显出校园艺术氛围，每年校园文化艺术节中评选出的学生佳作，学校都会将其装裱，陈列上墙。

五是"多"形式，提升育人成效。学校严格按照艺术课程设置方案，为每个专业设置音乐、美术教育课程并足额配置课时，为幼儿保育专业增设泸州本土文化——"油纸伞绘画与制作"美术特色校本课程，并在师资力量、课程时间、经费投入上给予充分保障，确保了各类艺术教育课程有效开展。

学校历来重视加强学生社团建设，培养学生艺术特长。目前已成立了礼仪社团、美术社团、书法社团、舞蹈社团、话剧社团、合唱社团、油纸伞制作社团、手工社团、悦音社团、动漫社团、街舞社团等多个学生课外艺术社团，开创"走班选课"的体验式教学模式，高一高二年级学生根据自己的爱好选择课程。社团每月自主开展形式新颖、更贴近学生生活、更富有朝气和活力的团内活动。学校在活动经费、指导教师、考核奖励等方面给予大力支持。同时，积极引导学生在课程学习中发挥主体作用，自主提炼主题，自主设计活动，彰显个性特色。在培养学生艺体兴趣爱好的同时，促进养成主动质疑、主动探究、主动解决问题的科学精神，让学生在活动中体验、在体验中成长，从而得到美育的滋润和陶冶。

为检验学校艺术教育教学成果，创建师生展现自我风采的广阔舞台，学校每年从十月份开始举办为期两月的"泸州市职业技术学校校园文化艺术节"，包括文艺汇演、书法、美术、摄影、演讲、经典诵读等多种活动形式，吸引众多师生参与。同时学校将每届艺术节中评选出的优秀的学生和教师作品进行陈列展览，供全校师生欣赏、品鉴。学校师生的艺术才华和综合素质在文化艺术节中得到了充分展现，全校师生的艺术情操、审美情趣也在对优秀作品的鉴赏中得到进一步提升，整个校园洋溢着浓郁的艺术芬芳。

学校结合泸州本土文化，聘请泸州市非遗文化油纸伞制作传承人在校内开展非遗文化油纸伞制作活动，在全校开展以油纸伞绘画、制作为特色的传统文化教育，让非遗文化进入课堂，与学生"零距离"接触，让学生感受中国传统文化之美。

学校积极申报"非遗文化传习所"，以传统文化中的"礼"为核心，以"诚信""感恩"为内容，在艺术教育中融入德育内容，定期组织开展日常礼仪行为培训，集体诵读传统国学文化经典，切实在艺术教育过程中进行道德教育，在提升学生艺术修养的同时，促进学生思想道德素质进一步提升。

3. 整体设计劳动课程，有效实施劳动教育

学校以劳动教育进课堂为突破口加强劳动课程建设。坚持科学有序地开展劳动实践教育，进行了日常生活劳动、生活生存技能劳动和技能强化劳动为主的劳动教育，

图4　学生实践

从而增强学生职业荣誉感，提高职业技能水平，培育学生精益求精的工匠精神和爱岗敬业的劳动态度（图4）。使学生树立正确择业观，具有到艰苦地区和行业工作的奋斗精神，懂得空谈误国、实干兴邦的深刻道理；注重培育公共服务意识，使学生具有面对重大疫情、灾害等危机时主动作为的奉献精神。

高一、高二年级全体同学，以每天一个班级为劳动序列，按8至10人为一小组编排区域阵列，实行区域负责制。劳动课程时间8：00至17：10实行全校全时段公共区域大包干，同时，非劳动序列班级要负责本班教室、寝室、公区的清洁扫除工作，见表1。

表1　劳动课程开设

（一）日常生活劳动

劳动项目	劳动内容	开展形式	开展时间
校园公益服务劳动	劳动班级，全天、全时段对校园公区进行清扫和保洁。要求在确保人身和财产安全的同时，正确使用劳动生产工具，完成公共区域的环境卫生，在专业花卉师傅的指导下对校园花草实施浇灌、修剪；在维修师傅的指导下开展课桌椅、校园公共财物的维护维修工作；积极参与食堂验菜工作；主动维护校园秩序，整理公共区域的图书。为确保"劳动班"管理有效运行，制定了《校园劳动服务操作流程》，由校长全面领导、德育科牵头组织管理、教务科安排课表、班主任协助监督、科任教师全程参与负责服务班劳动实践活动的管理与实施，确保"劳动服务班"安全、规范、健康、持续开展劳动服务	劳动技能课（必修）	一天
工匠、劳模进校园	每学期举办1至2次"工匠、劳模大讲堂""大国工匠进校园"等榜样人物进校园活动，全面塑造新时代中职生的内在涵养，塑造"谦和""竞秀"的泸职校学子特有形象	专题培训（必修）	每学期1至2次
践行"双拥"心连心	学生走进军营体验军旅生活，参加国防教育活动、开展服务军人军属等劳动活动，营造全社会崇尚军人、致敬军人、优待军属的良好氛围。培养学生的敬畏之心、感恩之情	校外服务（选修）	周末、节假日或特定日
弘扬优秀传统文化	利用端午节、中秋节、重阳节、春节等传统节日，培养学生的民族精神和文化自信，培养学生热爱生活、热爱祖国的情感，引导学生传承忠、孝、礼、仪、智、信等优秀传统文化，促进优秀传统文化的创新性发展	家、校社区结合（必修）	节假日

（二）生活生存技能劳动   续表

劳动项目	劳动内容	开展形式	开展时间
人身安全和消防安全	生命安全、交通安全、防溺水安全、森林草原防灭火常识、灭火器材的使用、处置火灾方法	专项技能培训课	一学期开展1至2次专项培训
应急救援	触电急救技能、火灾急救技能、中毒及中暑急救技能、创伤救护技能、传染病应急急救技能	专项技能培训课	一学期开展1至2次专项培训
服装工艺	学习缝纫等传统工艺，并能缝制手工艺品或个性化产品；学习利用"互联网+"的模式开展线下线上销售	专项技能培训课	专业班级必修，非专业班级选修
电工常识	结合学科学习物理知识，认识生活中常见的电子元件，会看万用表，会安全使用检测仪器检测低压电路，能正确使用电笔、螺丝刀、剥线钳等工具；在专业教师指导下学习解决日常生活中常见家用电器设备的安全隐患排查、家用小电器的故障排查；根据生活和学习需要，尝试制作感应台灯，制作安装夜间自动感应灯，制作多功能书桌等	专项技能培训课	专业班级必修，非专业班级选修
烹饪技能	学习掌握餐饮礼仪；掌握两项以上烹调技能	专业技能培训课	专业班级必修，非专业班级选修
艺术	学习歌唱、绘画、舞蹈、戏剧、演讲、礼仪等项目基本功，为学生个性化发展奠定基础	专项技能培训课+社团	专业班级必修，非专业班级选修
金工技能	学习金工基础工具的使用方法，包括车、铣、刨、磨、镗、钻、扩、铰等安全操作要领；能利用车床、铣床、电切割机、钻床、焊机等处理小金属器件；能利用金工技能和相关材料（如金属丝、条、球和金属剩余边角料等）制作生活用品、学习用品或金属工艺品、金属雕塑等；利用手工制作衣架、开瓶器、标志牌、宣传牌、指路牌等产品；开展汽车美容维护保养和公共设施维护，服务全校师生	专项技能培训课	专业班级必修，非专业班级选修

（三）专业技能强化劳动

劳动项目	劳动内容	开展形式	开展时间
职业体验	要求同学们主动走向社会，跟随父母体验一天父母工作全过程，感受父母的辛苦，培养学生的返璞归真的内驱力，让感恩的心在孩子心中萌发壮大	体验生活，感受劳动	一天
泸州非遗传承进校园	泸州非遗项目"油纸伞""古蔺花灯""泸县鼓书""泸州红桥猪儿粑传统制作技艺"	专题宣讲	一学期开展2次

劳动项目	劳动内容	开展形式	开展时间
社区公益行	走进社会公益机构如社区、环卫工人之家、敬老院等；分别调查社区工作者、环卫工人、社会养老和居家养老的老年人工作生活状况，并进行对比分析；利用自己掌握的知识和技能，积极为需要帮助的对象提供力所能及的服务	校外志愿服务	节假日、寒暑假
职业技能提升	对学生开展工匠精神和劳模精神的教育，提升专业技能，培养大国工匠。	多形式	选修课

三、办学成效

学校坚守为党育人、为国育才的初心使命，全面贯彻党的教育方针，认真落实立德树人根本任务，始终坚持中职教育办学定位和方向，坚持"产教结合、校企合作、工学结合、知行合一"的人才培养模式，培养适应经济社会发展需要的"德技双馨"的技术技能型人才。学校秉承"自强不息、追求卓越"的校训，形成了"务实创新、知行合一"的校风、"精业乐业、循循善诱"的教风、"勤学勤练、理实并举"的学风，构建校企合作、主体多元的办学模式，落实思政课程和课程思政要求，不断提升人才培养质量，获得家长、企业、社会广泛赞誉。

学校始终遵循职业教育和学生发展规律，以服务地方经济和产业发展为宗旨，以办好人民满意的职业教育为己任，建立了"三纵三横"的办学管理模式，以提质培优、增值赋能为主线，聚焦内涵建设，实施"体能强健计划""劳动素养培养计划"等8个专项计划，实行"走班选课"体验式教学模式，办学质量不断迈上新台阶。在全市中职学校文化课统考中，连续三年总平均分第一名，专业技能抽考合格率百分之百。近三年来，师生取得全国技能大赛二等奖4项，三等奖8项；省级师生技能大赛、教师教学能力大赛、班主任能力大赛团体和个人共获一等奖21项，二等奖13项，三等奖11项。在今年全市中职田径锦标赛中，取得破市纪录12项、第一名9项、团体总分第一名的好成绩；全市中小学生艺术节中，获一等奖4项、二等奖9项。

不断巩固和发挥国家示范校和省级示范专业建设成果，着力推进"区域高品质中职学校"建设。建立"三纵三横"教育教学管理机制，将产业发展新技术、新工艺、新规范、新标准融入课程，深化"工学结合、知行合一、德技并修"教学模式和以学习者为中心的"主体协同课堂"教学改革。以中餐烹饪和电子商务两个省级示范专业建设为引领，深化产教融合，探索"园区＋企业＋学校"校企合作新路径，建立校企合作育人长效机制，不断推进"1+X"证书试点工作。将社团活动列入常规课时，每年投入70余万元，聘请高水平专业教练担任社团指导教师，通过实施"体能强健计划""劳动素养养成计划""演讲与口才培训计划"，促进学生多元发展，促进学生职业能力和综合素养有效提升（图 5）。

图 5

四、多年实践形成的育人经验

一是《韶华》校报成为学校践行"参与就是最好的教育"的成果。孩子们是校报的主人，参与校报的投稿、编辑与发行，在这个过程中，孩子们都能得到最好的锻炼，能够更好地成长。孩子们正在努力把《韶华》办成引领校园文化发展的一面旗帜，刊发好人好事，宣传文化自信，传承中华美德，讴歌民族精神，颂扬人间正道，让《韶华》成为营造校园正气的重要力量。

二是丰富课程资源，搭建多元育人平台。一个个育人平台被搭建起来，各类学生社团、各种文体活动、劳动实践课程、校园电视台、校园广播站、《韶华》校报等，都是孩子们全面发展和个性发展的舞台。

结束语

"教育的本质，就应该是最大限度地追求人的全面发展，满足每一个人的教育需求。"这是林子杰一直信奉的教育理念。在他多年的教育生涯中，林子杰以其独特的人格魅力、创新的工作思路、务实的工作作风和高超的领导艺术，赢得了广大师生和社会各界的普遍赞誉，他用实际行动诠释了一名党员教师对教育事业的赤胆忠诚，用满腔热忱谱写出了职业教育的华丽篇章！

李学锋　侯燕

办川东农村中职名校 助伟人故乡经济发展

——四川省武胜职业中专学校党委书记、校长孙爱明办学治校纪实

　　钟灵毓秀，八百里嘉陵；峦嶂耸翠，三百尺翠屏。世纪伟人邓小平故里的四川省武胜职业中专学校，为国家中等职业教育改革发展示范学校。学校党委书记、校长孙爱明（图1），是一个怀揣梦想的教育者。孙爱明，男，汉族，1980年3月出生，大学本科学历，中共党员，高级讲师，曾担任四川省武胜县乐善中学和省二级示范普通高中四川省武胜烈面中学校的书记、校长；曾荣获四川省"民族教育工作先进个人"、广安市"优秀教育工作者""优秀人大代表""优秀共产党员"等荣誉称号。孙爱明校长是首期四川省中职卓越校长培训班学员、四川省中职卓越校长工作室领衔人，主研省市级科研课题10余项，先后发表教育教学论文20余篇。

图1　孙爱明校长

自 2002 年起从事教育工作，从普通教师到副校长，从副校长到校长，孙爱明同志先后担任多所普通高中党政一把手，积累了丰富的基层领导工作经验。2018 年 12 月，组织将他从普通高中调到中职学校任职，面对跨界教育，他勤学好思，细研国家职业教育政策，立足学校实情，把握发展机遇，利用各类资源，推动学校发展，明确了学校"1234"发展思路（"一个目标"就是为国育有用之才、办川东中职名校的办学目标；"两个重点"即在全面实施素质教育的基础上，以培养学生良好行为习惯、品行修养和文化素养、专业技能为重点，促进学生全面发展；"三方突破"意在专业建设、队伍打造、校企合作三个方面有重大突破；"四项抓手"即以五育合一为引领、示范专业作带动、三名工程为抓手、办学条件升级为保障，提升学校整体办学实力。）学校先后成功创建为四川省绿色示范学校、广安市禁毒示范学校、广安市文明示范学校、四川省三名工程建设示范校，荣获广安市共青团优秀团组织、武胜县教育先进集体，蝉联多届广安市技能大赛团体一等奖。

孙爱明校长牢记初心与使命，用忘我的工作精神诠释着一位共产党员的使命与责任，用科学的办学理念演绎着武胜职专发展的新天地。

一、办学历程及背景

四川省武胜职业中专学校是小平故里唯一一所国家中等职业教育改革发展示范学校，是广安市委、市政府重点打造的川东职教龙头学校。学校始建于 1925 年，始名武胜简易师范学校，1948 命名为武胜师范学校，1998 年 5 月更名为四川省武胜职业中专学校。2008 年创建为四川省重点中职，2018 年创建为国家中等职业教育改革发展示范学校。2020 年 8 月，因中小学校布局调整，武胜飞龙中学并入武胜职专，设武胜职专飞龙校区，本部命名为武胜职专响水滩校区。学校是全市唯一一所凉山州彝族"9+3"项目学校、全国中小学国防教育示范学校、广安职业技术学院武胜教学部，承担广安职业技术学院退伍军人等 8 类群体的 8 个全日制大专班教学工作。学校占地 178 亩（响水滩校区 116 亩，飞龙校区 62 亩），学生 3000 余人，教职工 184 人。

学校秉承"重德修身，强技立业"的校训，坚持"以人为本，培养学生，成就教师，服务社会"的办学理念，开设汽车工程、学前教育、机电、现代服务等 4 大专业系，有工业机器人、航空服务、机械加工（数控、模具）、电子技术、服装、旅游与酒店管理、幼儿保育和汽车运用与维修等 16 个专业。建成了 3 个国家级专业、2 个省级重点专业、1 个省级示范专业。

二、办学理念与实践

（一）校长办学理念和主要做法

1. 坚持创新，凝练理念

面对当前激烈的教育竞争，让人想起黎巴嫩著名诗人纪伯伦的那句诗"我们已经走得太远，以至于我们忘记了为什么而出发。"教育的核心目的是为了人的幸福，为了学生的幸福，也要为了老师的幸福。基于此种思考，孙爱明校长进一步明确了"以人为本，培养学生，成就教师，服务社会"的办学理念，并提出"1234"的发展思路，学校近年来逐步走出内涵发展之路。

2. 突出德育，精细育人

落实立德树人根本任务，铸就时代新人培养之魂。孙校长始终坚持德育为先、育人为本。针对中职学生的身心特点，探索实施了"'五位''行善'、立德树人"的全方位育人模式。在人才培养中突出德育，优化专业培养模式，建构了基于产教融合的人才培养模式，形成了"阶梯递进，双线培养""能力本位、订单驱动""校企一体化"的人才培养模式。

3. 具体做法

（1）党建引领铸心魂。

一所学校要发展，一方面要有国家政策的支撑，要有好的外部环境，也要有强有力的领导班子和一支能干事创业的干部职工队伍。孙爱明认真履行党建第一责任人职责，以落实党要管党、全面从严治党为主线，抓班子、带队伍，抓基层、打基础，抓作风、强素质，抓重点、求突破，进一步提升了学校党委的凝聚力、组织力和战斗力。

一是加强组织建设，增强党组织战斗力。为了适应当前职业教育发展的良好形势，在"国示"后建设中，借合并武胜县飞龙中学的契机，根据工作需要，经学校请示，2020 年 8 月，由中共武胜县委批准，成立了中共四川省武胜职业中专学校委员会。2021 年 3 月，通过选举产生了武胜职专党委第一届委员会，加强了党组织建设，增强了党组织的组织力和领导力。明确选人用人导向，做好中层干部队伍的选聘和培训工作，做好局管后备干部和中层后备干部的选拔培养和实岗锻炼工作，全面加强干部队伍建设。

二是搭建党建学习平台，落实政治学习制度。建立了全校集中学习、支部集中学习、个人自主学习相结合的政治学习制度，通过"三会一课"、主题党日等活动，利用学习强国平台等开展学习教育，实现学习全覆盖。党委开展"学法守纪·立德树人"主题教育活动，始终把纪律和规矩挺在前面，让讲纪律、守规矩成为全体党员干部、教职员工的底线共识和思想自觉。

（2）美化环境育新人。

"环境能改变人，也能造就人"，优美的校园环境有着春风化雨、润物无声的作用。2018 年至今，他亲自带领后勤团队协调沟通各级部门，立项目、跑规划，争取了近 5000 万元资金，打造校园文化，新建学生宿舍，扩建实训室，改造膳食中心，更换变压器，翻新教学楼。让学生跨进校园所看到的一切，所接触的一切，都是赏心悦目的，身心自会有言说不尽的愉悦，思想也会无止境地翱翔，展示了"环境育人，文化育人"的无穷魅力。唐有诗云："山光悦鸟性，潭影空人心。"回眸我国古代书院大多依山傍水，就是为了"借山光以悦人性，假湖水以静心情"。在绿草如茵、鸟语花香、干净整洁、光彩夺目的校园环境里，学生会潜移默化地受到美的熏陶。虽然校本部只有116 亩地，但校园绿树成荫，百花争放，环境洁净，构成了一道独特的校园风景线。教室窗外是令人沉醉的绿意，远眺是碧波荡漾的响水，不仅能给人以美的陶冶，也能给人以智慧的启迪，更给人以精神的升华。由此让人感受到无尽的希望和力量，让莘莘学子在和谐的环境中体验到和谐的温馨，为人的健康成长提供了坚实的保障。

（3）内培外引建队伍。

学校制订了《师资队伍发展规划》，通过"引、培、管、用"四个环节，着力实施"学历提升工程、名师工程、青蓝工程、双师工程、外聘名匠"五大工程。

学校以专业带头人、骨干教师、"双师型"教师和兼职教师的培养培训为基础，以中青年教师培养为重点，近年来，组织 638 人次参加教学设计、信息技术应用和企业实践能力的培训。通过学历提升工程，学校教师本科学历达标率为 100%，研究生学历上升至 12 人。实现了"专业教师专家化、骨干教师成熟化、'双师型'教师企业化、兼职教师规范化"。

学校作为广安市职教师资培训基地，多次主持和承担职教师资培训及课题研究等工作，承接全市职教师资培训 235 人次。推进名师工作室建设，积极开展相关研修活动。孙校长作为四川省中职卓越校长工作室领衔人、四川省李颖名校长鼎兴工作室成员，以模范的力量带领教师团队共同进步。2021 年就新增省、市名师工作室成员 10 人。其中副校长唐诗明是广安市田秀敏高中教育名校长工作室成员、王莉萍是四川省谯树忠数学名师鼎兴工作室成员、朱浩是广安市高攀职业教育名师工作室成员等。

（4）多维育人提素养。

党的十八大报告指出：要全面贯彻党的教育方针，把"立德树人"作为教育的根本任务。2018 年 5 月 2 日习近平在北京大学师生座谈会讲话也指出，"人无德不立，育人的根本在于立德"。中职学生来自问题家庭的占比大，大多数学生文化知识基础差，行为习惯差，沟通能力差，团结协作能力差，没有规则意识。孙爱明校长带领德育团队，探索出"'五位''行善'、立德树人"的全方位育人模式。通过"五位"（即：餐位、寝位、学位、工位、岗位）训练培养学生角色意识、规则意识、服从意识、劳动意识、纪律意识和全局意识，养成良好行为习惯，以使学生适应学校、企业的学习及生产和生活。通过用《日行一善手册》记录学生践行"行善"情况，通过学善行善，让学生懂得回报父母，尊敬师长，宽容他人，充满同情心、孝心、爱心、感恩心和责任心。口吐善言，时时善行，最终形成人人向善、人人崇善、人人行善、人人扬善的社会道德新风尚，以使学生适应社会融入社会。

通过各类活动、主题班会、社团活动、教学渗透等方式，强化一、二年级学生在校学习期间完成"五位"训练中的餐位、寝位和学位方面的训练内容，培养学生角色意识、规则意识、服从意识、劳动意识、纪律意识，帮助他们养成良好的劳动和学习生活习惯，以使他们逐步适应学校和企业的学习、生产和生活；同时开展"日行一善"活动（图2），引导他们树善心、行善事。第三学年主要完成"五位"训练中工位和岗位方面的训练内容，培养学生专业思想，提高学生专业技能，让学生熟悉企业的文化、生产、流程和规章。培养学生质量意识、大局意识、服从意识、纪律观念、协调配合能力，形成重质量、讲奉献、爱企业的主人翁意识。

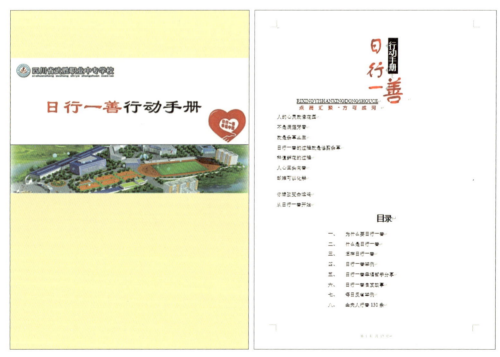

图2　日行一善活动

（5）教学新颖提质量。

各系部以适应职业岗位需求为导向，创新改革教学模式。把"项目教学""案例教学""行动导向教学"等引入教学中，激发学生的独立思考和创新意识，培养学生自主学习和勇于实践的能力，实现"学中做，做中学"。如：电子电器应用与维修专业，以岗位工作任务为主线，实施理实一体、项目化教学等教学方式改革；服装制作与生产管理专业，依托融"教、学、做"于一体的校企共享型实训基地，在课程教学中实施模块式教学、项目教学、探究式教学等教学方法改革；机械加工技术专业的立体化教学，集"仿真软件演示、讲解、实操、作品展示、故障分析、评价"等教学训练一体化，使整个教学过程数字化、立体化，实现理实一体化，在培养和开发学生综合能力上形成鲜明特色。

各系部积极探索教学质量评价改革，建立了学生、教师、企业、社会、家长多方参与的多元化质量监控与评价体系。对学生品德修养、文化素质、专业能力、特长、就业状况五个方面进行综合评价，引导学生全面发展，提升了学校的社会影响力。

（二）办学成效

一分耕耘，一分收获，付出终有回报。经过四年的发展，今日的武胜职业中专学校，在"以人为本，培养学生，成就教师，服务社会"的理念引领下，得到上级领导、有关部门的一致好评，并赢得了社会和家长的广泛赞誉。

1. 规模效益

近三年，学校招生人数连创新高，每年均超过 1000 人大关，就业率达 98.1%，专业对口率达到 88%。学校开办各类短期培训 30 期，共计培训 9180 人次，转移输出 7363 人次。学校为社会输送了大量高素质的专业技能型人才，目前学历教育在校生 3000 余人，每年毕业生达 1000 人，为区域经济发展做出了应有的贡献，获得企业的高度评价，促进了地方经济的发展。

2. 质量效益

（1）高考成绩稳步提升。通过抓实常规管理，落实教学质量监控，积极推进课堂教学改革，有效促进了教学质量的提升。2018 年学校高考专科上线 80 余人；2019 年高考专科上线 120 余人，本科上线 1 人；2020 年 189 人报名高考，专科上线 150 余人，本科上线 3 人；2021 年、2022 年本专科上线均近 500 人。

（2）技能比赛斩获冠军。学校注重师生技能的培养，秉承"以赛促教、以赛促学、以赛促改"理念，组织师生多次参加各级大赛，取得了优异成绩。学校蝉连九届"广安市职业院校技能大赛"学生组团体一等奖，在省市职业院校技能大赛中，其中师生共 8 人荣获省二、三等奖，45 人荣获市一、二、三等奖。

（3）教研水平明显提高。教师在各类刊物上公开发表论文累计 295 篇，省、市论文获奖 68 篇次，在省、市、县参加各类竞赛获奖 39 人次。近两年课题立项并结题 15 项（国家级结题 1 项，市级 4 项，县级 5 项，校级 5 项），省级课题立项在研 2 项。34 人次主编、参编、出版各类教材 13 本。教师参加广安市举办的第九、第十、第十一届教师技能大赛，获得团体一等奖。

（4）工匠精神得以传承。学校始终把德育工作放在首位，用先进的思想武装人，用高尚的情操陶冶人，用英雄的事迹鼓舞人，用系列的活动影响人，努力把学生培养成"四有"新人，学校的德育产生了良好的效应。学校先后被评为市优秀团组织、广安市安全先进集体、广安市文明示范学校、武胜县禁毒先进集体等；在2021年省、市中小学生艺术节中，学校成绩喜人，其中舞蹈节目《前行》荣获中学组省一等奖，小合唱《亲爱的旅人》荣获省二等奖，绘画《素描静物》《我们在一起》、手工《花旦》《河池仙影》获得中学组市一等奖；2022元旦文艺汇演进行在线直播，节目质量高，获社会一致好评；作为四川省中职学校中唯一一个参加"1+X"证书中级考评单位，学校学生在2021年参加中车行组织的"1+X"中级考评中，通过率100%，并获得评价组织颁发的"1+X"试点优秀合作学校荣誉称号。

3.社会效益

近年来学校在社会服务方面的作用明显增强，在各类培训、技术服务、技能鉴定、服务乡村振兴等方面做了大量富有成效的工作，取得了良好的经济效益与社会效益，得到政府、行业、企业和社会的广泛认可，学校的知名度和美誉度不断攀升。一是开展短期技能培训。学校举办武胜嘉豪大酒店、印山假日酒店员工技能提升培训班、退伍军人职业技能培训班、武胜名小吃"麻哥面"技能培训班等培训，其中"麻哥面"共培训300余人，在全国各地开店达120余家，为地方经济发展做出了卓越贡献。二是助力脱贫攻坚，服务乡村振兴。近年来，学校定点帮扶清平镇会云村、林山村等163户贫困户全部脱贫；为大小凉山彝区培养学生100余人，进一步提高了彝区人口的文化技能水平，为实现共同富裕贡献了武胜职专力量。联系有826户"1+N"非贫困户，派出两名同志作为工作队成员常住会云村定点参与乡村振兴工作。三是积极开展社会服务。学校礼仪队和志愿者服务队积极参加各级各类社会服务活动，在全国第二届青年皮艇运动会预赛、红色马拉松运动会等活动服务中得到上级表扬。

（三）经验总结

一个好校长成就一所好学校，校长先进的办学理念是学校办学的灵魂，坚定办学理念，要深层次思考"为谁培养人，培养什么人，怎样培养人"，形成学校育人的品牌。

1.建构岗位型课程体系

坚持以市场为导向，通过开展典型工作任务与职业能力分析，重构了专业课程体系，形成了完善的与人才培养模式相匹配的"以企业岗位需求为核心"的课程体系。各系部牵头，多家行业企业合作，共同制定了12门课程标准；编写并公开出版了13本校本教材；打造了6门优质课程、5门网络课程、10门专业核心课程；开发了3套实训仿真软件、3个专业10门课程的数字化教学资源。

2."五位"立规则，"行善"养习惯

中职学生养成教育是关键，通过实施"五位"训练开展"日行一善"活动，有效解决学生在校学习期间学习目的不明确、专业思想不牢固、不愿学、不会学、学不好、就不了业和在企业不愿工作、不会工作、不愿吃苦、待遇不高的问题。以"五位""行善"所开展的活动为载体，解决毕业生综合素质不高的问题。通过提高学生思想觉悟，铸造健全人格，增强操作技能，强化文化基础，使之成为企业欢迎的员工，不仅能增加收入、发家致富，还能增强服务地方经济的能力。

（四）推广应用及影响力

1.对区域经济社会发展的贡献

（1）广输人才，服务区域经济。

学校为社会输送了大量高素质的专业技能型人才，目前学历教育在校生3000余人，每年毕业生达1000余人。机械加工专业，每年大部分毕业生供职于武胜县街子工业园区；汽修专业毕业生在"莱普"汽修公司、"三友"汽车公司等单位就业；幼儿保育专业学生在武胜县各乡镇幼儿园就业，2022年考入合同制幼师70余人。为县域经济发展提供了强大的人力资源支撑。

（2）利用资源，开展技能培训。

一是免费提供技术服务。为企业开办6期职业培训班，派出叶宝宏等专业教师25人次到企业提供技术服务，服务企业达到18家，陈文明等7名老师被聘为行业专家和企业高级顾问；积极开展送技下乡、下社区活动，举办科普展板10期，为社区居民免费维修服务达200人次。二是广泛开展社会培训。学校借四川省外派劳务培训基地、广安市扶贫培训基地等平台，通过校内培训、送教下乡（企）等多种形式，开展针对退役士兵、扶贫、麻哥面等方面的各类技能培训鉴定，累计达20060人次。

（3）尽心竭力，提供社会服务。

学校的办学业绩得到了政府、行业、企业的充分肯定。两年来为政府、行业、企业、社区提供大型活动服务、志愿者服务等300人次。近年来，学校高质量承办九届"广安市职业院校技能大赛"（共十二届）；承担了广安市职业教育工作现场会；服装专业为武胜龙舟文化艺术节设计制作了表演服装；编排的《天下广安》《南湖红船》节目在市县大型群众演唱会上演出，学校社会影响力增强。

2.职业教育的示范、带动和辐射效应

（1）整合资源，发挥示范作用。

学校牵头成立了武胜县职教中心、加入了广安市职业教育集团，整合"政、行、企、校"资源，助推了全县职业教育发展。2020年，学校以合作办学形式完成了对武胜飞龙中学的整合，成立了飞龙校区，接纳市内职业学校学生实训478人次。

（2）开放合作，共享改革成果。

开展大小凉山彝区"9+3"教育工作，为大小凉山彝区培养技术人才100余人。随着专业建设水平的不断提高，学校影响力不断增强，先后接待省内外中职学校前来参观考察138人次，建立了帮扶广安世纪职校、岳池职校的长效机制。

（3）借力传媒，推广建设成果。

近几年，《中国教育报》《四川日报》《广安日报》等报刊和省、市、县电视台及新浪网、广安教育网等媒体对学校发展成效宣传报道达66篇（次）。加入了"全国中等职业学校协会""国家职业核心能力培训基地""四川省职业教育与成人教育学会"和"四川职教课改联盟"，并成为会员单位。

结束语

志不立，天下无可成之事！在充满机遇与挑战的新时代，孙爱明从一名语文教师一路走来，完成了从普高管理者到职教管理者的华丽转身，他继续传承黄炎培职业教育思想，以先进的办学理念为指引，不断优化专业结构，创新人才培养模式，加强实训基地建设，赋予新时代"工匠精神""家国情怀"之要义，坚持走速度与规模、质量和效益有机统一的内涵式发展道路，落实新时代大国工匠的培养任务，紧盯"办区域性最好教育"目标，锐意进取、真抓实干，为打造全国一流职教名校而努力奋斗！为加快建设经济强县和宜人武胜、为建设美丽繁荣和谐广安贡献武胜职专力量。

融入地方经济求发展　发挥行业优势办名校

——四川省贸易学校校长陈世平办学治校纪实

1999 年开始，四川省以合并、共建、联办、划转等形式对省属中等专业学校进行调整，一部分升格为高等职业学院，另一部分则以省市共建方式保留下来，纳入中等职业学校管理范畴，其社会功能调整为中等职业教育。省属行业中职学校最大的优势和特点就是在行业内和企业紧密联系，能站在全省的角度感知行业发展的趋势和方向。但省属中职学校也存在社会功能定位不清、机制运行不畅、办学活力不足、办学层次不适应、招生困难等诸多问题和制约。

陈世平校长（图 1）先后在两所省属中职学校任职，对如何发挥省属中职学校的优势，规避因体制机制造成的阻力，探索出了一条省属行业中职学校发展的独特之路：融入地方经济求发展，发挥行业优势办名校。

翻开陈世平校长的简历，2003 年 6 月，博士研究生毕业，先后担任四川省商贸学校常务副校长、校长，四川省贸易学校党委书记、校长，2017 年至今任四川省属中职学校联盟理事长，2013 年至今任教育部全国供销合作职业教育教学指导委员会委员，兼任四川省农村电子商务协会会长。

陈世平校长是有名的"博士校长"，科研成果斐然，主持和参与国家、省级横向科研项目 30 余项，主持研制教育部中职专业《农产品质量检测与管理》教学标准 1 个，修订中职《农产品营销与储运》专业简介 1 个，主编专著 2 部，主持研制并公开发表研究报告 1 个，主持开发区域电商平台 5 个，具有国家版权局计算机软件著作权软件 3 个，在

图 1　陈世平校长

国内外学术刊物公开发表论文 40 余篇。

陈世平校长始终坚守"立德树人"初心，坚持"知行合一"的教育理念，提出并践行"德育技能创新并重，就业创业升学共举"的职业教育理念，充分发挥行业办学的优势，主动融入地方经济发展，坚持"围绕产业办专业，办好专业促产业"的总体思路，在职业教育改革中有着丰富的实践：打造以学生教官为基础的学生自主管理体系，探索校园产业场景化的教学改革的实施，推行"专业 + 公司"的专业建设模式，通过举办和积极参与行业协会将学校打造为助推产业发展的平台。

四川省贸易学校始建于 1950 年，为四川省供销社直属，是国家中等职业教育改革发展示范学校。校园占地面积 280.6 亩，建筑面积 6.7 万平方米，拥有经开校区、石棉校区和雅安校区三个校区，托管石棉职中和名山职中。在陈世平校长的带领下，近年来完成了四川省特色专业项目建设；与蜀茶集团合作成立蜀茶学院，为全省搭建茶业人才培养平台；与芦山县政府合作，开设纺织技术专业，为芦山县纺织工业园区提供人才保障；与石棉县政府签订协议，托管石棉县职业中学；封面新闻以《深耕职教 18 年的"博士校长"陈世平：职业教育，把专业建在产业链上》为题，报道了陈世平校长的职业教育理念；成功举办四川省首届"蜀茶杯"评茶员、茶叶加工工职业技能竞赛暨第二届全国评茶员、茶叶加工工职业技能竞赛四川选拔赛；成功承办四川省人力资源和社会保障厅、四川省乡村振兴局举办的全国乡村振兴职业技能大赛四川省选拔赛茶叶加工工、评茶员项目；申请了四川省第三方职业技能等级认定试点，茶叶加工工、评茶员、茶艺师、保育员、电子商务师、汽车维修工获得职业技能等级认定资格。

近二十年职业学校校长的经验沉淀，陈世平校长对职业教育有着深刻的理解和丰富的实践。

一、打造学生自主管理体系

职业教育必须落实"立德树人"根本任务，中职学生大都具有动手能力强的特点，特别是一部分思想过硬、具有一定的管理能力和良好执行能力的学生干部，如何让这部分学生快速成长并且带动其他同学进步，意义十分重大。陈世平校长在四川省贸易学校任职期间，以学生教官为抓手，着力培养一支理想信念坚定、价值观正确、追求思想道德进步和军事技能过硬的学生教官队伍。对学生教官的培养以"严、爱、细"为总体原则，以全方位、立体化模式进行培养，以学生教官队伍为载体，打造"优秀复制优秀，学生自主管理体系"。

（一）组织选拔

精心打造第一支教官队伍。2019 年，学校决定打造一支肯吃苦、作表率、能管理、敢管理的学生教官队伍，由陈世平校长带领学生处处长、副处长学习军事化管理学校的先进经验，为打造教官队伍提供实践经验。

第一支教官队伍是新的探索，也是示范、引领的队伍，选择优秀学生是起点。学生处通过升旗仪式宣传、自愿报名、班级审核的形式，按"二年级为主体，一年级为后备，三年级为引领"的原则，从三个年级中选择出优秀学生60名，作为首批学生预备教官。

（二）系统培养

学生教官初选后，由学生处和军事教官（退伍军人）组织学生开展分时训练和集中训练，培养学生的军事素质和思想品德。

一是学生处组织新组建的教官队伍进行素质教育，提高学生对教官队伍的认识，统一学生思想，提高学生荣誉感和思想品德。在德育教育时，特别注重爱国主义教育和热爱学校的教育，提升学生的思想、道德水平。

二是开展分时集训和集中训练，从基本军事动作开始，对学生进行训练，学生教官的军事素质，基本能达到普通教官的水平。

三是培养学生吃苦耐劳、乐于奉献的精神。有部分学生是出于好奇的心态加入教官队伍，在训练几天后，新鲜感逐步消失，就有了退出的想法，个别不能吃苦的学生，也逐渐退出了训练的队伍。经过层层选拔和逐步淘汰，最后剩余的45名学生成为了教官，第一支学生教官队伍正式诞生，他们是优秀学生的代表，也是学生自主管理模式的开始。

（三）学生教官队伍的工作

学生教官队伍形成后，由班主任、值班老师、军事教官共同带领他们参与学生管理，锻炼学生教官的管理能力，在学生中树立威信。

第一阶段，学生教官参与班级队伍的组织。学生处将学生教官分配到班级，每名学生教官负责1个班级，协助班主任组织学生集合，分为集合整队、清点人数、带队返回教室三个步骤，逐步规范实施。最初，需要班主任主导，学生教官协助，最后转换为学生教官自主实施。

第二阶段，学生教官参与周末留校学生管理，协助值班教师进行点名和晚上就寝管理，一方面减轻值班老师的管理难度，增强值班队伍力量，另一方面锻炼学生的管理能力和主动工作的态度。学生教官轮流留校参与管理，整体提升管理能力。

第三阶段，教官队伍展示军事素养。有宾客到校参观或调研时，由学生教官组成展演方队，展示学校德育教育成果，同时提高学生教官的荣誉感，提高学生积极性。

第四阶段，学生教官参与新生军训，充当军训教官（图2）。新生自进校参加军训，由学生教官指导训练，一方面充分展示了学生教官过硬的军事素质，另一方面使新生认同学生教官，便于以后管理。新生在认可的同时，也对教官队伍有了新的认识，希望加入教官队伍中，为学生教官队伍阶梯式发展打下坚实的基础。

第五阶段，自主管理模式基本成型。学生教官参与到学生管理各个层面，包括：公寓管理、班级辅导员、护校岗、周末值班、校园巡逻、校园卫生检查和校园新冠疫情防控工作，他们的身影活跃在核酸检测一线，活跃在学校管理的每一个角落。

图2 学生教官参与学生管理

（四）个人成长，学生管理成效凸显

经过3年的培养，严格贯彻执行一级带一级、层层做示范的模式，学校已培养三期学生教官119人，分担教师管理的部分职能，形成了"优秀复制优秀"的学生自主管理模式。

一是学生教官个人得到了成长。通过担任学生教官，学生的管理能力得到了提升，许多学生教官在升入高职后，担任了班长等职务；学生教官的训练是在课余时间进行，在学习上，他们也是标杆，升学率高于其他同学；他们是运动的健将，学生教官通过长期训练，身体素质优于其他同学，运动会上，篮球比赛赛场，处处都有他们的身影；他们更是德育的典范，长期的德育，使他们在思想上、行为习惯上都要优于其他同学，起到了示范引领的作用。

二是学校的学风、学生整体素养得到了提高。第一，学生教官参与学校管理，增加了学校管理的力量，很多管理"死角"，变成了管理亮点。第二，学生教官起到了引领、示范作用，潜移默化中提高了其他同学的素养。第三，学生教官在学习方面起到了带动作用，学习风气随着时间的推移一直在进步。第四，学校的管理水平和学生的精气神都得到了提升，呈现出朝气、阳光的校园新风貌。

（五）辐射作用

学校通过学生教官队伍的打造，学生自主管理体系逐步建立，学生管理水平大步提高，学生学校生活体验感、幸福感增强，学校美誉度得到了提高，引领辐射作用已经凸显。

一是优秀的学生教官队伍引领带动了其他学生进步，提高了学校的管理水平（图3）。

图3 学生教官组织新生军训

二是同类中职学校到校学习交流增加，带来了先进的管理经验，带走了学生自主管理体系中可借鉴的经验。两年来，多所学校到学校参观、交流学生自主管理经验，承办班主任培训班 1 期，培训教师 50 余名。

三是优秀学生在升入高职后，继续担任班级管理职务，管理能力得到进一步发挥。

四是通过学生时代的锻炼，进入社会后，个人能力得到了发挥，为生活、工作打下坚实的基础。

二、融入地方经济，因地制宜打造茶文化特色学校

2002 年和 2003 年，《国务院关于大力推进职业教育改革与发展的决定》和《四川省人民政府关于大力推进职业教育改革与发展的决定》明确指出：省属中等和高等职业学校可由省级有关部门与职业学校所在市（州）联合共建、共管，增强其为区域经济服务的功能。茶业是雅安市农业特色优势产业，也是推进乡村振兴的重要举措和有力抓手，四川省贸易学校以助推雅安市茶产业发展、弘扬茶文化为己任，将茶文化融入日常教育教学中，打造茶文化特色校园。

（一）茶特色校园文化

中国是茶的故乡，蒙顶山是世界最早开始人工种茶的地方，世界茶文化的发源地、发祥地。学校紧邻蒙顶山，具有传承茶文化，弘扬、宣传茶文化的使命。学校以茶为源点，以茶产业、茶文化为两轴，打造人才培养新架构，经过探索与实践，走出了以茶文化育人的新路子。

1. 大思路大动作，推进教师内涵修养提升

学校以"茶道精神"为引领，加强思想引导，开展"唱、读、讲、传"活动，通过茶德、茶艺、茶礼、茶理、茶情、茶学说和茶导引的学习，使教师对待学生时做到：真心、真情、真诚，平等、包容；教育学生时做到：亲和、体微、明鉴，宽容、和善。

学校向全体教师发出"学茶、懂茶、爱茶"的号召，鼓励教师学习茶文化，练就茶技能，逐步形成全校教师尚茶新风尚。学校由 81 名高级茶艺师、评茶员，34 名技师、高级技师组建的茶文化表演团队，长期活跃在茶事活动中，形成了一张特色名片。

2. 全方位全过程，深化学生内在素质培养

学校通过茶文化引领学生的素质教育，长期开展文明、礼仪、养成教育，通过开展艺术节、主题班会、国旗下讲话、运动会等多种形式活动，组织学生参加以茶为主题的暑期社会实践活动。

学校凝练茶文化"三大精神"："勇于开拓、敢为人先"的吴理真精神、"吃苦耐劳、团结合作"的茶马古道精神、"历经磨炼，予人甘甜"的茶叶品质精神，培养学生的家国情怀，养成"奉献集体、回报家庭、回馈社会"的美德。

3. 大力气大手笔，创造特色学生管理模式

学校重视茶文化在学生德育方面的引领作用，成立茶文化研究队伍，打造具有特色的茶文化传播团队，有效推进实施素质教育，促进学生自我发展，树立正确的人生观、世界观、价值观，逐步实现"生活自立—行为自律—学习自觉—活动自主—管理自治—精神自强"的"六自"管理模式。

4. 精准提炼文化精神，积淀和丰富茶文化

"半壁山房待明月，一盏清茗酬知音"，学校把茶文化精髓与学生素质教育有机融合，完善茶文化引领学生素质教育运行机制。

创编独具特色的《茶歌飞扬》校园健身操。健身操是根据茶叶种植、生产、加工、冲泡过程的典型动作，糅合茶艺、茶技中的特色表演创作而成。动作优美欢快，表演活泼可爱，韵律悦耳动听，受到广大师生的认可和追捧，特色鲜明。

编写《茶文化引领学生素质教育》读本。读本积淀了厚重的道德伦理与人文追求，融入本土特色与时代气息，丰富了茶文化内涵，赋予了茶文化新的使命。创新德育内容，以特别有礼貌、特别守纪律、特别能吃苦、特别能忍耐、特别有志气、特别有作为，会生存、会沟通、会学习、会技能、会合作、会创造，讲责任、讲诚信、讲感恩、尽忠心、尽孝心、尽爱心的"636"素质教育内容为德育目标，建立"德育、心育、美育"相互支撑的德育新体系，对学生进行爱国、诚信、法制、职业素养等内容的教育，提高德育工作的针对性和成效。以告别粗鲁、告别陋习、告别自私，带礼仪进校园、带微笑给大家、带孝敬给长辈、带谦让给社会，地面无痰迹、室内无垃圾、桌凳无刻画、墙壁无脚印、语言无脏话的"345"行为教育规范学生日常行为，提升学生综合素养。

5. 悉心雕琢文化团队，发扬和传播茶文化

"待到春风二三月，石炉敲火试新茶"。唱茶歌、练茶艺，以活动为载体锻造立体的茶文化育人团队。学校成立了"1+3"茶文化团队，"茶文化导师团""茶艺技能大师工作室""茶技技能大师工作室""茶文化健身操技能大师工作室"通过第二课堂积极学茶艺、练茶技，积极融入政府、企业的各项茶事活动。学校的茶艺表演曾经受到过胡锦涛、刘延东、刘奇葆等党和国家领导人的观赏，多次赴韩国、英国、法国、中国台湾等国家和地区参加交流与合作，蜚声海内外（图4）。

图 4　学校茶技队表演，得到参会省市领导的赞扬

（二）主动担当，推动茶文化进校园项目实施

中华茶文化"五进"（进机关、进乡镇、进社区、进企业、进学校）是雅安全面普及茶文化的重要途径。2019 年雅安市委宣传部在充分调研的基础上，确定将茶文化"进校园"的任务由学校牵头实施，希望通过开展中华茶文化（茶艺茶道）进校园活动，让中小学师生了解茶文化知识，讲好茶文化故事，在活动中传承和发展茶文化，以茶文化育心育德，进一步促进未成年人心理健康教育和德育工作，让"廉、美、和、敬、勤"的茶文化精髓扎根学校，传承中华优秀文化。

1. 制定活动目标

在充分调研的基础上，雅安市委宣传部和四川省贸易学校制定了如下目标：以"茶道育人"为载体，加强全市未成年人思想教育，用 5 年时间在全市范围内打造 100 所"茶文化校园"，从源头夯实"世界茶源，中国茶都"茶文化传承基础，进一步弘扬中国传统文化和中国茶文化。弘扬大国工匠精神，宣传雅安茶企和茶业品牌，逐步为雅安培养一大批"爱茶、懂茶"专业技术人才，助力雅安茶产业发展。

四川省贸易学校成立以陈世平校长为组长的"雅安市茶文化进校园工作领导小组"，组织专家研讨（图 5），确定"茶道育人"总体思路，充分调研六县二区中小学德育现状，将"茶文化进校园"的目标具化为"五个一"工程：编一本茶文化本土教材，组建教材编写团队，精心设计和编写一本适合不同年龄的未成年人身心特点的本土茶文化教材。建设一支茶文化教师团队，建设一支结构合理、教学水平较高的教师队伍。组织一堂茶文化特色课程，开设茶文化特色课程，在拥有茶文化教材和专业教师的基础上，形成具有地方特色的课程模式和课程实践体系。推广一套茶文化健身操，以茶文化为思想导向，以茶事活动为选材对象创设适合未成年人身心特点的茶文化健身操，并作为学校大课间的活动内容。建成一批茶文化示范学校，通过中华茶文化（茶艺茶道）进校园活动，发掘中华茶文化（茶艺茶道）进校园的典型案例。

图 5　茶文化（茶艺茶道）进校园活动专家研讨

2. 启动建设准备工作

目标明确后，四川省贸易学校充分发挥茶文化领域的科研、师资等优势，拟定了五大工作任务。

第一是制定方案。由四川省贸易学校牵头制定《茶文化引领学生素质养成方案》《茶文化师资培训方案》《中小学生茶文化培训教学大纲》《茶文化进校园示范学校建设方案》，细化"五个一"活动要求。

第二是编写教材。学校主编《茶文化通俗读本》（上、下）两册，公开出版发行。由雅安市文明办、雅安市教育局牵头，结合雅安实际，以茶文化为载体颂扬传统美德，加强未成年人的品德修养，规范学生行为。教材力求语言通俗易懂、图文并茂、适宜中小学生阅读。

第三是拍摄视频。制作茶文化教学视频（10～20分钟）、茶艺视频（蒙顶山茶艺教学视频、藏茶茶艺教学视频）和茶技视频（龙行十八式教学视频、分解动作）合集10集。

第四是组织教师队伍。遴选了27名教师，分别组成了专家组、茶文化组、茶艺茶技组、茶文化健身操四个团队，到各县区为示范学校进行现场指导和公开示范。

第五是培训教师队伍。培养全市茶文化教师100名，其中全市45所示范学校中每所学校2名，开展教学教研会、教学标准培训会等，全面打造示范学校师资队伍。

3. 全市茶文化示范学校初具规模

全方面推进工作。2021年7—9月，开办茶文化进校园师资培训班2期，培养教师110名；2022年7月，组织茶艺茶道教学研讨会和"茶文化引领学生素质教育研究"论坛，共102人次参会，发送了学校编制的教学标准和校本教材，2名优秀教师以"茶艺、茶文化引领学校素质教育"开展了示范课；学校按照工作方案，组织4个专业组67名教师，分别指导各区县45所学校开展工作，超过7500名学生参加茶艺、茶技课程学习，15所学校通过大课间开展了《茶歌飞扬》茶文化健身操活动；各学校开展以茶艺表演、茶歌茶舞为主的茶文化活动78次。

成效显著。学校教师王自琴在全国乡村振兴职业技能大赛四川省选拔赛上获评茶员项目第一名，教师李应文在第二届"中华茶人榜样"评选中被评为"中华优秀茶教师"（图6）；学校受邀参加各类茶事活动，如在国际茶文化节表演茶技，得到广泛宣传和报道；学校茶技表演队，参加"传奇中国节·中秋节"，在四川雅安牛碾坪万亩观光茶园进行了精彩的演绎；雅安市涌现出一批以雨城区兴贤小学、雨城区田家炳中学、雨城区实验幼儿园、名山区蒙顶山小学、名山区前进小学、石棉县希望小学、石棉幼儿园为代表的先进茶文化（茶艺茶道）推广学校；全市45所示范建设学校目前围绕"五个一"工程全面开展工作，各学校逐渐兴起"学茶艺、练茶技、唱茶歌、跳茶操"热潮（图7）。

图 6　学生在全国职业院校技能大赛手工制茶赛项中获奖

图 7　师生参加茶事活动

三、发挥行业办学优势，助推产业持续发展

省属行业学校行业特征明显，在办学过程中受行业主管部门的指导，专业建设与行业发展联系紧密，特别是在行业主管部门核心产业的专业优势十分明显。农村电子商务是供销社系统最近的重要任务，茶业贸易是供销社系统的传统业务但在品牌建设等方面急需提升，而供销社最近几年改革任务繁重，急需专家团队把脉问诊，陈世平作为供销社的直属学校校长，敏锐地发现这些需求，主动作为，及时调整专业发展方向，特别在农村电子商务和茶业竞赛以及供销社改革咨询服务等方面做了大量工作。

（一）搭建主要面向农村电子商务的社会服务平台

随着互联网的飞速发展，农村电子商务成为带动我国农村经济发展的新型发展模式，基础设施不断完善、市场规模不断扩大、营销模式不断创新、产品种类不断增加，为促进乡村振兴起到了重要作用。作为四川省农村电子商务协会会长，陈世平校长充分发挥职业学校直接培养技能人才的优势，将发展的步伐落实在创新行动上。

1.组建四川省农产品电子商务孵化园

四川省农村电子商务孵化园是四川省商贸学校依托学校现有的电子商务师资、学生、场地和设备资源建立的，旨在为全省小微涉农企业和农民专业合作社提供电子商务孵化服务，为在校电子商务专业学生提供电子商务实战岗位和电子商务创新创业的场所和园地。该模式以"给我一个产品，还你一个市场"理念为指导，只需合作企业将产品送至孵化园，余下产品的摄影、网上开店、网店美工、网店运营、客户服务等工作均由校内的学生运营团队完成，企业只需负责物流配送即可。"政校企合作的农产品电子商务孵化模式"在帮助专业合作社和涉农企业在"四无"（无人才、无技术、无资金、无信心）的情况下迅速"触电"的同时，也为学生提供了电商实战的场所和机会，并架起了企业和学生之间的人才供求桥梁。

2.组建四川省农村电子商务研究所

四川省农村电子商务研究所是依托四川省商贸学校资源，联合省内外农村电商专家、优质涉农电商企业共同组成的专门研究农村电子商务的科研机构，并分别在崇州市、泸县设立了"四川省农村电子商务研究所崇州分所""四川省农村电子商务研究所泸县分所"。研究所自成立以来，先后调研了全省 30 余个县市区农村电商发展现状，为青川县等 11 个县市区制订了县域农村电商发展规划，为江安县等 5 个县市区开发了县域农村电子商务平台，为崇州、汉源等县市区编写了具有当地地域特色的农村电子商务培训教材。

3.挂牌成立了四川省电子商务人才培训基地

四川省电子商务人才培训基地是经省商务厅、省供销社（川商函〔2015〕308 号文件）联合发文批准，依托四川省商贸学校现有电商培训资源成立的专门从事电商人才培训业务的机构和场所，在校内外为全省开展社会农村电商集中培训。

4.牵头成立四川省农村电子商务协会

四川省农村电子商务协会是经省供销社、省民政厅（川供教〔2015〕216 号文件、川民审社〔2015〕052 号文件）批准，由四川省商贸学校牵头，联合省内部分知名涉农电子商务公司联合发起并成立的非营利的全省性社会协会组织，协会是四川省农村电商企业、学校、科研机构以及政府相关部门沟通、交流的重要平台。现有单位会员 121 个，协会会员遍及全省 16 个地市州 68 个县市区，陈世平博士一直兼任协会会长。

（二）打造茶业培训集训竞赛公共实训基地

为进一步提升"川茶"品牌，也为打造制茶和茶叶人才培养交流平台，四川省贸易学校一直致力于打造产、教、学、研、赛、承"六位一体"的开放性公共实训基地，覆盖茶叶全产业链。为本地职业教育提供实习实训基地，同时为社会提供技术服务、高技能人才培训和职业技能等级认定，最终打造成"四川省茶产业高技能人才培训集训竞赛基地"。

1. 校企融合，成立蜀茶学院

四川省贸易学校与四川蜀茶实业发展有限公司联合成立蜀茶学院。双方按"紧密务实、合作共赢"的基本原则，全方位加强合作，树立校企合作新标杆，立足川茶产业，为教育事业和社会经济发展注入新动能。

蜀茶学院搭建"技能培养＋校企融合＋集训竞赛"综合平台（图8），培育一批全产业链急需的实用型技能人才，助力茶行业发展。蜀茶学院是学校在教学改革、人才培养、校企合作方面的大胆创新，也是蜀茶公司迈向平台化发展、构建全产业链的重要支撑和必要链条。

图8　蜀茶学院成立

2. 夯实基础，加强硬件建设

学校使用中央财政资金投入的2000万元和学校自筹的555万，建成了"茶产业公共实训基地"，建筑面积8200平方米，设备点价值410.36万。校内建有茶园5336平方米。实训室还包括数字化技能教室、虚拟仿真实训室、数字化职业体验馆、实物展示场馆、互动体验室等。可以承担茶叶审评、茶业加工工、电子商务等项目比赛，一次性能容纳500人同时参赛。

3. 积极承担赛项，打造茶业竞赛基地（图9）

近两年，学校成功举办二类竞赛2次（第二届全国评茶员、茶叶加工工职业技能竞赛四川预选赛、全国乡村振兴职业技能大赛四川省选拔赛手工茶、评茶比赛），市级技能竞赛1次。协办成都市百万职业技能竞赛茶叶类赛事17次。

图9　全国乡村振兴职业技能大赛四川省选拔赛在学校举行

（三）发挥行业系统智囊作用

学校本着"立足供销，服务供销、助力乡村振兴"的宗旨，着力开展合作经济理论研究、应用和推广工作。陈世平校长、合作经济研究室主任张洪波入选四川省供销社七代会代表，分别当选为四川省供销社理事会理事、监事会监事，承担着促进全省供销社系统发展的智力支撑和建言献策任务。

1. 组织系统项目评估

积极参加省供销社智力支撑和服务工作。2020年参与"四川省供销社调研报告"评审工作，高质量完成14篇调研文章的评估；2021年牵头完成四川两项改革"后半篇"文章，完成了四川省供销社《基层组织建设工作方案》评估工作；近两年，承担四川省供销社系统的第三方评估；完成成都市供销社综合改革第三方评估报告、龙泉驿区供销社综合改革第三方评估报告、蒲江县供销社综合改革第三方评估报告；完成成都市、成都市龙泉驿区2个市区供销社综合改革第三方的评估；形成评估报告3篇，案例汇报1篇，调研报告3篇，网络问卷3套，总计31.8万字。

2. 编写地方供销系统规划

先后完成《雅安市供销合作社"十四五"发展规划》《凉山州市供销合作社"十四五"发展规划》《成都市龙泉驿区供销社助力乡村振兴发展规划》；完成《雅安市雨城区新型基层社（供销小镇）建设方案》的规划设计。

3. 研究系统发展课题

2020年承担了四川省供销社课题，调研了雨城区、泸县、叙州、犍为等试点供销社，完成了关于"三社融合""双线运行""农村电商"的三篇专著；牵头完成省供销社《四川省农产品流通体系建设》规划大纲，参与完成《四川省合作经济组织发展模式研究》调研报告；参与完成了省社科联"四川省乡村振兴高质量发展研究报告"省级重点课题。2021年参与省供销社《四川省供销社联农带农问题研究》课题研究，完成了研究报告；独立完成了《成都市持续深化供销合作社综合改革的路径研究》课题研究方案；完成了《雅安市村级基层社建设方案》的编制和雅安市政协课题《新形势下如何发挥基层供销社职能作用》的研究。完成课题共17项，文字数量超过80万字。

4. 支持西藏供销系统建设

学校主动融入"东融西进"发展战略，大力支持西藏供销社的综合改革工作，同西藏供销社、西藏供销社公司签订了"校社企"三方合作协议，搭建了合作平台。陈世平校长带队深入调研，完成了《西藏供销综合改革发展思路》《西藏农副产品保供方案》《克松基层供销社建设路径》《西藏山南保供基地项目建议书》等调研报告，为西藏供销社的高质量发展提供了智力保障。

结束语

陈世平校长先后在两所省属行业中职学校任校长，在学校改革和发展等领域都取得了令人瞩目的成就。他认为，省属行业中职学校要充分利用学校和行业主管部门的行政隶属关系以及专业与产业深度融合、学生实习就业等方面的优势，推动学校教学等改革，紧跟行业最前沿技术和发展趋势。组织协调企业、行业协会多方参与制定学校有关专业的岗位要求和教学规范。在教育行政部门的统一领导下，学校牵头全省相关专业的教研教改工作，指导有关学校的专业建设，共享优质教学资源，打造以专业为纽带的职教集团，搭建全省范围内行业部门、行业协会、企业、职业学校的沟通交流平台，助推全省中职学校的高质量发展。

一片丹心育桃李　职教大地写春秋

——四川省首批中职卓越校长培训纪实

构筑鼎兴之路，相聚美丽成航

2020年7月，省教育厅联合省财政厅制发《四川省新时代中小学卓越校长培养计划》，决定自2020年起，每年遴选一批中小学校长，以三年为一个周期开展培养，10年培养1200名"有情怀、有思想、有能力、有作为"的卓越校长，带动引领全省中小学校长专业发展，为构筑四川教育"鼎兴之路"提供领军人才支撑。

经各市州及相关省直部门推荐，省教育厅综合评审，确定18名中职校长参加新时代卓越校长培养计划中职班首期培训。2020年12月15日，四川省新时代卓越校长培养计划首期中职培训班在全国职业院校校长培训基地（成都）举行。四川省委教育工委委员，省教育厅党组成员、副厅长张澜涛参加开班式并讲话。教育厅人事与教师工作处、职业教育处相关负责人，国家万人计划教学名师，全省首批中职卓越校长培训班18名学员参加开班仪式。

图1　四川省首批中职卓越校长班开班合影

242

学理论转变观念，阔视野树立目标

中职校长需具备的专业能力是多方面、深维度的，一般归纳为学校治理、发展规划、师资队伍、专业建设、课程建设、学生管理、教学条件等管理与建设能力。校长学员通常在限定领域具有卓越领导能力，并在学校办学特色与近期业绩有所体现。卓越校长班培训目标是以学员诉求为导向的，因此，补齐专业能力短板或是持续发力专长，是通过培训设计的"自我认识、学校对标、职教发展"等教学环节，充分调动学员内驱力，由学员自设培训目标，并以成果作为目标达成评价。培训基地根据学员自身确定的培训目标，做好引导与协助，并遵循"一次规划、分步实施，动态优化、持续完善"的原则，助力校长能力构建。

在第一阶段培训第一时段，由李学锋培训引导师团队对培训学员开展"自我认识"与"自设目标"活动，本环节4学时。在活动上，设置×××、×××等学校面临与存在的问题，通过学员讨论、分析归纳等活动，寻踪探源，将问题的本质回归到校长的专业能力层面，激发学员自身能力诉求（图2）。

图2　活动现场

结合解决学校问题与专业能力建设的基础上，自主选择小组和个人研究主题方向，形成研究小组和个人研究课题（图3）。

校长基地专家库涵盖教育部职教领域职务专家、高职校长、职业研究机构研究员以及职教名师，针对校长专业能力、中职学校建设计划、办学定位与发展等，聘请名家名师，开展

图3　分组引导

专题讲座，拓宽视野，高标准的定位能力提升目标。

课程模块	具体课程	课时	教学组织
坚守理想信念	新时代卓越中职校长的责任与使命	4	专题讲座小组研讨
校长专业能力	中国特色职业教育理论发展的几个关键节点	4	专题讲座小组研讨
	四川省中职示范校建设与验收的基本要求和目标追求	4	专题讲座小组研讨
	从全国调查透视新时代中等职业教育的发展	4	专题讲座小组研讨
	基于地方经济发展的中职学校定位与发展思路	4	学员论坛
合计：20 课时			

为让学员悟透专题内容，并应用于实际工作，设置引导课程，通过学员大讨论、论点深挖掘、启发变行动等活动，让学员理解学中做、做中学，真正做到任务驱动，活动牵引，进而转变观念，被动接受变为主动借鉴。

图 4　学员参与引导教学活动

经过 4 学时自由选择探讨，32 课时的专题学习与 16 课时的梳理与引导，学员思想充分碰撞，并积极研究，形成初步成果并做了汇报（图 4）。

小组	汇报主题	汇报人
第一组	品牌学校的内涵建设体系	李勇
第二组	构建校园职业场景推进产教融合	陈世平
第三组	新形势下如何走好中职的特色升学之路	李文峰
第四组	如何提高产教融合的有效性？	徐程际

实地考察学经验，顶岗锻炼思成果

学员在第一培训阶段，初步形成了研究方向与预期成果，在间隔3个月的自学任务、深度思考与凝练后，继续通过专题讲座与汇报碰撞的活动，深化主题研究，重新审视预期成果，在研判的基础上，适当调整，做到终期成果预算不保守、不冒进。

课程模块	具体课程	课时	教学组织
坚守理想信念	学党史·守初心	4	专题讲座 小组研讨
校长专业能力	职业教育发展的主旋律——提质培优行动计划	4	专题讲座 小组研讨
	职业教育国家发展战略规划	4	专题讲座 小组研讨
合计：12课时			

走进高端企业、高水平高职院校、国家重点中职院校，开展认识实习。为确保达成认识实习成果，根据学员预期成果目标，实行目标责任制的实习小组。实习前，给每个小组以分派与自拟的形式，设置学习任务，小组根据任务，包产到户落实到个人，针对性的自拟问题，并在实习过程中寻求答案，最后，开展小组碰头会并达成共识，向培训班汇报成果（图5）。

图5　小组实习成员根据任务目标与学校交流

实例1：4月12日，中职调研第一小组黄忠良、许德权、林子杰、冉启全、孙爱明、徐程际6人赴深圳职业技术学院就产教融合、中高职贯通培养、学校生源组织和教师人文关怀等方面进行了学习考察。

实例2：企业调研一组任务，企业用人标准，选拔干部标准；二组任务，企业文化、干部管理、企业制度。

企业认识实习分组	实习目标	小组给出的答案	实习感受
一组	企业用人标准 选拔干部标准	华为用人六条标准 华为选拔干部的标准	学习华为对人才的要求和干部队伍建设方法 在学生培养上，可以通过活动载体，培养学生相应的能力 学校要以学生为中心，要全力服务好学生 校企合作上，加强与知名企业合作，培养学生专业素养 在干部队伍建设上，坚持"赛马"机制，能者上，庸者下
二组	企业文化 干部管理 企业制度	服务文化（以客户为中心） 人本文化（以奋斗者为本） 坚韧文化（长期坚持，艰苦奋斗） 自我批评文化 狼性文化	要有独特的校园文化 要有持续创新的管理理念和管理手段 建设具有高效执行力的领导团队

在经过对发达地区的企业与学校认识后，随即深度融入属地中职学校，发现问题促整改，开展顶岗实习。顶岗实习的方案是学员深入到中职学校，临时接管领导班子工作，分别扮演学校负责某些工作的校级领导。以专题研究的方式，系统分析、诊断学校现状和未来目标之距离，编制出建设四川省中职名校的发展规划框架，并针对各自负责的工作提出系统的整改方案。

本次顶岗实习在北川羌族自治县"七一"职业中学开展，学员被分为学校战略规划组、师资队伍建设组、专业建设1组、专业建设2组、课程建设组、学生工作组、教学条件建设组等七个组，各组对标国家和省级文件、对接北川"十四五"规划，通过校园观察、师生访谈、到班听课、问卷测评等方式深入调研，从学校办学定位、建设目标、发展规划、师资队伍建设、特色专业打造、重点课程建设、学生管理培养、教学条件提升等方面，为北川羌族自治县"七一"职业中学校研究提供整套解决方案（图6、图7）。

顶岗实习工作日程安排

时间		活动内容	地点	主持人
第一天	晚上	预备会议 1. 抽签定位 2. 讨论确定考察重点 3. 制订小组工作计划 4. 其他工作事项	宾馆	引导师 各组组长

续表

时　间		活动内容	地　点	主持人
第二天	上午	开班仪式，校园参观	七一职中	各小组组长
	上、下午分小组工作	工作形式　深度访谈（主要）		
		作相关考察		
		剖析专业、说课，查资料		
		召开相关会议		
	晚上	全体会议 1.汇总并分析各小组考察情况 2.确定第三天深度访谈的对象，安排有关项目		全体成员
第三天	上、下午分小组工作	工作形式　深度访谈（主要）	七一职中	各小组组长
		作相关考察		
		分析资料		
		召开相关会议		
	晚上	全体会议 1.汇总并分析各小组考察情况 2.确定第三天深度访谈的对象，安排有关项目		全体成员
第四天	上午 下午	集中讨论，对学校的十四个五年计划进行战略与战术性修改	七一职中	
	晚上	通报会议		

图6　各小组根据岗位深度剖析问题与研究建设方案

图7　校长培训班走进北川"七一"职中

深入学府修成长，高职跟岗引资源

中职教育是构成职业教育贯通培养的中坚环节，做好高职学校生源输送是中职校责任担当；高职学校作为职业教育主阵地，引领中职校紧跟职教发展步伐更是责无旁贷。培训基地汇聚川内高职名校长师资库，有能力也有义务为双方牵线搭桥。

首期卓越校长班，培训基地在四川82所高职院校中遴选出14位高职院长和4位有院长经历的书记，作为导师，旨在让学员走进高职院校，走进高职院校顶层设计工作环境，跟着导师学、跟着导师干、参与导师的工作等工作形式，学习高职校长的治学方略，提升学员治校能力。中高职对结原则为地域相近、学科相同，方便开展实习计划。

跟岗实习计划根据中高职贯通培养需求，以及培训学员内在学习需要，由培训基地指定三方跟岗实习权责，从制度层面保障与督促实习效果，高质量开展与实施。实习期限共计1月，双方从自身出发，拟定协议，并由培训基地审批执行（图8）。

图8　绵职院同北川"七一"职中举行四川省中职卓越校长跟岗实习签字暨结对仪式

1. 甲方的权责（培训基地）

（1）负责组织开展三方签订合作协议。

（2）负责指导丙方制订跟岗实习计划，开展保密安全培训。

（3）负责指定本基地的引导师团队对接乙方与丙方，协调解决跟岗认识期间学习和实践面临的问题。

（4）负责开展跟岗实习中期检查，协助乙方开展对丙方跟岗实习的考核评估。

（5）跟岗实习结对子指导完成后，甲方按规定给予乙方工作报酬。

2. 乙方权责（高职校长）

（1）根据"四川省中职卓越校长跟岗实习计划"安排，指导丙方跟岗实习。

（2）及时与甲方沟通，反馈丙方在甲方跟岗实习期间的情况。

（3）完成对丙方的跟岗实习的考核评估，并确定实习成绩。

3. 丙方权责（中职校长）

（1）丙方在甲方的指导下，集体完成《四川省中职卓越校长跟岗实习计划》，接受甲方组织开展的保密安全培训。

（2）自觉遵守《四川省中职卓越校长跟岗实习计划》的学习、实践与考核要求，请假须书面报告甲方和乙方，且必须经过甲方同意。

（3）自觉遵守乙方的各项规章制度，严格遵守保密制度，严禁通过任何方式向外界传播乙方的资料、文件等。

（4）接受乙方的跟岗实习考核评估。

成果催凝聚，论坛见分晓。为展示优秀学员培训成果案例，进一步深度碰撞想法，转变治校建校理念，培训的中期检查以校长论坛形式展现。各学员回首培训目标，梳理进程，总结经验，汇报成果，分享经验，为中后期成果显现再定位，重出发。

校长是一校之魂、是教师队伍的领头羊，打造一支优秀的校长队伍，是达成新时代教师队伍建设改革目标的重要保障。提升中等职业教育办学质量、推进高等职业教育提质培优、发展职业教育本科教育等系列战略的实施，需要职业院校校长的领航与把舵，需要校长具备广阔的前瞻视野和综合谋划能力，具备深厚的职业素养和良好的个人素质等。探索新时代职业院校校长综合素质提升的方法与路径，着力培养培训一批高素质、复合型的职业院校校长，将有助于在全面深化职业教育综合改革的关键时期，积极应对职业院校面临的深刻变革、重大机遇和严峻挑战，更好地引领职业教育的高质量发展。因此全国职业院校校长培训基地（成都）将完善好、规划好下阶段职业院校校长培训的内容及重点（图9）。

图9　省教工委副书记张澜涛出席校长论坛

（一）系统优化，构建职业院校卓越校长培训项目体系

职业院校校长培训项目的设计与实施，必须结合校长专业化、多元化的学习需求，服务职业院校管理发展与评价治理。首先，需要加强校长培训的分层分类设计，设置校长任职资格培训、骨干校长培训、卓越校长培训、名校长工作室等系列化、层次化、递进式的培训体系，以适应不同地区、不同类别、不同层次的校长培训。其次，要坚持问题导向、以学习者为中心、持续改进优化的培训取向来设置校长培训体系和内容，以研究教育、教学以及学校管理中的现实问题为根本遵循，对接职业教育高质量发展对校长提出的关键命题，来切实解决职业院校发展中的痛点问题。

（二）动态迭代，构建适配校长能力结构的课程标准体系

首先，针对校长角色适应期、岗位称职期、专业成熟期和教育家型校长等四个阶段的校长能力结构要求，结合校长专业成长的发展轨迹和实际需求，从校长专业履职、素养要求等维度推进和落实职业院校校长培训课程标准的研制工作，开发并完善课程资源建设，尤其是着眼于规划学校发展、营造育人文化、领导课程教学、引领教师成长、"三教"改革与实施、区域职业教育现代化、1+X证书制度等方面的培训课程建设，构建完善的职业院校校长培训分层分类课程体系。其次，开展训前诊断、训中调整、训后跟踪为一体的动态机制，将校长的需求和训后跟踪情况进一步融入培训课程的目标制定、内容设计和评价反馈过程中，根据政策要求和发展需要，动态建构培训课程内容，实现课程内容的结构模块化，实现课程系统的及时迭代更新。

（三）提质增效，构建职业院校校长培训质量评价标准

首先，明确本基地校长培训工作和培训质量的评价的质量标准，它是校长培训工作的导向和指南，是校长培训工作各个环节的依据。应该从职业教育课程改革的规律出发，结合培训实际情况，设计并形成科学、可行的职业院校校长培训质量评价指标体系，制定具体的评价程序与方法，开发测评工具和测评模型，并在实施过程中不断完善与优化实施方案和指标体系，保证实施方案与指标体系的科学性及评价工作的有效性。其次，以云计算、大数据、数字经济等为代表的新一轮科技革命和产业变革正在兴起，需要探索人工智能、大数据、5G等信息技术助力教师队伍建设改革的新路径和新模式。推动建立校长培训质量标准，借助信息技术的应用建立职业院校校长培训智能化监测平台，开展培训学习过程数据的统计分析，实施结果量化与过程质性相结合的发展性评价，实现全面覆盖、综合判断、精准反馈校长培训质量的运行机制。

"十四五"时期是开启全面建设社会主义现代化国家新征程、向第二个百年奋斗目标进军的第一个五年，全国职业院校校长培训基地（成都）将进一步做好培训基地的示范引领、组织策划、协调指导等作用，不断拓宽校长培训的力度和广度，以四川省

卓越校长培训班为抓手，建成一支能适应新时代发展、综合素质全面提升的职业院校校长队伍。

刘浙　王雷涛